F

DÉCRET DU 1ᴱᴿ MARS 1854

PORTANT RÈGLEMENT SUR

L'ORGANISATION & LE SERVICE

DE LA

GENDARMERIE

9ᵉ ÉDITION

ANNOTÉE ET MISE A JOUR PAR UN OFFICIER SUPÉRIEUR DE L'ARME

PARIS

HENRI CHARLES-LAVAUZELLE

Editeur militaire

11, PLACE SAINT-ANDRÉ-DES-ARTS, 11

(Même maison à Limoges.)

1897

DÉCRET DU 1er MARS 1854

PORTANT RÈGLEMENT SUR

L'ORGANISATION & LE SERVICE

DE LA

GENDARMERIE

DÉCRET DU 1ᵉʳ MARS 1854

PORTANT RÈGLEMENT SUR

L'ORGANISATION & LE SERVICE

DE LA

GENDARMERIE

9ᵉ ÉDITION

ANNOTÉE ET MISE A JOUR PAR UN OFFICIER SUPÉRIEUR DE L'ARME

PARIS

Henri CHARLES-LAVAUZELLE

Editeur militaire

11, Place Saint-André-des-Arts, 11

(Même maison à Limoges.)

—

1897

TABLEAU ANALYTIQUE

DU DÉCRET PORTANT RÈGLEMENT SUR

L'ORGANISATION & LE SERVICE DE LA GENDARMERIE

TITRE PRÉLIMINAIRE.

DE L'INSTITUTION DE LA GENDARMERIE.

CHAPITRE UNIQUE.

DISPOSITIONS GÉNÉRALES.

TITRE PREMIER.

DU PERSONNEL.

CHAPITRE PREMIER.

ORGANISATION.

CHAPITRE II.

DE L'AVANCEMENT.

TITRE II.

DES DEVOIRS DE LA GENDARMERIE ENVERS LES MINISTRES ET DE SES RAPPORTS AVEC LES AUTORITÉS CONSTITUÉES.

CHAPITRE PREMIER.

DEVOIRS DE LA GENDARMERIE ENVERS LES MINISTRES.

CHAPITRE II.

RAPPORTS DE LA GENDARMERIE AVEC LES AUTORITÉS LOCALES.

TITRE III.

FONCTIONS INHÉRENTES A CHAQUE GRADE.

CHAPITRE PREMIER.

FONCTIONS DES OFFICIERS DE TOUT GRADE.

CHAPITRE II.

FONCTIONS DES SOUS-OFFICIERS DE TOUT GRADE.

CHAPITRE III.

DES OFFICIERS DE GENDARMERIE CONSIDÉRÉS COMME OFFICIERS DE POLICE JUDICIAIRE.

CHAPITRE IV.

TITRE IV.

DU SERVICE SPÉCIAL DE LA GENDARMERIE.

CHAPITRE PREMIER.

SERVICE ORDINAIRE DES BRIGADES.

CHAPITRE II.

DES CORRESPONDANCES ET DES TRANSFÈREMENTS DES PRISONNIERS.

CHAPITRE III.

SERVICE EXTRAORDINAIRE DES BRIGADES.

CHAPITRE IV.

DES PROCÈS-VERBAUX ET FEUILLES DE SERVICE.

CHAPITRE V.

SERVICE DE LA GENDARMERIE AUX ARMÉES.

TITRE V.

ORDRE INTÉRIEUR, POLICE ET DISCIPLINE DES CORPS ET COMPAGNIES
DE GENDARMERIE.

CHAPITRE PREMIER.

ORDRE INTÉRIEUR ET DISCIPLINE.

CHAPITRE II.

CONSEIL D'ENQUÊTE ET DE DISCIPLINE.

TITRE VI.

REMONTES.

CHAPITRE UNIQUE.

REMONTE DES OFFICIERS, SOUS-OFFICIERS, BRIGADIERS ET GENDARMES.

TITRE VII.

CHAPITRE UNIQUE.

TITRE VIII.

CHAPITRE UNIQUE.

DÉCRET DU 1er MARS 1854

PORTANT RÈGLEMENT SUR

L'ORGANISATION & LE SERVICE

DE LA

GENDARMERIE

Vu la loi du 28 germinal an IV, relative à l'organisation de la gendarmerie nationale ;

Vu le décret du 24 messidor an XII, sur les honneurs et préséances ;

Vu l'ordonnance du 29 octobre 1820, portant règlement sur le service de la gendarmerie ;

Vu la loi du 14 mars 1832 et l'ordonnance du 16 mars 1838, sur l'avancement dans l'armée de terre ;

Vu l'ordonnance du 3 mai 1832, sur le service des armées en campagne ;

Vu les arrêtés des 5 juillet 1848, 1er février et 6 avril 1840, et les décrets des 11 mai 1850, 10 septembre 1870, 23 juin 1871, 28 mars 1872 et 27 novembre 1879, relatifs à l'organisation d'un bataillon de gendarmerie mobile et de la garde républicaine ;

Vu les décrets des 22 décembre 1851 et 20 janvier 1852, portant réorganisation de la gendarmerie ;

Vu le décret du 19 février 1852, qui détermine la composition des cadres ;

Vu le décret du 10 juillet 1852, qui fixe le nombre des emplois d'enfant de troupe attribués aux corps et compagnies de l'arme ;

Considérant que, depuis la mise en vigueur de l'ordonnance du 29 octobre 1820 susvisée, de nombreuses modifications ont été apportées aux dispositions de cette ordonnance ;

Considérant qu'il importe de mettre le service spécial de la gendarmerie en harmonie avec les institutions nationales et avec les principes constitutifs des autres corps de troupe ;

Sur le rapport du Ministre de la guerre,

IL A ÉTÉ DÉCRÉTÉ ce qui suit :

TITRE PRÉLIMINAIRE.

DE L'INSTITUTION DE LA GENDARMERIE.

CHAPITRE UNIQUE.

DISPOSITIONS GÉNÉRALES.

SECTION PREMIÈRE.

SPÉCIALITÉ DU SERVICE DE L'ARME.

Art. 1er. La gendarmerie est une force instituée pour veiller à la sûreté publique et pour assurer le maintien de l'ordre et l'exécution des lois.

Une surveillance continue et répressive constitue l'essence de son service.

Son action s'exerce dans toute l'étendue du territoire continental et colonial de la République, ainsi que dans les camps et armées.

Elle est particulièrement destinée à la sûreté des campagnes et des voies de communication.

Art. 2. Le corps de la gendarmerie est une des parties intégrantes de l'armée; les dispositions générales des lois militaires lui sont applicables, sauf les modifications et les exceptions que son organisation et la nature mixte de son service rendent indispensables.

Art. 3. Le corps de la gendarmerie prend rang dans l'armée à la droite de toutes les troupes de ligne.

L'article 250 du décret du 4 octobre 1891, sur le service des places, reproduit cette disposition.

Art. 4. Les officiers de tous grades dans la gendarmerie sont nommés par le Président de la République, sur la présentation du Ministre de la guerre. Les sous-officiers, brigadiers et gendarmes sont nommés par le Ministre de la guerre et commissionnés par lui.

Aux colonies, les commandants de compagnie nomment provisoirement aux emplois de sous-officiers et brigadiers, (Dép. du Ministre de la marine, en date du 10 mars 1890.)

Art. 5. En raison de la nature mixte de son service, la gendarmerie se trouve placée dans les attributions des Ministres

De la guerre,

De l'intérieur,

De la justice,

De la marine et des colonies.

La nature des rapports directs et permanents que les officiers de gendarmerie doivent entretenir avec les différents Ministres est déterminée au titre II du présent décret.

SECTION II.

DU SERMENT IMPOSÉ AUX MILITAIRES DE LA GENDARMERIE.

Art. 6. Les militaires de la gendarmerie, avant d'entrer en fonctions, sont tenus de prêter serment d'après la formule suivante, qui est mentionnée en marge des commissions et lettres de service :

' « Je jure d'obéir à mes chefs en tout ce qui concerne le service auquel je suis appelé, et, dans l'exercice de mes fonctions, de ne faire usage de la force qui m'est confiée que pour le maintien de l'ordre et l'exécution des lois. »

Décision présidentielle du 10 juin 1880.

Ce serment est reçu par les présidents des tribunaux de première instance, siégeant en audience publique ; il en est dressé acte, dont une expédition, délivrée sans frais, est remise au sous-intendant militaire ayant la surveillance administrative du corps ou de la compagnie, lequel en fait l'envoi au Ministre de la guerre du 1er au 5 de chaque mois.

Le sous-intendant militaire n'ayant plus à s'assurer, pour les droits à la solde, si le nouvel admis a prêté serment dans les deux mois de son arrivée à la compagnie, le commandant de la compagnie signe cette pièce et l'adresse au Ministre par la voie hiérarchique.

Les officiers, sous-officiers, brigadiers et gendarmes, pour être admis à prêter serment devant les tribunaux, doivent être porteurs des lettres de service ou commissions qui leur ont été délivrées par le Ministre, et qui seules leur donnent le caractère d'agents de la force publique.

Voir les articles 32 et 60 du règlement du 10 juillet 1889, sur le service intérieur, pour l'inscription de la prestation du serment sur le folio mobile, sur le livret de l'homme et sur le registre matricule de la compagnie.
Le serment n'est pas renouvelé, à moins de perte de la qualité d'officier ou d'agent auxiliaire de la justice. (Instr. du 7 novembre 1835, *Mémorial,* 2e vol., p. 295.)
Les gendarmes réservistes et territoriaux rappelés en cas de mobilisation ne prêtent pas serment à nouveau. (Circ. minist. du 16 juin 1883.) A cet effet, leur première lettre de service est conservée au chef-lieu de la légion pour leur être rendue en cas de mobilisation.

Art. 7. Lorsque les militaires de la gendarmerie ont à prêter leur serment, s'ils font partie de l'arrondissement du chef-lieu de légion, le colonel prévient par écrit le président du tribunal, pour que ces militaires puissent être admis à cette prestation à la plus prochaine audience.

Dans les autres résidences, l'officier commandant la gendarmerie du lieu où siège le tribunal prévient également par écrit le président.

Les officiers, sous-officiers, brigadiers et gendarmes employés dans la résidence doivent toujours assister en grande tenue aux prestations de serment, s'ils n'en sont empêchés par les exigences du service.

SECTION III.

DES INSPECTIONS GÉNÉRALES DE GENDARMERIE.

Art. 8. Les différents corps de gendarmerie sont inspectés annuellement par des inspecteurs généraux spécialement désignés à cet effet, et pris parmi les généraux de division ou de brigade.

Art. 9. Les inspections générales de la gendarmerie ont essentiellement pour objet non seulement de constater en détail la situation du personnel et du matériel de cette arme, en s'assurant que les règlements sont partout observés et que le corps répond entièrement au but de son institution, mais encore de stimuler, par de justes récompenses, l'émulation et l'activité des officiers, sous-officiers, brigadiers et gendarmes.

Art. 10. Le Ministre de la guerre détermine chaque année, par des instructions spéciales, les attributions des inspecteurs généraux de gendarmerie.

Art. 11. Le comité consultatif de la gendarmerie se réunit chaque année, par ordre du Ministre de la guerre.

Il examine et discute toutes les questions qui intéressent la constitution, l'organisation, le service, la discipline, l'instruction, l'habillement, l'armement et l'administration de l'arme.

Il donne sur chacune des affaires déférées à son examen un avis motivé qu'il adresse au Ministre.

Un comité technique de la gendarmerie a été créé par décret du 31 juillet 1888.

TITRE PREMIER.

DU PERSONNEL

CHAPITRE PREMIER.

ORGANISATION.

SECTION PREMIÈRE.

ORGANISATION DE LA GENDARMERIE.

Art. 12. La gendarmerie est répartie par brigades sur tout le territoire de la France, de l'Algérie et des colonies.

Ces brigades sont à cheval ou à pied (1).

L'effectif des brigades à cheval de l'intérieur est de cinq hommes (y compris le chef de poste). Cet effectif pourra être augmenté de un ou de deux hommes, soit à pied soit à cheval, selon les nécessités du service.

L'effectif des brigades à pied de l'intérieur est de quatre, cinq, six ou sept hommes (y compris le chef de poste), selon l'importance de la circonscription.

Les brigades de gendarmerie de l'Algérie sont constituées uniformément à cinq hommes (y compris le chef de poste).

Toutes ces brigades, à cheval comme à pied, sont commandées soit par un brigadier, soit par un sous-officier.

Les brigades de gendarmerie de la 15e légion *ter* (Corse) conservent l'organisation spéciale qui leur a été donnée par le décret du 24 octobre 1851 et celui du 28 mars 1868. »

Décision présidentielle du 10 février 1894.

Les brigades à pied réunissant les conditions mentionnées ci-après, peuvent être ramenées à quatre hommes, y compris le chef de brigade.

a) Brigades à pied situées dans les centres agricoles et ne comprenant, dans leur circonscription, que 10,000 à 12.000 habitants et n'ayant que de une à quatre communes externes à surveiller, éloignées de 10 à 11 kilomètres du chef-lieu de la brigade (distance moyenne).

Il y aura lieu de comprendre, comme faisant partie de la population agricole, certaines agglomérations ouvrières employées dans les petites indus-

---

(1) Toutes les fois que les commandants de compagnie et d'arrondissement qui ont mission d'examiner au premier degré les questions touchant à l'assiette des brigades auront à consulter le procureur de la République du ressort sur une affaire de cette nature, ils doivent transmettre la réponse de ce magistrat au chef de légion, en même temps que le dossier. Ce dernier, en demandant l'avis du procureur général, a soin de lui adresser en communication le rapport déjà transmis, afin de permettre à ce haut magistrat de se prononcer sans nouvelle enquête. (Circ. min., 26 septembre 1891.)

tries du pays par groupe de 20, 50, 60, 80, etc., composée de gens domiciliés dans le pays et y ayant leurs intérêts.

b) Brigades à pied de tous les centres (chefs-lieux de légion, de compagnie, d'arrondissement et de canton) ayant une ou plusieurs brigades à cheval ou à pied.

c) Brigades à pied réunissant les conditions indiquées dans la catégorie *a* (10,000 à 12,000 habitants et population agricole), mais ayant cinq ou six communes externes à surveiller, situées à une distance moyenne de 8 à 10 kilomètres du chef-lieu de la brigade.

Dans le but d'éviter à l'Etat des dépenses d'indemnité de service extraordinaire et de frais de route, les postes provisoires seront composés, en permanence, des mêmes hommes pris à la brigade dans la circonscription de laquelle ils se trouvent; cette brigade serait portée, à cet effet, à six ou sept hommes.

Dès que les postes, dont il s'agit, deviendront inutiles, l'effectif de ces brigades serait ramené à cinq hommes (même décision).

Un décret du 18 avril 1887 décide qu'à partir de cette date, l'année de service de la gendarmerie en Corse sera comptée en sus comme année de campagne.

Le nombre des auxiliaires indigènes placés dans les brigades à cheval de l'Algérie est fixé à 145.

Ces auxiliaires sont payés sur les fonds du budget de l'Algérie. (Décision du 16 mai 1878.)

Art. 13. Le commandement et la direction du service de la gendarmerie appartiennent, dans chaque arrondissement administratif, à un officier du grade de capitaine ou de lieutenant; dans chaque département, à un officier du grade de chef d'escadron.

La gendarmerie d'un département forme une compagnie qui prend le nom de ce département.

Plusieurs compagnies, selon l'importance du service et de l'effectif, forment une légion.

Par exception, la gendarmerie affectée au service de surveillance en Corse constitue une légion.

Art. 14. Le corps de la gendarmerie se compose :

1º De vingt-sept légions pour le service des départements et de l'Algérie (décret du 24 décembre 1887);

2º De la gendarmerie coloniale (décret du 6 juin 1891);

3º De la garde républicaine, chargée du service spécial de surveillance dans la capitale. (Décrets des 5 juillet 1887 et 20 mai 1893.)

L'organisation de la gendarmerie comporte des enfants de troupe. Leur nombre et les conditions de leur admission sont déterminés par des décisions spéciales.

Par dérogation aux dispositions spécifiées en l'article 2 de la loi du 13 mars 1875, sur la constitution des cadres et des effectifs de l'armée active et de l'armée territoriale (*Mémorial*, 9e vol., p. 182), les cadres et l'effectif de la gendarmerie peuvent être modifiés, dans la limite des crédits ouverts suivant les besoins du service. Cette composition demeure subordonnée aux circonstances variables intéressant la sûreté publique. Un décret présidentiel suffit pour modifier les cadres, les effectifs et les emplacements des brigades.

Un décret du 24 décembre 1887 fixe ainsi qu'il suit la composition du corps de la gendarmerie :

Le nombre des légions est porté de 22 à 28, y compris la légion de la garde républicaine et six légions *bis*.

Elles ont un numéro correspondant à celui du corps d'armée dans la circonscription duquel elles sont comprises. La légion du gouvernement de Paris prend le titre de légion de Paris, et la légion de la Corse celui de 15e *ter*.

Les légions *bis* sont établies dans les 6e, 7e, 14e, 15e, 16e et 17e corps d'armée.

Dans les corps d'armée ne comprenant qu'une légion, le commandement est confié indifféremment à un colonel ou à un lieutenant-colonel.

Dans les corps d'armée comprenant une légion *bis*, celle du chef-lieu est placée sous les ordres d'un colonel et l'autre sous les ordres d'un lieutenant-colonel.

Le cadre des officiers de gendarmerie est fixé ainsi qu'il suit :

Le nombre des colonels est de 15 ;

Le nombre des lieutenants-colonels, de 15 ;

Le nombre des chefs d'escadron, de 102 ;

Le nombre des capitaines, de 287, dont 28 trésoriers et 1 capitaine commandant en Tunisie ;

Le nombre des lieutenants et sous-lieutenants, de 336, dont 71 trésoriers.

Les chefs d'escadron ont été rétablis dans la gendarmerie coloniale par décret du 30 mai 1893.

Une cinquième compagnie a été créée dans la 19e légion, avec Sétif pour chef-lieu, par la décision présidentielle du 10 février 1894.

La gendarmerie maritime, composée de cinq compagnies (arme à pied), a été placée dans les attributions du Ministre de la marine et des colonies en vertu d'une ordonnance royale du 19 juin 1832. Ce corps de troupe est spécialement affecté à la police judiciaire des ports et arsenaux. Les lois, ordonnances, décrets et règlements concernant le corps de la gendarmerie lui sont applicables ; mais le service spécial de cette arme est réglé par le décret du 15 juillet 1858, modifié le 11 mai 1877 et le 20 novembre 1879.

Les décrets des 26 octobre 1886 et 21 août 1876, la décision présidentielle du 10 septembre 1883, les décrets des 2 janvier 1886, 2 décembre 1890 et 10 mars 1891 fixent la composition des cinq compagnies de la gendarmerie maritime.

Pour les conditions d'admission des enfants de troupe, voir la loi du 19 juillet 1884, ayant pour objet la suppression des enfants de troupe dans les régiments et la création de six écoles militaires préparatoires, et l'instruction du 12 avril 1888 (1).

Art. 15. La hiérarchie militaire, dans la gendarmerie des départements, de l'Algérie et des colonies, se compose des grades ci-après :

(1) Voir l'instruction sur les conditions d'admission aux places d'enfants de troupe et dans les écoles militaires préparatoires. En vente à la librairie Henri Charles-Lavauzelle. (Prix : 0 fr. 60.)

Brigadier......................	Commandant de brigade (à pied ou à cheval).
	Secrétaire du chef de légion (à pied).
Maréchal des logis..............	Commandant de brigade (à pied ou à cheval).
	Adjoint au trésorier (à pied).
Maréchal des logis chef.	
Adjudant.	
Sous-lieutenant ou lieutenant....	Commandant d'arrondissement (1).
	Trésorier.
Capitaine......................	Commandant d'arrondissement (1).
	Trésorier.

Chef d'escadron commandant de compagnie (2).
Lieutenant-colonel ou colonel chef de légion.

Art. 16. Le nombre des emplois de maréchal des logis, dans l'une et l'autre arme, est dans la proportion du tiers du nombre total des brigades.

Il n'est dérogé à ce principe que pour la gendarmerie de la Corse.

Le sous-lieutenant et le lieutenant sont chargés indistinctement des mêmes fonctions.

Le capitaine trésorier est affecté à la compagnie qui se trouve au chef-lieu de la légion.

Une légion est commandée par un colonel ou par un lieutenant-colonel.

La hiérarchie des grades pour la garde républicaine est la même que pour la gendarmerie des départements, sauf les exceptions qui résultent de l'organisation régimentaire de ce corps.

Un décret du 26 mars 1887 crée dans la gendarmerie un emploi d'adjudant au chef-lieu de chaque compagnie et un emploi de maréchal des logis chef à cheval au chef-lieu de chaque arrondissement ou section externe.

Ce décret a été rendu applicable à la gendarmerie coloniale par le décret du 13 mars 1889.

SECTION II.

MODE DE RECRUTEMENT ET CONDITIONS D'ADMISSION.

Art. 17. Les emplois de gendarme sont donnés à des militaires en activité, ou appartenant à la réserve, ou libérés définitivement du service, quel que soit le corps dans lequel ils ont servi, lorsqu'ils réunissent d'ailleurs les conditions d'âge, de taille, d'instruction et de bonne conduite déterminées par l'article suivant.

Art. 18. Les conditions d'admission dans la gendarmerie sont :
1º D'être âgé de 25 ans au moins et de 35 ans au plus (les anciens gendarmes seuls peuvent être réadmis jusqu'à 40 ans,

---

(1) Ou de section.

(2) Les chefs d'escadron aux colonies ont été rétablis par la décision présidentielle du 30 mai 1893.

pourvu qu'ils puissent compléter à 55 ans le temps de service exigé pour la retraite. En principe, la limite d'âge pour la retraite des sous-officiers, brigadiers et gendarmes est fixée à 55 ans, sans que le maintien en activité jusqu'à cet âge puisse être invoqué comme un droit);

2° D'avoir au moins la taille de 1^m,66, arme à cheval et arme à pied ;

Pour la garde républicaine à cheval, les hommes doivent avoir au moins 1^m,70 de taille. Cette condition n'est pas exigée des hommes qui demandent à concourir pour l'arme à pied. (Instruction sur les inspections générales.)

3° D'avoir servi activement sous les drapeaux pendant trois ans au moins, et de ne pas avoir quitté soit l'armée, soit la gendarmerie, depuis plus de trois ans.

Les appelés ou les engagés qui ont servi sous le régime de la loi du 15 juillet 1889 et ont été renvoyés dans leurs foyers par anticipation après avoir satisfait à toutes les obligations imposées à leurs classes respectives au point de vue de la durée du service sont considérés, pour l'admission dans la gendarmerie, comme ayant accompli intégralement, dans l'armée active, les trois années fixées par l'article 37 de ladite loi. Il en est de même des ajournés (article 18 de la loi de 1872) et des dispensés envoyés en congé après plus de deux ans et six mois de service (Décision présidentielle du 14 avril 1893);

Cette disposition restrictive, d'après laquelle les anciens militaires ne peuvent être admis dans la gendarmerie que s'ils comptent moins de trois ans d'interruption, n'est applicable qu'aux militaires des classes de 1889 et suivantes. (Lettre minist. du 24 septembre 1890.)

Ceux ayant servi sous l'empire de la loi du 27 juillet 1872 peuvent être proposés, lors même qu'ils auraient quitté le service depuis plus de trois ans, pourvu qu'ils aient accompli, à 55 ans d'âge, le temps de service exigé pour la retraite. (Lettre minist. du 3 juin 1893.)

Les trois années de service exigées pour l'emploi de gendarme titulaire doivent s'entendre du service de trois ans tel qu'il est réglé par la loi du 15 juillet 1889 ; en d'autres termes, les hommes appelés en vertu de cette loi et renvoyés dans leurs foyers par anticipation, après avoir satisfait à toutes les obligations imposées à leurs classes respectives au point de vue de la durée du service, sont considérés comme ayant accompli intégralement dans l'armée active les trois années de service fixées par l'article 37 de la loi de 1889. La même interprétation s'applique aux engagés volontaires de trois ans libérés avec leur classe avant l'expiration de leur engagement, ainsi qu'à ceux des hommes qui, ayant servi sous le régime de la loi du 27 juillet 1872, ont été appelés avec leur classe et envoyés en congé avec elle avant d'avoir trois années de présence effective sous les drapeaux.

Jouissent également de ce bénéfice les ajournés d'après l'article 18 de la loi du 27 juillet 1872 et les hommes qui ont profité, après leur incorporation, des dispenses prévues par l'article 16 de ladite loi et l'article 21 de la loi du 15 juillet 1889, mais à la condition de compter plus de deux ans et six mois de service au moment où ils ont été renvoyés dans leurs foyers.

Les candidats sont proposés dans ces conditions dès qu'ils ont atteint leur vingt-quatrième année et nommés à 25 ans révolus, et l'admission des élèves gendarmes est supprimée, excepté pour la garde républicaine, qui peut, indépendamment des gardes titulaires, recevoir des élèves pris seulement parmi les engagés volontaires ayant au moins 22 ans d'âge et trois années de service, ou parmi les rengagés. (Décis. présid. du 17 mars ; circ. du 3 avril 1892; décis. présid. du 14 avril 1893.)

Les candidats pour la garde républicaine, où le service est particulièrement pénible, doivent être absolument robustes et ne présenter aucun signe de déchéance ou d'affaiblissement pouvant disposer l'organisme à la tuberculose. (Note ministérielle du 27 novembre 1892.)

Les engagés volontaires de trois ans renvoyés dans leurs foyers par anticipation peuvent être considérés comme ayant accompli la totalité du temps de service pour lequel leur engagement a été souscrit. Par suite, ils doivent être admis à concourir pour l'emploi d'élève dans la garde républicaine s'ils réunissent les diverses conditions d'aptitude exigées par les règlements.

Cette interprétation s'applique également aux hommes qui ont contracté un engagement volontaire de cinq ans antérieurement à la mise à exécution de la loi du 15 juillet 1889 et qui ont été envoyés en congé avant d'avoir accompli les trois années de service exigées par l'article 88 de ladite loi.

Les candidats présentés pour l'Algérie ou la Tunisie sont prévenus qu'ils ne peuvent y être admis qu'après les militaires des légions de l'intérieur proposés régulièrement pour l'une ou l'autre de ces destinations.

4° De savoir lire et écrire correctement ;

5° De justifier, par des attestations légales, d'une bonne conduite soutenue.

Le paragraphe 1° s'applique aux retraités proportionnels. Lorsqu'ils sont réadmis, leur pension est suspendue pendant le temps de cette nouvelle activité ; mais ils sont tenus de servir cinq ans avant de pouvoir demander une nouvelle liquidation de retraite, à moins qu'ils n'aient droit à la retraite d'ancienneté ou proportionnelle. Ils ne peuvent être réadmis que comme simples gendarmes et sous la réserve de n'avoir quitté l'armée que depuis moins de trois ans d'après le principe fixé par le paragraphe 3°. (Lois des 13 mars et 15 décembre 1875; note ministérielle du 4 avril 1877; circ. du 7 août suivant, instr. du 7 juillet 1889 et décis. présid. du 14 avril 1893.)

Le conseil d'administration indique sur leur titre de pension la date à partir de laquelle le payement des arrérages doit être suspendu (date de l'entrée en solde). Ce renseignement est communiqué à l'intendant militaire du corps d'armée ou de la région.

En Afrique, il peut être admis des auxiliaires indigènes à pied et à cheval, choisis soit parmi les spahis, soit parmi les tirailleurs indigènes. Leur nombre ne pourra dépasser deux indigènes par brigade. (Décret du 3 octobre 1860 et décis. présid. du 16 mai 1878.)

Pour les tirailleurs algériens, les propositions doivent être accompagnées d'un certificat constatant l'aptitude équestre.

Une lettre ministérielle du 22 mars 1882 prescrit aux commandants de compagnie de gendarmerie de prévenir les candidats qu'ils doivent les informer immédiatement quand, pour quelque motif que ce soit, ils désirent que leurs demandes ne soient pas suivies d'effet. Ces officiers supérieurs doivent en rendre compte à leur tour pour que le Ministre puisse annuler les candidatures et éviter des complications dans les écritures.

Une circulaire ministérielle du 10 avril 1878 décide que les militaires non gradés des différents trains (artillerie, génie ou équipages militaires) pourront concourir pour l'arme à cheval s'ils réunissent les conditions exigées pour cette arme. (Voir les instructions sur les inspections générales.)

L'instruction hippique doit toujours être vérifiée et attestée par le commandant de compagnie pour les candidats proposés pour l'arme à cheval, surtout lorsqu'il s'agit d'ex-canonniers conducteurs ou servants de l'artillerie, de sapeurs conducteurs du génie, ainsi que de cavaliers-ordonnances du train des équipages.

Enfin, on peut invoquer, pour l'admission des tambours et trompettes dans la garde républicaine, l'ordonnance royale du 24 août 1838.

L'admission des élèves-gendarmes a été supprimée pour la légion d'Afrique et les colonies, par la décision présidentielle du 17 mars 1892.

Le maintien en activité jusqu'à 55 ans ne pourra être invoqué comme un droit, l'admission à la retraite, à titre d'ancienneté, après vingt-cinq ans de service, pouvant toujours être prononcée à l'égard des hommes qui n'auraient plus l'activité nécessaire pour faire un bon service.

Transitoirement, seront conservés au delà de la nouvelle limite d'âge, ceux des gendarmes actuellement en activité qui, à 55 ans d'âge, ne compteraient pas vingt-cinq ans de service. (Décis. présid. du 14 avril 1893.)

La décision présidentielle du 14 avril 1893 modifiant les conditions d'admission dans la gendarmerie départementale et fixant la limite d'âge à 55 ans est applicable à la gendarmerie maritime, et des élèves-gendarmes peuvent y être admis; ils sont exclusivement recrutés parmi les engagés et les rengagés ayant au moins 22 ans d'âge et trois années de présence sous les drapeaux. (Circ. du Ministre de la marine en date du 31 mars 1894.)

Art. 19. Les militaires en activité qui réunissent les conditions d'admission ci-dessus déterminées sont proposés, chaque année, par les inspecteurs généraux d'armes.

Ils sont aussi proposés aux revues trimestrielles de janvier et de juillet, conformément à l'instruction sur le service courant.

Lorsque des hommes admis sur la proposition des chefs de corps ont été renvoyés pour cause d'incapacité, les frais d'entrée en solde et déplacements sont mis à leur charge, par application de la décision ministérielle du 24 mars 1852.

Les militaires qui rentrent dans leurs foyers avant d'avoir été nommés ont à se faire proposer de nouveau par le chef d'escadron commandant la compagnie dans la circonscription de laquelle ils se sont retirés.

Art. 20. Dans l'intervalle d'une inspection générale à l'autre, ces militaires peuvent, sur leur demande, être proposés pour la gendarmerie par les généraux commandant les divisions. En cas d'admission, le militaire en activité provenant d'un corps de l'armée est tenu de compléter, dans la gendarmerie, le temps de service exigé par la loi ou par l'engagement ou le rengagement qu'il aura contracté.

Les sous-officiers rengagés admis dans la gendarmerie avant la fin de leur rengagement, abandonnent une part de prime proportionnelle au temps à échoir. Par suite, ils ne sont plus liés au service. Ils ne peuvent, toutefois, donner leur démission que s'ils ne sont redevables d'aucune somme envers les caisses de la gendarmerie.

L'incorporation dans la gendarmerie, avec toutes ses conséquences de fait (constitution de masse, etc.), peut seule faire cesser les effets du rengagement des sous-officiers en leur enlevant le droit ultérieur à la prime. Au contraire, s'il y a simple renonciation à une nomination, le militaire qui refuse se trouve replacé dans sa situation antérieure, il doit donc être réintégré à son corps pour y terminer le temps de service auquel il est tenu.

Les anciens brigadiers, caporaux et soldats rengagés dans les conditions des articles 63 et 64 de la loi du 15 juillet 1889 et du décret du 5 octobre suivant sont réintégrés à leur corps d'origine s'ils demandent à quitter la gendarmerie avant l'entier accomplissement de la durée de leur rengagement. (Instr. sur les inspections générales de la gendarmerie.)

Art. 21. Les militaires envoyés dans la réserve (1) en attendant la libération de la classe à laquelle ils appartiennent, et ceux qui sont libérés définitivement du service (2), sont proposés pour la gendarmerie par les chefs de légion, sur la présentation des commandants de compagnie, qui demeurent responsables de l'exécution des conditions d'admission.

Les chefs de légion peuvent aussi proposer des militaires en activité de service qui se trouveraient momentanément dans leurs foyers, mais à condition, pour ceux-ci, de produire le consentement de leurs chefs de corps.

Lorsque des hommes admis sur la proposition des commandants de compagnie sont renvoyés comme ne réunissant pas les conditions exigées, les frais de solde, de route, etc., sont mis à leur charge. (Circ. minist. du 24 mars 1852.)

Art. 22. Tout mémoire de proposition d'admission dans la gendarmerie établi, par un commandant de corps ou de compagnie, en faveur d'un militaire qui a cessé d'appartenir à l'armée, soit à titre provisoire, soit à titre définitif, doit porter les indications suivantes :

1º La position du militaire au moment où il a quitté le service ;

2º Les ressources pécuniaires dont il peut disposer pour subvenir aux frais de son équipement ;

3º Sa position civile (célibataire, marié, veuf, et, dans ces deux derniers cas, le nombre de ses enfants, s'il en a) ;

4º Le détail de ses services antérieurs.

On joint toujours au mémoire de proposition dont le postulant est l'objet : Une demande écrite de sa main, en présence du commandant du corps ou de la compagnie ; — Son acte de naissance dûment légalisé ; — Son congé définitif, avec un certificat de bonne conduite, ou, à défaut, le congé provisoire qui l'autorise à rentrer dans ses foyers ; — Un certificat de bonne vie et mœurs

(1) Il faut lire : « renvoyés par anticipation dans leur foyers ».
(2) Il faut lire : « libérés du service dans l'armée active ».

délivré par l'autorité locale, s'il est rentré dans ses foyers depuis plus de six mois ; — Un relevé des punitions subies par lui à son dernier corps ; — Un certificat de métrage délivré par le commandant du corps ou de la compagnie, et un certificat de visite rédigé par l'officier de santé en chef de l'hôpital du chef-lieu, indiquant que cette visite a eu lieu en présence du commandant; — Un extrait du casier judiciaire. (Circ. du 25 novembre 1880.)

Ce mémoire, établi en double expédition, sous la responsabilité du commandant du corps ou de la compagnie, est visé par le sous-intendant militaire.

A la demande écrite par le candidat doit être jointe une page entière faite sous la dictée.

Il est recommandé de faire rechercher les anciens militaires domiciliés dans le département qui seraient disposés à entrer dans la gendarmerie, et à établir, s'il y a lieu, des propositions en leur faveur.

Il doit être rendu compte des candidats dont la conduite laisserait à désirer et dont la proposition serait susceptible d'être annulée. (Note ministérielle du 23 janvier 1891.)

Lorsqu'il s'agit d'un candidat ayant une résidence autre que celle du chef-lieu de département, le commandant de compagnie délègue au chef de brigade dont dépend cette résidence le soin de s'assurer, par un examen préalable des pièces du candidat, que ce dernier remplit les conditions exigées au point de vue de l'âge, de la durée des services, de la taille, de la conduite, etc. Le chef de brigade en consigne le résultat dans un rapport sommaire qu'il adresse au commandant de compagnie, en y joignant quelques lignes écrites sous la dictée par l'intéressé. Muni de ces renseignements, le commandant de compagnie apprécie s'il doit ou non convoquer le candidat, afin de lui éviter des dépenses inutiles.

Les hommes du contingent et des enrôlements de la Seine ne peuvent être proposés pour la garde républicaine ou la compagnie de la Seine qu'après enquête approfondie établissant qu'ils sont de très bons sujets. Dans ce cas, les rapports sont joints au dossier.

Les anciens militaires d'origine corse ne peuvent être proposés que pour la garde républicaine ou la gendarmerie départementale, africaine ou coloniale, à l'exclusion de la 18ᵉ légion ter, dans laquelle ils ne doivent être admis qu'après avoir servi pendant trois ans dans un autre corps ou légion de gendarmerie.

L'état signalétique et des services ainsi que le relevé des punitions seront établis par les soins du corps d'affectation pour les hommes de la réserve, et ce soin incombera au bureau de recrutement pour les hommes de l'armée territoriale et sa réserve. (Note minist. du 7 février 1877.)

Les anciens militaires qui n'ont pas droit à la première mise d'équipement sont tenus de remettre à l'officier chargé d'établir le mémoire de proposition une déclaration par laquelle ils s'engagent à verser, au moment de leur admission, la somme déterminée par le complet de leur masse. Faute par eux de remplir cet engagement, leur nomination sera immédiatement annulée.

Il est fait exception à cette règle en faveur des anciens militaires qui sollicitent leur admission dans la gendarmerie coloniale ; ils peuvent être proposés lors même que, n'ayant pas droit à la première mise d'équi-

pement, ils ne seraient pas en mesure d'effectuer un versement équivalent.
(Instr. sur les inspections générales de la gendarmerie.)

En ce qui concerne les militaires de la marine et ceux de l'armée de terre
non libérés, se conformer aux dispositions de la circulaire du 10 février
1877, pour l'autorisation à obtenir du Ministre compétent.

L'extrait du casier judiciaire est établi sur papier non timbré, moyennant
0 fr. 25, par les greffiers.

Le coût est à la charge des candidats. (Lettre collective n° 4 du 12 avril
1893.)

Pour les réadmissions, il suffit de joindre à la proposition le certificat de
bonne vie et mœurs. (Circ. du 25 novembre 1880.)

La nomination des nouveaux admis n'est définitive qu'à la suite de l'examen qui a lieu au moment de leur mise en route (instruction pour l'inspection générale de la gendarmerie); la solde et les frais de route ne doivent
être alloués aux intéressés, par voie de rappel, que si cet examen leur a été
favorable.

Par contre, dans le cas où ces mêmes militaires, jugés aptes par la commission de réforme du chef-lieu de la compagnie qui les dirige sur leur poste
ou par le médecin qui les a examinés et ne les a pas trouvés suspects, sont
reconnus, à leur arrivée au corps ou à la compagnie qui les reçoit, impropres au service par la commission de réforme, ils n'en conservent pas moins
leurs droits aux frais de route (aller et retour) et à la solde jusqu'au lendemain du jour où leur a été notifiée l'annulation de leur nomination. (Note
minist. du 22 juin 1893.)

L'annulation de la nomination cesse de pouvoir être prononcée lorsque
la masse de l'homme est constituée.

Une lettre ministérielle du 10 juin 1882 met à la charge des médecins qui
ont passé la visite les frais de mise en route et d'entrée en solde des nouveaux admis reconnus impropres au service de l'arme.

Même disposition à l'égard des commandants de compagnie qui proposent
un candidat incapable ou indigne de faire partie de la gendarmerie et dont
il soit, par suite, nécessaire d'annuler l'admission. (Décis. minist. du 24 mars
1852.)

L'aptitude au service de la gendarmerie comporte en général les mêmes
conditions qui font l'objet de l'instruction du 13 mars 1894 sur l'aptitude
physique au service militaire, soit pour l'infanterie, soit pour la cavalerie,
suivant qu'il s'agit de candidats se destinant à l'arme à pied ou à l'arme à
cheval. Mais on ne devra admettre dans la garde républicaine, dont le service est particulièrement pénible, que des hommes absolument robustes et
ne présentant aucun signe de déchéance ou d'affaiblissement pouvant disposer l'organisme à la tuberculose. (Note minist. du 27 novembre 1892.)

Avis doit être donné au recrutement lors de l'admission dans la gendarmerie de militaires qui n'ont pas encore accompli 25 ans de service militaire.
(Circulaire ministérielle du 10 juillet 1879.) Notification doit également
être faite en cas de réadmission dans l'arme de gendarmes réservistes. (Instruction du 28 décembre 1879.)

Art. 23. Aussitôt après l'arrivée des militaires venant de l'armée
par décision ministérielle, et à la suite des propositions de l'inspection générale, les commandants de corps ou de compagnie
adressent hiérarchiquement des mémoires de proposition fictifs et
sans pièces.

Les commandants de compagnie ne doivent jamais omettre de mentionner, en tête des mémoires de proposition, si le candidat a déjà ou non été proposé à son corps.

SECTION III.

DES CHANGEMENTS DE RÉSIDENCE.

Art. 24. Les militaires de tout grade de la gendarmerie sont tenus de résider dans le lieu qui leur est assigné par la lettre de service ou la commission qu'ils ont reçue du Ministre de la guerre.

Aucun changement de corps ou de résidence, soit pour l'avantage personnel des officiers, sous-officiers, brigadiers et gendarmes, soit dans l'intérêt du service, ne peut être ordonné que par le Ministre.

Les nouveaux admis restent au chef-lieu de la compagnie jusqu'au moment où ils sont équipés, armés et habillés. (Circ. minist. du 13 décembre 1861.)

Art. 25. Les changements de corps ou de résidence sont proposés, soit dans l'intérêt du service, soit par mesure de discipline, soit sur la demande des officiers, sous-officiers, brigadiers et gendarmes, à l'époque des inspections générales.

Dans le cours de leur inspection, les inspecteurs généraux peuvent ordonner d'urgence les changements de résidence des sous-officiers, brigadiers et gendarmes dans la circonscription de la même légion. Il en est rendu compte au Ministre.

Si, dans l'intervalle d'une revue à l'autre, des raisons de service ou de discipline exigent que des sous-officiers, brigadiers ou gendarmes soient changés de résidence dans l'étendue de la même légion, le colonel peut proposer cette mesure au Ministre. Dans le cas de nécessité impérieuse, il est autorisé à l'ordonner d'urgence, sauf à rendre compte immédiatement.

Les comptes rendus doivent parvenir au Ministre, par l'intermédiaire du commandement, appuyés d'un rapport circonstancié. (Instr. sur les inspections générales.)

Les chefs de légion sont chargés de répartir dans les brigades les nouveaux admis et d'opérer les changements arrêtés par le travail d'inspection générale et ceux d'urgence qu'ils croiraient utiles dans l'intérêt du service. Aux termes de la circulaire du 7 mars 1872, lorsque le travail d'inspection est approuvé par le Ministre, les chefs de légion reçoivent des ordres de passe pour les hommes en instance de changement et les font aller dans les résidences demandées au fur et à mesure que les vacances se produisent.

Les changements de compagnie et les changements de résidence dans chaque compagnie de gendarmerie maritime sont prononcés (sauf pour les officiers) par les vice-amiraux commandant en chef, préfets maritimes, au nom et par délégation du Ministre. (Note ministérielle du 13 avril 1894.)

Les demandes de changement par mesure de discipline doivent être transmises au Ministre de la guerre, qui prononce, par l'intermédiaire du commandant du corps d'armée. (Circ. minist. des 8 février 1876 et 28 décembre 1881.)

Les demandes de changement de résidence pour convenance personnelle ne peuvent être faites par les officiers qu'au moment des inspections et si les postulants ont deux ans de résidence avant le 31 décembre de l'année courante.

Ce délai court à dater de la décision qui a nommé l'intéressé dans sa résidence actuelle et non du jour de son arrivée dans cette résidence.

Les demandes sont revêtues de l'avis des chefs de légion et des commandants de corps d'armée sous les ordres desquels les officiers sont placés et demandent à être placés. (Instr. sur le service courant.) En cas d'avis défavorables ou contradictoires émis par les diverses autorités militaires intéressées, le Ministre apprécie et statue. (Instr. complémentaire pour l'inspection de la cavalerie.)

Ces demandes, qui font expressément mention des motifs pour lesquels elles sont formulées (note ministérielle du 13 septembre 1893), sont accompagnées du relevé des notes données aux trois dernières inspections. Elles doivent rappeler le nombre et la date des changements antérieurs dans le grade actuel pour convenances personnelles. (Inst. sur les inspections générales de la gendarmerie.)

En dehors des inspections générales, aucun changement de résidence ne peut être proposé en faveur des officiers, si ce n'est dans l'intérêt du service, par mesure de discipline ou par permutation. Dans ces trois cas, les deux années de présence ne sont pas exigées, mais il doit toujours être tenu compte du lieu de naissance et du mariage de l'officier.

Les demandes de permutation sont revêtues, comme celles pour convenances personnelles, des quatre avis réglementaires, et sont transmises au Ministre de la guerre par l'un ou l'autre des commandants de corps d'armée. Si l'un des officiers généraux précités refuse son consentement, il est tenu d'en faire connaître les motifs et le Ministre décide en dernier ressort. (Articles 55 et 57 de l'ordonnance du 15 mars 1838 sur l'avancement.)

Les généraux commandant les corps d'armée sont autorisés à prononcer directement les permutations pour motifs de convenances personnelles entre les officiers des grades de capitaine, lieutenant ou sous-lieutenant des corps de troupe de même arme, dans l'étendue de leur corps d'armée, en se conformant aux règles tracées à cet égard par le Ministre de la guerre.

Avis de ces mutations est immédiatement transmis au Ministre de la guerre. (Décret du 18 décembre 1894.)

Ces dispositions sont applicables aux officiers de réserve et de l'armée territoriale. (Note ministérielle du 19 janvier 1895.)

Les changements par convenances personnelles ne donnent pas droit à l'indemnité de route.

Les changements d'urgence dans l'intérêt du service peuvent motiver une demande de secours en faveur des militaires de tout grade qui en sont l'objet. (Circ. minist. du 4 avril 1878.)

Dans le but d'assurer la liberté d'action des officiers, sous-officiers, brigadiers et gendarmes, les militaires de l'arme ne pourront être employés, savoir : un commandant de compagnie dans son département, un commandant d'arrondissement dans son arrondissement, un chef de brigade ou un gendarme dans son canton d'origine ou centre de la famille de la femme. (Circ. minist. du 13 juin 1868 et inst. sur les inspections.)

Les militaires nés en Corse ne peuvent y être envoyés qu'après trois ans de résidence dans la gendarmerie du continent. (Circ. minist. du 10 juillet 1872.)

Voir, pour les changements de résidence et les permutations, les dernières instructions sur les inspections générales de gendarmerie.

Les militaires de la gendarmerie maritime ne peuvent pas permuter avec des militaires de la gendarmerie des départements. (Lettres du Ministre de la guerre au Ministre de la marine des 31 janvier, 29 mai 1873 et 16 septembre 1881.)

Un certificat d'aptitude professionnelle est exigé des officiers qui sollicitent leur admission dans la garde républicaine et demandent à y être employés dans une arme qui n'est pas leur arme d'origine. (Note ministérielle du 6 avril 1887.)

Un officier venant de l'armée peut retourner dans son arme en permutant avec un officier de son grade candidat pour passer dans la gendarmerie. (Décision du 11 janvier 1854.)

Art. 26. Les changements de corps ou de légion sont autorisés pour les gendarmes sur l'adhésion écrite et réciproque des deux chefs de corps ou de légion. Cette adhésion n'est valable que dans l'intervalle d'une inspection à l'autre. Quant aux sous-officiers et brigadiers, les changements n'ont lieu qu'aux mêmes conditions et par permutation à grade égal.

Cette restriction n'est pas applicable aux sous-officiers et brigadiers employés en Afrique et aux colonies (1). Ils peuvent être rappelés en France, sans permutation, après un séjour de six années consécutives et après deux ans d'activité dans leur grade, s'ils prouvent, d'ailleurs, qu'ils possèdent les ressources nécessaires pour faire face aux dépenses de leur équipement. Ceux que des raisons de santé suffisamment justifiées mettent dans l'impossibilité de continuer à servir en Afrique ou aux colonies sont rappelés dans l'intérieur en dehors des conditions précitées.

Les sous-officiers, brigadiers et gendarmes débiteurs ne peuvent, pour convenance personnelle, obtenir leur changement de légion, ni même de compagnie dans la légion, avant d'avoir acquitté les sommes qu'ils redoivent aux caisses ; ils doivent être, en outre, convenablement montés, habillés et équipés.

Les sous-officiers et brigadiers peuvent demander à toute époque de l'année à permuter entre eux ; leurs demandes doivent être accompagnées de l'adhésion écrite et réciproque des chefs de légion.

Les changements de résidence pour convenances personnelles ne donnent pas droit à l'indemnité de route, ni à celle d'entrée en campagne. (Note ministérielle du 2 novembre 1876.)

Lorsqu'un militaire change de corps ou de position, étant l'objet d'une proposition d'avancement, de récompense, de gratification, etc., le chef de légion est tenu d'en informer le Ministre. (Instruction sur les inspections générales communes à toutes les armes.)

Deux années de résidence ne sont pas exigées pour les permutations. (Circ. du 18 avril 1875.)

---

(1) Les militaires de la 19e légion, du détachement de Tunisie et de la gendarmerie coloniale ne peuvent être autorisés à rentrer en France, pour convenances personnelles, qu'après un séjour de six années consécutives.

Les militaires de la gendarmerie coloniale ne peuvent être replacés dans la gendarmerie métropolitaine qu'après qu'une commission de réforme aura statué sur la possibilité de leur maintien au service.

Aussitôt qu'ils ont reçu une affectation à l'intérieur, ils doivent rejoindre leur poste, sauf à solliciter un congé ou une permission de leurs nouveaux chefs, s'ils ont encore besoin de repos. Cette dernière prescription est également applicable aux officiers. (Note ministérielle du 30 novembre 1894 et instruction sur les inspections générales de la gendarmerie.)

Les hommes désignés pour le service colonial sont tenus de se présenter de nouveau, avant leur embarquement, au détail des services du port, afin d'être soumis à un dernier examen médical. (Circ. du Sous-Secrétaire d'Etat des colonies en date du 25 octobre 1890.)

Lorsqu'il s'agit du passage de l'arme à cheval dans l'arme à pied, il est exigé un certificat délivré, autant que possible, par un médecin militaire et joint au livret d'inspection. Ce certificat doit être produit également lorsqu'il s'agit d'un changement de légion, avec passage de l'arme à cheval dans l'arme à pied. (Instr. sur les inspections générales de gendarmerie.)

Art. 27. Les militaires de tout grade de la gendarmerie ne sont détachés dans les postes provisoires ou temporaires qu'en vertu d'une décision spéciale du Ministre de la guerre.

Il est interdit aux chefs de légion de placer ou d'entretenir des forces supplétives, à moins que le Ministre n'en ait ordonné l'établissement.

L'envoi momentané dans une brigade dont le personnel est accidentellement incomplet ne constitue pas la force supplétive, et il appartient aux chefs de légion d'autoriser les commandants de compagnie à détacher, sur les postes affaiblis, des hommes appartenant aux résidences dont le service est moins chargé. Il en est de même du remplacement, après trois mois, des militaires qui occupent un poste provisoire.

L'approbation du Ministre n'est nécessaire à ces deux mesures que lorsqu'elles entraînent l'allocation de l'indemnité de service extraordinaire. (Circ. du 1er juillet 1854.)

Les hommes doivent être relevés tous les trois mois. Passé ce délai, l'indemnité cesse d'être allouée s'il n'y a pas une autorisation spéciale du général commandant le corps d'armée. (Annexe n° 1 du décret du 30 décembre 1892.)

Dans le but d'éviter à l'Etat des dépenses d'indemnité de service extraordinaire et de frais de route, les postes provisoires sont composés en permanence des mêmes hommes pris à la brigade dans la circonscription de laquelle ils se trouvent. (Décis. présid. du 10 février 1894.)

SECTION IV.

DES CONGÉS, DÉMISSIONS ET RENVOIS.

Art. 28. Le Ministre de la guerre seul, sur la proposition des chefs de légion, accorde, s'il le juge convenable, des congés temporaires, avec solde d'absence, aux officiers, sous-officiers, brigadiers et gendarmes, pour leurs affaires personnelles. La durée de ces congés ne peut excéder trois mois.

Les inspecteurs généraux en fonctions peuvent accorder aux

militaires de tous grades des congés ou permissions dont la durée n'excédera pas quinze jours. Ils en rendent compte immédiatement au Ministre.

Si, dans l'intervalle des inspections générales, des affaires urgentes exigent que les officiers, sous-officiers, brigadiers et gendarmes s'absentent pour huit jours au plus, les chefs de légion sont autorisés à accorder les permissions nécessaires, à la charge d'en rendre compte par un bulletin individuel adressé au Ministre.

L'article 28 est complètement modifié par le décret du 1er mars 1890 modifié lui-même par celui du 7 mars 1895 (1), portant règlement sur la concession des congés et permissions.

Une note ministérielle du 21 octobre 1887 rappelle qu'aux termes des circulaires ministérielles des 17 février 1866 et 28 mai 1883, toutes les demandes formées par les militaires de la gendarmerie coloniale en congé en France, à l'exception des autorisations de mariage sur lesquelles les conseils d'administration de la gendarmerie départementale peuvent statuer directement, doivent être transmises à M. le Ministre de la marine par les généraux commandants de corps d'armée.

Les commandants de brigade de gendarmerie départementale doivent donc recevoir ces demandes quand elles leur sont présentées et les faire parvenir à destination par la voie hiérarchique.

Voir également la note ministérielle du 16 juin 1889 et les annotations de l'article 26.

Art. 29. Des congés de convalescence de trois mois peuvent être accordés par le Ministre aux militaires de la gendarmerie. Toute demande de congé de cette nature doit être accompagnée des certificats de visite et de contre-visite de deux médecins attachés aux hôpitaux civils ou militaires de la localité et transmise hiérarchiquement au Ministre par l'intermédiaire des chefs de légion.

Cet article est modifié par le décret du 1er mars 1890 (1), portant règlement sur la concession des congés et permissions.

Art. 30. Les militaires de la gendarmerie qui ont à solliciter des prolongations de congé sont tenus de justifier du besoin réel de ces prolongations : les chefs d'escadron et capitaines, au chef de légion le plus à proximité, et les lieutenants, ainsi que les sous-officiers, brigadiers et gendarmes, au commandant de la gendarmerie du département où ils se trouvent. Ces demandes et ces certificats sont transmis directement au Ministre par les commandants de compagnie, avec leur avis motivé, lorsque les postulants appartiennent à une autre légion.

Les demandes doivent être faites assez à temps pour que l'intéressé puisse rejoindre dans les délais prescrits, si la prolongation ne lui est point accordée.

Voir le décret du 1er mars 1890, qui modifie cet article.

_____

(1) Voir le *Décret sur les congés et permissions* (3e édition, 1895) en vente à la librairie Henri Charles-Lavauzelle. Prix : 0 fr. 75.

Art. 31. Les militaires de la gendarmerie qui ne sont plus liés au service peuvent demander leur démission à l'époque des revues. Ces demandes sont examinées par l'inspecteur général et transmises au Ministre de la guerre, qui prononce définitivement.

Toutefois, si, dans l'intervalle des inspections, quelques-uns de ces militaires justifient que de puissants motifs les forcent à se retirer de la gendarmerie, leurs demandes sont transmises par le chef de légion ou de corps, avec les observations de cet officier supérieur. Le Ministre accorde les démissions s'il y a lieu.

Dans aucun cas, il ne peut être donné suite à une demande de démission formée par un militaire qui se trouve débiteur envers la caisse du corps auquel il appartient.

Les démissions sont du service courant, comme les retraites, et peuvent être transmises à toute époque de l'année.

Cet article est applicable aux gendarmes qui demandent à profiter du renvoi dans leurs foyers des militaires de la classe dont ils font partie. (Circ. du 30 septembre 1874.)

Les militaires ayant plus de quinze ans de services et étant dans les conditions voulues pour avoir droit à la retraite proportionnelle peuvent donner préalablement leur démission. Mais, dans ce cas, ils perdent leurs anciens grades. (Circ. du 31 mars 1880 et avis du Conseil d'Etat des 29 mai et 1er juin 1880.)

La propriété de la première mise n'est complètement acquise aux hommes qu'après quatre ans révolus dans la gendarmerie, sauf les cas de retraite et de réforme pour infirmités ou blessures dans le service. (Tableau 4, no 1, du décret du 30 décembre 1892.)

Aux termes d'une décision présidentielle du 24 novembre 1882, les anciens militaires admis dans la gendarmerie, qui, après avoir rejoint, demandent l'annulation de leur nomination, n'ont pas droit à l'indemnité de route. De plus, leur demande doit être accompagnée d'un récépissé constatant le versement au Trésor des frais de route qui ont pu leur être alloués pour l'aller.

Une décision présidentielle du 7 mars 1883 n'attribue aucune solde aux renonciataires et les oblige à rembourser au Trésor les sommes qu'ils auraient perçues à ce titre depuis l'époque de leur nomination.

Ces dispositions devront être portées à la connaissance des nouveaux admis avant qu'ils n'aient rejoint leur poste. (Circ. minist. du 6 avril 1883.)

En temps de guerre, les démissions ne sont jamais acceptées. (Art. 68 de la loi du 15 juillet 1889.)

Les sous-officiers rengagés admis dans la gendarmerie avant la fin de leur rengagement peuvent démissionner s'ils ne sont redevables d'aucune somme envers les caisses de la gendarmerie. (Instr. sur les inspections générales.)

Voir également l'annotation portée à l'article 20.

Quant aux anciens brigadiers, caporaux et soldats rengagés dans les conditions des articles 63 et 64 de la loi du 15 juillet 1889 et du décret du 5 octobre suivant, ils ne peuvent offrir leur démission avant l'accomplissement de la durée de leur rengagement. Avant ce délai, ils sont réintégrés à leur corps d'origine. (Instr. sur les inspections générales.)

Art. 32. Les militaires de la gendarmerie qui donnent leur démission, dans les cas prévus par l'article précédent, doivent la formuler, par écrit, en ces termes :

« Je, soussigné,... à la résidence de..., compagnie de..., offre ma démission du grade et de l'emploi dont je suis pourvu dans l'armée et dans la gendarmerie. Je déclare, en conséquence, renoncer volontairement à tous les droits acquis par mes services, et demande à me retirer à..., département de...

» A..., le... 18... »

La formule de démission ne doit jamais être imprimée et il ne doit y être fait aucune modification. Aucune démission ne doit être transmise sans explication sur les motifs qui l'ont dictée et sans la preuve des démarches tentées pour faire réfléchir l'intéressé sur les conséquences de sa détermination.

Ces explications font l'objet d'une lettre séparée, qui reçoit les apostilles.

L'homme qui offre sa démission sans raison bien plausible ne doit pas ignorer, s'il a plus de 40 ans ou s'il mérite seulement un certificat de bonne conduite n° 2, que sa rentrée dans l'arme serait désormais impossible.

Le certificat d'acceptation de démission présentant un caractère distinctif et honorifique, il importe essentiellement que les chefs n'attendent point, pour proposer l'élimination d'un militaire de la gendarmerie, que celui-ci se voie lui-même dans l'obligation de donner sa démission. (Instr. pour les inspections générales.)

Les mentions et déclarations énoncées à l'article 42 du présent décret, en ce qui concerne les propositions pour la retraite proportionnelle, doivent également être portées, dans les mêmes conditions, sur les demandes de démission.

Les hommes admis dans la gendarmerie après leur libération du service actif, et qui sont autorisés à quitter l'arme avant d'y avoir accompli une année de service, sont rayés purement et simplement des contrôles ; mais le certificat de bonne conduite qu'ils ont obtenu dans leur régiment leur est restitué, et, de plus, il leur est délivré, par le conseil d'administration du corps ou de la compagnie, un certificat constatant la durée de leur présence dans l'arme. A défaut, ils en reçoivent un du modèle général.

Les commissions des gendarmes démissionnaires et qui ne sont pas dégagés de toute obligation militaire reçoivent, selon le cas, la destination indiquée par l'instruction du 28 décembre 1879. (Instr. sur les inspections générales de la gendarmerie.)

Art. 33. Il est accordé par le Ministre de la guerre, aux sous-officiers, brigadiers et gendarmes démissionnaires, des certificats d'acceptation de démission.

Il n'est plus délivré de titre d'acceptation de démission qu'aux hommes qui ont satisfait à toutes les obligations imposées par la loi sur le recrutement. Les autres sont placés dans la réserve de l'armée active, dans l'armée territoriale ou dans sa réserve. (Instr. sur les inspections générales.)

Art. 34. Les hommes admis étant encore liés au service, et qui demandent à quitter la gendarmerie dans les six mois qui suivent leur libération, n'ont droit qu'à des congés définitifs du service de la gendarmerie.

Ceux qui ont été admis dans l'arme après libération du service, et qui donnent leur démission dans les six mois de leur admission, sont rayés purement et simplement des contrôles. Il leur est délivré par le conseil d'administration du corps ou de la compagnie un certificat constatant la durée de leur présence dans l'arme.

Voir les instructions sur les inspections générales et les annotations de l'article préécdent.

Art. 35. Des certificats de bonne conduite sont accordés directement par le Ministre aux militaires de l'arme. Ces certificats sont de deux modèles (nos 1 et 2), suivant la nature du témoignage de satisfaction que les hommes ont mérité. Mais il est formellement interdit aux conseils d'administration, ainsi qu'à tout commandant de compagnie, d'arrondissement ou de brigade, de jamais délivrer aux hommes démissionnaires ou congédiés aucune attestation particulière de bon service ou de moralité, sous quelque forme et en quelques termes que ce soit.

Les militaires qui se retirent de la gendarmerie sans être complètement libérés du service imposé par la loi du recrutement sont placés dans la réserve de l'armée active, dans l'armée territoriale ou dans sa réserve; quant à ceux qui ne sont pas susceptibles d'être rappelés dans la gendarmerie, ils sont signalés par les chefs de légion aux commandants des bureaux de recrutement. (Circ. des 30 juin et 15 septembre 1873, *Mémorial*, 8º vol., p. 583 et 542.)

Les hommes qui servent moins d'un an dans la gendarmerie n'ont pas droit au certificat nº 1. (Circ. du 6 mars 1880 et instr. sur les inspections générales de la gendarmerie.)

Ces documents ne doivent jamais être raturés, grattés ou surchargés. (Note minist. du 16 janvier 1891. — Voir art. 260 du Service intérieur.)

Les élèves gardes, musiciens, tambours, trompettes, maréchaux ferrants et les auxiliaires indigènes de la 19e légion et du détachement de Tunisie, qui n'ont pas été commissionnés comme gendarmes ou gardes, reçoivent un certificat de bonne conduite du modèle adopté pour les corps de troupe. (Inst. sur les inspections générales de la gendarmerie.)

Art. 36. En tout état de choses, les militaires de l'arme qui désirent quitter le service doivent absolument attendre, pour se retirer dans leurs foyers, qu'il ait été statué sur leur demande et qu'il leur ait été remis un titre de libération régulier. En agissant autrement, ils s'exposent à être déclarés déserteurs et poursuivis comme tels, par application des articles 231 et suivants du Code de justice militaire.

Voir les instructions annuelles sur les inspections générales de gendarmerie.

Art. 37. Les sous-officiers, brigadiers et gendarmes qui ne conviennent pas au service de la gendarmerie sont congédiés ou réformés lorsqu'ils ont accompli le temps de service voulu par la loi de recrutement.

Les congés de réforme, comme les congés absolus, sont délivrés par le Ministre. Les militaires qui en sont l'objet ne peuvent être envoyés dans leurs foyers sans avoir reçu préalablement le titre régulier qui doit leur être adressé.

Les militaires congédiés par application du présent article ne peuvent plus être réadmis dans la gendarmerie.

Sont proposés pour la réforme, en vertu de cet article, les militaires servant comme commissionnés qui, en dehors du cas d'inconduite, ne conviennent pas au service de la gendarmerie. Dans ce cas, un conseil composé comme l'est celui de discipline doit donner son avis.

Lorsqu'un gendarme commissionné sera dans le cas d'être proposé pour la réforme par mesure disciplinaire, on devra le faire traduire au préalable devant un conseil de discipline et adresser sans retard au Ministre, par l'intermédiaire du commandement, le procès-verbal de la séance, avec les pièces à l'appui de la proposition de réforme (si l'avis du conseil est défavorable). (Circ. minist. du 16 mars 1876.) Voir les articles 599 à 605 du décret du 1er mars 1854 et la dernière instruction sur les inspections générales.

Lorsqu'il s'agit d'inaptitude physique, l'avis de la commission spéciale de réforme remplace l'avis d'un conseil de discipline. Le Ministre prononce ensuite la réforme, s'il y a lieu.

Il est rendu compte de la radiation des militaires réformés par un état dont le modèle est joint à la circulaire du 19 août 1878.

L'avis d'un conseil de discipline est indispensable pour les militaires proposés d'office pour la retraite proportionnelle. Cette formalité est remplacée par l'avis de la commission de réforme pour les hommes que leur état de santé ne permet pas de maintenir dans la gendarmerie sans qu'il soit possible de les proposer pour la retraite à titre d'infirmités.

Les propositions de retraite et de réforme sont du service courant et ne doivent qu'exceptionnellement être comprises dans le travail d'inspection.

Art. 38. Les militaires qui, étant encore liés au service (1), ne réunissent pas toutes les conditions d'aptitude pour le service de la gendarmerie, peuvent être réintégrés dans les armes d'où ils proviennent : mais ces changements de corps n'ont lieu qu'à l'époque des inspections. Les demandes de réintégration dans la ligne faites pour convenance personnelle ne sont admissibles qu'autant que les militaires qui les ont formées peuvent s'acquitter envers les caisses de la gendarmerie et produisent le consentement écrit du chef du corps dans lequel ils désirent passer.

Ils peuvent également être soumis à l'examen de la commission spéciale de réforme, qui propose au Ministre, s'il y a lieu, pour un changement d'arme, par application de la note ministérielle du 20 juin 1886, ceux qui lui paraîtraient impropres au service de l'arme à laquelle ils appartiennent sans se trouver, toutefois, dans le cas d'être réformés. (Instr. sur les inspections générales.)

_____

(1) Au service actif.

Quant aux militaires de la gendarmerie qui ont été précédemment pourvus d'emplois de sous-officiers dans la ligne, les adhésions des chefs de corps doivent faire connaître s'ils peuvent être reçus dans les régiments en leur ancienne qualité.

Les capitaines et lieutenants de gendarmerie venus des différents corps de l'armée peuvent rentrer dans leur ancienne arme par permutation avec des capitaines et des lieutenant de cette arme, présentés à l'inspection générale de leur corps comme susceptibles d'être admis dans la gendarmerie et ayant subi un examen d'aptitude.

Voir, pour les conditions de cette permutation, la décision du 11 janvier 1854.

Les militaires qui, étant encore liés au service, sont réintégrés dans les corps de troupe par mesure de discipline, sont maintenus sous les drapeaux jusqu'à l'expiration soit de leur troisième année de service, soit de leur engagement ou de leur reugagement.

Les propositions de réintégration faites autrement que sur la demande des intéressés doivent être accompagnées, suivant le cas, de l'avis d'un conseil de discipline ou de la commission de réforme. (Instr. sur les inspections générales.)

Le passage dans la gendarmerie des sous-officiers reugagés fait cesser les effets de leur reugagement en leur enlevant le droit ultérieur à la prime. Par suite, s'ils se mettent dans le cas d'être renvoyés de l'arme, ils ne peuvent être réintégrés à leur ancien corps : ils doivent être réformés.

Art. 39. Les sous-officiers, brigadiers et gendarmes atteints d'infirmités incurables contractées dans le service, mais qui ne sont pas dans les catégories donnant droit à la pension de retraite, peuvent être proposés pour une gratification temporaire de réforme calculée sur les deux tiers du minimum de la pension du grade et payée pendant un nombre d'années égal à la moitié des services accomplis.

Ceux dont les infirmités ne sont pas d'une nature assez grave pour donner droit à la retraite, à l'hôtel des Invalides ou à une gratification temporaire ou renouvelable peuvent être proposés pour la réforme avec l'expectative d'une gratification une fois payée.

Ils peuvent aussi être proposés pour une gratification renouvelable.

Le taux de la gratification temporaire spéciale aux militaires réformés de la gendarmerie a été revisé par la décision ministérielle du 7 juin 1883. (Voir les décisions des 30 octobre 1852, 3 janvier 1857, 26 décembre 1890 et l'instruction du 27 août 1886.)

- Le taux de la gratification renouvelable est fixé par la décision du 23 avril 1893.

Il n'est plus établi de proposition pour la réforme avec gratification renouvelable ou pour la réforme avec gratification une fois payée en faveur d'hommes présents au service. (Instr. sur les inspections générales de gendarmerie.)

Art. 40. Pour faciliter l'application des dispositions qui précèdent, tout accident grave et de nature à altérer la santé ou à compromettre l'activité d'un officier, sous-officier, brigadier ou gendarme, survenu dans un service commandé, doit être constaté immédiatement par un procès-verbal régulier appuyé de certificats d'officiers de santé indiquant la nature et l'origine de l'accident.

Une expédition de ce procès-verbal est adressée au Ministre de la guerre.

L'autre expédition reste dans les archives du corps ou de la compagnie pour servir en cas de besoin.

Les certificats doivent être conformes au modèle réglementaire (Art. 46 du règlement du 10 juillet 1889.)

Ils sont établis en trois expéditions, dont une est remise à l'intéressé, la deuxième est destinée au corps ou à la compagnie, et la troisième est adressée au Ministre (bureau de l'arme.) (Note minist. du 24 juin 1893.)

Les blessures reçues dans un service commandé et pouvant ouvrir des droits à la retraite doivent être inscrites sur les matricules, livrets et états de services dans les services de la gendarmerie. (Décret des 16 novembre 1876 et 14 janvier 1889.)

Voir le *Manuel des pensions* (imp. H. Charles-Lavauzelle), sur les conditions générales du droit à la pension pour blessures ou infirmités et sur la classification desdites blessures ou infirmités.

Lorsqu'un officier est indisponible par suite d'accident ou de maladie, il est rendu compte mensuellement au Ministre de la position de cet officier, après un mois d'exemption de service. (Circ. du 8 novembre 1861.)

Les procès-verbaux constatant les accidents survenus dans le service sont transmis au Ministre avec un état du modèle annexé à la circulaire du 19 août 1878. Il ne doit être question dans ces comptes rendus que des accidents graves de nature à altérer la santé ou à compromettre l'activité des militaires de l'arme. Les procès-verbaux constatant les autres accidents doivent être conservés dans les archives et suivre les hommes en cas de mutation.

Les actes de décès sont envoyés au Ministre conformément au modèle annexé à la circulaire du 19 août 1878 précitée.

Art. 41. Relatif aux compagnies de vétérans. Supprimé par décret du 25 janvier 1872. (*Mémorial*, 8ᵉ vol., p. 239.)

Art. 42. — Les sous-officiers, brigadiers et gendarmes qui, ayant accompli les vingt-cinq ans de services exigés par la loi, sont en instance pour la retraite, peuvent, sur leur demande, être autorisés par le Ministre de la guerre à se retirer dans leurs foyers, pour y attendre la fixation de leur pension.

Les militaires de la gendarmerie proposés pour la retraite proportionnelle peuvent aussi être autorisés à se retirer dans leurs foyers en attendant la fixation de leur pension. (Circ. du 15 octobre 1880.)

Cette autorisation ne peut être donnée que par le Ministre. (Art. 225 du règlement du 10 juillet 1889.) Elle est accordée par le Ministre de la marine pour les gendarmes coloniaux. (Circ. minist. du 24 novembre 1883.)

Elle ne peut être accordée aux hommes en instance de retraite pour infirmités. (Instr. sur les inspections générales de gendarmerie.)

Les hommes atteints d'infirmités étrangères au service, sont proposés d'office pour la retraite proportionnelle, s'ils y ont droit. Dans ce cas, les mémoires sont accompagnés de l'avis d'une commission de réforme établissant nettement l'origine étrangère des infirmités.

Chaque fois qu'un doute peut s'élever sur le droit d'un militaire, le Ministre est consulté. (Instr. sur les inspections générales.)

Les officiers font aux militaires sous leurs ordres qui demandent leur retraite proportionnelle toutes les recommandations qui seraient de nature à les faire rester au service et en font mention dans leurs apostilles, mais seulement quand il s'agit de bons sujets. Si, au contraire, il s'agit d'hommes qu'il n'y a pas intérêt à retenir, les officiers l'indiquent dans leurs apostilles. Les intéressés déclarent, dans leur demande, que ces recommandations leur ont bien été faites, mais qu'ils persistent néanmoins à solliciter leur admission à la retraite proportionnelle.

Ces mentions et déclarations doivent figurer dans la demande d'admission à la retraite et non dans celle formée par l'intéressé à l'effet d'être autorisé à se retirer dans ses foyers. C'est également dans la première de ces demandes et à l'exclusion de toute autre pièce que les officiers doivent indiquer le numéro du certificat de bonne conduite à accorder.

Les propositions de retraite et les avis de radiation des contrôles sont transmis au Ministre conformément à la circulaire du 19 août 1878.

Aux termes de l'article 35 de la loi des 13 mars et 15 décembre 1875, les militaires qui sont admis dans la gendarmerie après avoir quitté les drapeaux ne peuvent réclamer la pension proportionnelle qu'après avoir servi cinq ans en cette nouvelle qualité. (Arrêt du Conseil d'État du 15 juillet 1887.) De plus, ils perdent le bénéfice du grade dont ils étaient antérieurement titulaires. (Ordonnance du 20 janvier 1841.) Toutefois, la retraite à titre d'ancienneté peut toujours être demandée à vingt-cinq ans de service effectif, quand même le militaire réadmis n'aurait pas cinq ans de présence dans sa nouvelle position, et celui qui a obtenu une pension proportionnelle comme commissionné peut en demander la revision sans condition de durée de service. (Instr. du 7 juillet 1889.)

Les sous-officiers, brigadiers et gendarmes peuvent concourir pour les emplois civils et militaires réservés aux sous-officiers par la loi du 18 mars 1889.

Ils doivent avoir dix ans de service, dont quatre comme sous-officier rengagé. (Loi du 18 mars 1889.)

Voir le décret du 4 juillet 1890, au sujet des épreuves à subir par les candidats et des pièces à fournir par les chefs de corps.

(On consultera avec fruit la brochure intitulée : *Instruction sur les emplois civils et militaires réservés aux sous-officiers*, prix : 1 franc. — Henri Charles-Lavauzelle, éditeur.)

CHAPITRE II.

DE L'AVANCEMENT.

SECTION PREMIÈRE.

AVANCEMENT DES SOUS-OFFICIERS, BRIGADIERS ET GENDARMES.

Art. 43. L'avancement aux grades de brigadier et de sous-officier roule par légion et par corps.

Art. 44. Les emplois de brigadier sont donnés à des gendarmes ayant au moins six mois de service dans la gendarmerie et portés au tableau d'avancement, ainsi qu'aux sergents-majors et maréchaux des logis chefs des divers corps de l'armée proposés par les inspecteurs généraux, et ayant au moins un an d'exercice dans leur emploi.

Art. 45. La totalité des emplois de maréchal des logis à pied et à cheval est donnée à des brigadiers de la même arme, ayant au moins six mois de service dans leur grade et portés au tableau d'avancement, ainsi qu'aux adjudants des divers corps de l'armée régulièrement proposés.

Les adjudants de l'armée en activité de service peuvent être admis dans la gendarmerie avec le grade de maréchal des logis, et les sergents-majors ou maréchaux des logis chefs peuvent l'être comme brigadiers.

L'âge est fixé : pour les adjudants, de 25 à 35 ans ;

Pour les maréchaux des logis chefs et sergents-majors, de 25 à 32 ans.

Les uns et les autres doivent avoir au moins un an de grade et compter trois ans de service effectif au 31 décembre de l'année dans laquelle ils concourent.

Voir l'instruction sur le service courant. Le programme des examens est fixé par la note ministérielle du 22 mars 1890.

Les candidats classés par la commission de classement de la gendarmerie sont dispensés de subir un second examen : ils ne doivent pas être proposés de nouveau. (Instruction sur le service courant.)

Art. 46. L'avancement à l'emploi de maréchal des logis chef est donné aux maréchaux des logis à pied ou à cheval ayant au moins six mois de grade de sous-officier dans l'arme et portés au tableau d'avancement comme réunissant les conditions d'aptitude nécessaires.

Décret du 26 mars 1887.

Art. 47. Les adjudants sont choisis indistinctement parmi les maréchaux des logis chefs ayant au moins un an de grade dans l'arme.

Décision présidentielle du 16 mars 1891. Cette décision, qui n'admet plus les maréchaux des logis à concourir pour adjudants, n'est pas applicable à la garde républicaine.

Art. 48. Les maréchaux des logis adjoints aux trésoriers sont choisis indistinctement soit parmi les sous-officiers à pied ou à cheval, soit parmi les brigadiers des deux armes ayant au moins un an d'exercice dans ce grade et portés au tableau d'avancement comme réunissant les conditions d'aptitude reconnues nécessaires pour ces fonctions spéciales.

Les sous-officiers et brigadiers de gendarmerie ne pourront être proposés, à l'avenir, pour l'emploi d'adjoint au trésorier qu'après avoir accompli un stage de trois mois dans le bureau du trésorier.

Ce stage aura lieu avant l'établissement du travail préparatoire du chef de légion, qui ne présentera au choix de l'inspecteur général que les candidats jugés aptes, après avoir été examinés par le conseil d'administration et le sous-intendant militaire.

Il se fera du 15 novembre au 15 février, époque à laquelle le stagiaire se familiarisera avec le travail de fin de trimestre, celui de fin d'année et les opérations de la centralisation et de l'établissement de compte de gestion.

S'il existait deux candidats dans la même compagnie, l'un ferait son stage dans une autre compagnie de la légion non pourvue de candidat. (Note minist. du 15 mars 1894.)

SECTION II.

TABLEAUX D'AVANCEMENT DES SOUS-OFFICIERS, BRIGADIERS ET GENDARMES.

Art. 49. Les tableaux d'avancement aux grades de brigadier et de sous-officier et les listes d'aptitude aux fonctions spéciales dans la gendarmerie sont établis de nouveau chaque année, à l'époque des revues d'inspection générale.

Art. 50. Ces tableaux d'avancement et ces listes sont formés par légion et par corps, et contiennent des notes détaillées sur chacun des candidats, qui sont classés par ordre de mérite. Ils sont dressés par les chefs de légion et de corps sur la présentation des commandants de compagnie, et sont soumis par eux à l'inspecteur général, qui les arrête définitivement et les transmet au Ministre avec ses observations.

Art. 51. Le nombre des candidats à présenter par les inspecteurs généraux pour les différents grades de sous-officier et pour celui de brigadier, dans chaque arme, est calculé de manière à assurer les besoins du service par légion ou corps, et déterminé chaque année par les instructions sur les inspections générales.

Art. 52. En cas de services extraordinaires, le Ministre de la guerre inscrit d'office sur le tableau d'avancement aux grades de sous-officier et brigadier les militaires qui ont mérité cette récompense.

Art. 53. Toutes les dispositions des articles 43 et suivants sont applicables à la formation des tableaux d'avancement aux grades de sous-officier dans la garde républicaine.

SECTION III.

AVANCEMENT AUX DIFFÉRENTS GRADES ET EMPLOIS D'OFFICIER.

Art. 54. L'avancement à tous les grades et emplois d'officier, pour la portion dévolue à la gendarmerie, roule sur toute l'arme.

Voir la décision présidentielle du 30 septembre 1878 et la circulaire ministérielle du 27 novembre 1880.

Art. 55. Les fonctions des lieutenants et des sous-lieutenants étant les mêmes dans la gendarmerie, la moitié des lieutenances vacantes est donnée à l'avancement des sous-officiers de l'arme à pied ou à cheval, qui sont d'abord pourvus du grade de sous-lieutenant et sont promus à celui de lieutenant après deux ans d'exercice dans leurs fonctions.

L'autre moitié des lieutenances est donnée indistinctement à des lieutenants de l'armée âgés de plus de 25 ans et de moins de 36 ans, ou à des sous-lieutenants réunissant les mêmes conditions d'âge et ayant au moins un an d'activité de service dans leur grade qui seront promus lieutenants, après deux ans d'exercice dans leur grade dans la gendarmerie.

Les lieutenants et sous-lieutenants d'infanterie peuvent être admis dans la gendarmerie départementale s'ils ont servi deux ans dans un corps de troupe à cheval ou à la condition de faire un stage de six mois dans un régiment de cavalerie. Cette obligation n'est pas imposée à ceux qui sont exclusivement proposés pour l'infanterie de la garde républicaine.

Pour l'application de ces dispositions, voir la décision présidentielle du 21 décembre 1882, la note ministérielle du 7 mars 1883, la décision ministérielle du 9 et la circulaire du 10 du même mois.

La décision ministérielle du 9 mars 1883 porte que les sous-officiers à pied de la gendarmerie départementale promus sous-lieutenants (à l'exception de ceux qui proviennent de la garde républicaine) seront appelés à faire un stage de six mois dans un corps de cavalerie, lorsqu'ils n'auront pas servi antérieurement dans un corps de troupe à cheval.

Il en sera de même des lieutenants trésoriers de l'arme, promus capitaines dans la partie active, signalés aux inspections générales comme ne possédant pas les connaissances nécessaires pour diriger le service des brigades à cheval.

Ce stage commence dans les deux mois qui suivent la promotion ou l'admission. De nouvelles dispositions ayant été adoptées par le Ministre en vue de développer l'instruction militaire et hippique des trésoriers (note ministérielle du 28 mars 1888,) l'inspecteur général ne propose pour recevoir l'application des prescriptions ci-dessus que les trésoriers qui lui seraient signalés comme ne pouvant acquérir autrement les connaissances qui leur sont indispensables.

Voir la circulaire ministérielle du 9 septembre 1876 pour les sous-officiers à pied, auxquels il est nécessaire de donner une instruction hippique.

Une note ministérielle du 7 mars 1887 dit que la durée du stage des trésoriers pourra, s'il y a lieu, être réduite dans les limites qui seront jugées convenables.

Le Ministre de la guerre a décidé, le 6 avril 1887, qu'à l'avenir, aucun officier, qu'il provienne de la gendarmerie départementale ou d'un des corps de l'armée, ne pourra être admis dans la garde républicaine (infanterie ou cavalerie), s'il demande à être employé dans une arme qui n'est pas son arme d'origine, sans avoir obtenu un certificat d'aptitude professionnelle délivré par une commission qui fonctionnera dans chaque corps d'armée.

Les sous-lieutenants ne sont plus admis dans la gendarmerie. (Décis. minist. du 2 avril 1891. Voir les instructions sur les inspections générales.)

Art. 56. La moitié des lieutenances de trésorier de gendarmerie est donnée aux sous-officiers de l'arme à pied ou à cheval proposés pour l'avancement et portés sur la liste d'aptitude à ces fonctions spéciales.

L'autre moitié est donnée indistinctement à des lieutenants trésoriers ou à des sous-lieutenants adjoints au trésorier de l'arme, réunissant les conditions indiquées à l'article 55.

Les candidats présentés pour trésorier, qui concourent désormais pour l'avancement avec les candidats de la partie active, devront être en état de commander un arrondissement. L'inspecteur général les interrogera donc sur les deux parties du programme et s'assurera qu'ils possèdent la double aptitude.

La condition d'avoir exercé les fonctions d'adjoint au trésorier dans l'armée n'est plus exigée. (Instr. sur les inspections générales.)

Art. 57. A l'époque des inspections générales seulement, les lieutenants et sous-lieutenants de gendarmerie qui veulent concourir pour les emplois de trésorier sont examinés par l'inspecteur général, le conseil d'administration assemblé, et en présence du sous-intendant militaire.

Toutefois, les lieutenants et sous-lieutenants de gendarmerie dont l'aptitude aura été constatée ne peuvent être appelés du service actif aux fonctions de trésorier que par permutation à grade égal avec un officier pourvu de cet emploi spécial.

Art. 58. Les emplois de capitaine de gendarmerie sont donnés : trois quarts aux lieutenants de l'arme et un quart aux capitaines de l'armée, âgés de plus de 25 ans et de moins de 40 révolus au 31 décembre.

Les capitaines trésoriers des corps de troupe sont admis pour un quart dans les conditions ci-dessus.

Les capitaines d'infanterie ne peuvent être admis dans la gendarmerie (partie active) qu'aux conditions indiquées pour les lieutenants à l'article 55.

Les lieutenants présentés pour la gendarmerie sont maintenus si leur promotion au grade supérieur survient avant l'époque de leur admission. Dans ce cas, ils sont rayés du tableau du concours pour lieutenant et inscrits à leur rang d'ancienneté à la suite du tableau des capitaines. (Décis. minist. du 2 avril 1891 et instr. complémentaire sur le service courant en date du 24 mai 1891.)

Les trésoriers ne peuvent être relevés de leurs fonctions qu'autant qu'ils les ont occupées pendant deux ans au moins. Ceux promus au choix hors tour ne peuvent rentrer dans la partie active qu'après quatre années d'exercice. (Circulaire du 30 novembre 1882.) Leurs demandes peuvent être transmises à toute époque de l'année.

Ces restrictions ne sont pas applicables aux officiers pourvus d'emplois spéciaux qui présentent un permutant. (Note ministérielle du 1er mai 1889.)

Art. 59. Les capitaines, lieutenants et sous-lieutenants de l'armée proposés pour entrer dans la gendarmerie ne peuvent être admis à concourir pour des emplois de leur grade, dans cette arme, qu'après avoir subi un examen d'aptitude devant une commission spéciale instituée au chef-lieu de chaque légion départementale et présidée par l'inspecteur général de gendarmerie.

Les propositions seront formulées à la revue trimestrielle de janvier et les candidats n'auront plus à se pourvoir, au préalable, du certificat d'aptitude exigé précédemment. (Circ. minist. du 27 novembre 1880.)

Les conditions que doivent réunir les candidats et la nomenclature des pièces à fournir sont rappelées dans les instructions annuelles (1).

Les officiers admis et inscrits sur la liste de classement établie par les commissions de gendarmerie ne sont pas assujettis à subir annuellement de nouvelles épreuves. (Note minist. du 20 décembre 1879.)

Le programme des examens à subir par les officiers de l'armée qui demandent à entrer dans la gendarmerie est fixé par la note ministérielle du 22 mars 1890 (1).

Les lieutenants de l'armée, à l'exception des capitaines, peuvent être admis directement dans la garde républicaine. (Décis. du 23 décembre 1891.)

Art. 60. Les lieutenants de gendarmerie du service actif peuvent concourir avec les lieutenants trésoriers de l'arme pour l'avancement au grade de capitaine trésorier, mais ils doivent avoir été portés au tableau d'avancement par l'inspecteur général et avoir fait préalablement constater leur aptitude à ces fonctions spéciales dans les formes prescrites par l'article 57 ci-dessus.

Art. 61. Les emplois de chef d'escadron et de lieutenant-colonel de gendarmerie sont donnés en totalité à l'avancement des officiers de l'arme.

Art. 62. Tous les emplois de colonel de gendarmerie sont donnés par avancement aux lieutenants-colonels de l'arme.

Art. 63. Les lieutenants et capitaines des divers corps de l'armée qui passent dans la gendarmerie ne comptent leur ancienneté de grade dans cette arme, pour le commandement et l'avancement, que du jour où ils ont été admis.

Toutes les dispositions des lois, ordonnances et décrets sur le classement des officiers de l'armée de terre sont applicables à la gendarmerie.

Un officier venu de l'armée peut retourner dans son ancienne arme par permutation avec un officier de son grade proposé régulièrement pour la gendarmerie. (Décis. du 11 janvier 1854.)

---

(1) Voir la brochure intitulée : *Conditions d'admission des officiers dans la gendarmerie et programme des examens* (4e édition). — Librairie Henri Charles-Lavauzelle. Prix : 0 fr. 50.

SECTION IV.

Art. 64. Les tableaux d'avancement au choix, pour tous les grades d'officier dans la gendarmerie jusqu'à celui de lieutenant-colonel, sont formés, chaque année, d'après les propositions établies par arrondissement d'inspection.

Ces tableaux d'avancement, de même que les listes d'aptitude aux divers emplois et aux fonctions spéciales, sont arrêtés, par ordre de mérite, par les inspecteurs généraux, réunis à cet effet sous la présidence du général président du comité consultatif de l'arme.

En cas de services extraordinaires, le Ministre de la guerre inscrit d'office sur le tableau d'avancement les officiers et sous-officiers qui ont mérité cette récompense.

L'avancement des officiers aux colonies est soumis aux conditions d'ancienneté minima déterminées pour chaque grade ; mais il leur est accordé une majoration d'ancienneté égale à la moitié de la durée de leur présence outre-mer avec leur grade. (Instr. sur les inspections générales.)

L'article 64 est modifié par les décrets des 2 avril 1889, art. 7 et 11, et 16 février 1892, réglant les modes de classement des officiers proposés pour l'avancement.

Art. 65. Les tableaux d'avancement aux différents grades d'officier de gendarmerie sont dressés par les chefs de légion ou de corps, et soumis par eux à l'inspecteur général avec leurs notes.

Art. 66. L'inspecteur général propose pour l'avancement aux grades d'officiers le nombre de candidats déterminé chaque année par les instructions ministérielles sur les revues d'inspection.

Les officiers qui n'exercent point ou qui n'ont point exercé les fonctions de trésorier sont préalablement examinés par l'inspecteur général, en présence du sous-intendant militaire.

Les officiers présentés comme candidats doivent avoir atteint, au 31 décembre de l'année courante, dans leurs grades respectifs, et dans la gendarmerie. l'ancienneté voulue pour chaque grade dans la loi du 14 avril 1832.

Des instructions sur les inspections générales fixent chaque année l'ancienneté minima exigée pour pouvoir être proposé pour l'avancement.

Art. 67. La garde républicaine, étant spécialement chargée du service de surveillance de la capitale, est placée, pour l'exécution de ce service, sous la direction du préfet de police.

Le Ministre de l'intérieur est consulté pour les nominations aux divers grades et emplois d'officier vacants dans ce corps. Le Ministre de la guerre lui communique les noms des candidats qu'il doit présenter au choix du Président de la République ; mais le rôle du Ministre de l'intérieur se borne à donner son avis.

Art. 68. Toutes les dispositions générales des ordonnances et décrets sur l'avancement de l'armée auxquelles il n'est point expressément dérogé par les articles précédents sont et demeurent applicables à la gendarmerie.

Une note ministérielle du 12 mars 1868 oblige les officiers de la garde républicaine à quitter le corps lorsqu'ils obtiennent de l'avancement.

SECTION V.

RÉCOMPENSES CIVILES ET MILITAIRES.

Art. 69. Lorsqu'un militaire de la gendarmerie se signale par un acte de courage ou de dévouement, le rapport de l'événement est adressé par le commandant de la compagnie au chef de légion ou de corps, qui le transmet au Ministre de la guerre avec les pièces justificatives à l'appui.

Si ce militaire a agi en dehors du service et couru des dangers sérieux, il peut être adressé, en même temps, en sa faveur, une demande de médaille d'honneur ou de sauvetage, établie conformément au modèle annexé à la circulaire ministérielle du 11 juin 1844.

Il est fait mention sur les matricules, et par suite sur les états de services, des médailles d'honneur ou de sauvetage accordées à titre de récompenses civiles à des militaires de la gendarmerie pour les traits de courage et de dévouement.

Lorsque des sous-officiers, brigadiers et gendarmes se signalent dans l'accomplissement de leurs devoirs militaires par des faits exceptionnels, ils peuvent être proposés pour la *médaille militaire.*

Lorsqu'ils accomplissent un acte de dévouement comme citoyens, en dehors de leur profession, et qu'il y a eu péril pour la vie, ou s'ils ont couru des dangers, il y a lieu de demander pour eux la *médaille d'honneur.*

Lorsqu'ils ont apporté un zèle signalé dans le service, ils peuvent être proposés pour une *gratification.*

Toute demande de médaille doit être appuyée d'un procès-verbal d'enquête et de certificats délivrés par des autorités ou des personnes présentes sur le lieu de l'événement. (Circ. du 8 mai 1860.)

A moins que l'acte accompli ne paraisse absolument exceptionnel, il sera demandé des diplômes d'honneur. (Circ. min. des 26 février 1883 et 30 janvier 1890.)

Les militaires qui ont accompli dans le courant de l'année un acte susceptible de donner lieu à l'établissement d'une proposition pour la médaille d'honneur sont mis en demeure d'opter entre cette récompense et une gratification. (Circulaire du 6 décembre 1858.)

Des médailles d'honneur peuvent être distribuées par le Ministre de la guerre aux militaires qui se sont particulièrement signalés par leur dévouement à l'occasion des maladies épidémiques concernant l'armée. (Décret du 15 avril et circ. du 27 avril 1892.)

Dispositions reproduites dans l'article 45 du règlement du 10 juillet 1889 sur le service intérieur.

Art. 70. Les militaires de la gendarmerie concourent, comme ceux des autres corps de l'armée, et dans les mêmes conditions, pour l'admission ou l'avancement dans la Légion d'honneur. Le nombre des propositions à établir en faveur des officiers, sous-officiers, brigadiers et gendarmes est déterminé, chaque année, par des instructions ministérielles sur les inspections générales de l'arme.

D'après un avis du conseil de l'ordre de la Légion d'honneur, le temps passé dans les administrations civiles de l'Etat, douanes, forêts, etc., ne confère aucun droit pour l'obtention de la médaille militaire. Toutefois, pour fixer leur choix entre candidats également méritants, les chefs de légion et l'inspecteur peuvent tenir compte des services de cette nature, à titre de renseignements favorables.

Le folio disciplinaire produit à l'appui des états pour la croix et la médaille relate les punitions de toute nature encourues pendant les cinq dernières années.

En ce qui concerne les périodes antérieures, il n'y est fait mention que des punitions pour ivresse et de huit jours de prison au moins pour tout autre motif.

On fait également figurer sur le folio tous les déplacements par mesure disciplinaire, ainsi que les bonnes notes et citations dont le candidat aurait été l'objet depuis son admission dans la gendarmerie, et, en général, tous les changements survenus dans sa position (promotions, rétrogradations, cassations, etc.).

Une mention spéciale, inscrite à l'encre rouge sur les états de proposition, fait connaître les candidats qui seraient à la fois présentés pour l'avancement et pour la médaille militaire.

Art. 71. Les sous-officiers, brigadiers et gendarmes concourent pour la médaille militaire dans les mêmes conditions que les militaires des autres corps de l'armée.

Le nombre des candidats est déterminé, chaque année, par les instructions ministérielles sur les inspections générales.

Il est expressément défendu de demander des croix étrangères. (Circ. du 16 juillet 1839.)

Art. 72. Des propositions spéciales de récompenses, de gratifications ou d'indemnités pécuniaires peuvent être faites pour des services importants rendus par des militaires de la gendarmerie, ou pour des pertes qu'ils auraient éprouvées dans l'exercice de leurs fonctions. Ces propositions sont transmises au Ministre de la guerre par les chefs de légion ou de corps, avec un avis motivé.

Voir l'article 158 du règlement du 10 juillet 1889 et l'annexe n° 3, § 3°, du décret du 30 décembre 1892.

TITRE II.

DES DEVOIRS DE LA GENDARMERIE ENVERS LES MINISTRES ET DE SES RAPPORTS AVEC LES AUTORITÉS CONSTITUÉES.

CHAPITRE PREMIER.

DEVOIRS DE LA GENDARMERIE ENVERS LES MINISTRES.

SECTION PREMIÈRE.

ATTRIBUTIONS DU MINISTRE DE LA GUERRE.

Art. 73. Le Ministre de la guerre a dans ses attributions l'organisation, le commandement, l'exécution réglementaire de toutes les parties du service ;

Les admissions dans la gendarmerie, l'avancement, les changements de résidence, les congés temporaires et définitifs, les admissions à la retraite et les récompenses militaires ;

L'ordre intérieur, l'instruction militaire, la police et la discipline des corps et compagnies, la tenue, l'armement, la fixation de l'emplacement des brigades, la solde, l'habillement, l'équipement, la remonte, l'approvisionnement des fourrages, l'emploi des masses, l'administration et la vérification de la comptabilité ;

Les inspections générales, les revues et tournées des officiers, enfin les opérations militaires de toute nature.

Art. 74. Sont également dans les attributions du Ministre de la guerre :

1º La police judiciaire militaire exercée, sous l'autorité du général commandant la circonscription, par les officiers, sous-officiers et commandants de brigade de gendarmerie (art. 84 du Code de justice militaire) ;

2º La surveillance que la gendarmerie est tenue d'exercer sur les militaires absents de leurs corps. Il est adressé au Ministre, du 5 au 10 du premier mois de chaque trimestre, et pour chaque compagnie, un rapport spécial du service des brigades, sur la recherche des déserteurs et insoumis dont le signalement leur a été adressé et sur la rentrée des militaires sous les drapeaux.

Envoi supprimé par la décision présidentielle du 6 décembre 1885.
Voir les articles 336 à 365 du présent décret en ce qui concerne les déserteurs et insoumis.

Art. 75. Le Ministre de la guerre devant être à portée de juger de la convenance des locaux affectés au casernement des brigades, tant sous le rapport du service que sous celui du bien-être des hommes et des chevaux, des états descriptifs de ces bâtiments lui sont transmis par les chefs de légion, avec les observations de ces officiers supérieurs, immédiatement avant la passation ou le renouvellement des baux, qui sont toujours soumis à son approbation par les préfets des départements.

Note ministérielle du 24 janvier 1891. (V. les annotations de l'article 267 du service intérieur.)

L'article 133 du règlement du 30 juin 1856 prescrit de blanchir les casernes tous les trois ans. Il est utile de rappeler cette clause sur les baux ainsi que celle du ramonage annuel des cheminées. (Art. 56 du règlement du 17 août 1824 et 276 du règlement du 10 juillet 1889.) Dans les baux à passer, la parfaite étanchéité des puits doit être particulièrement exigée.

Par dépêche du 26 août 1893, le Ministre de la guerre a décidé qu'il y avait lieu de faire disparaître du texte des baux relatifs au casernement des troupes de la gendarmerie les dispositions rappelant soit le règlement du 17 août 1824, soit celui qui l'a remplacé du 30 juin 1856, qui ne sont applicables qu'au casernement des troupes de ligne.

Les réparations à faire au casernement ne doivent être commencées que sur l'ordre des propriétaires ou de l'administration départementale, suivant le cas. (Instr. sur les inspections générales.)

L'installation d'une nouvelle brigade ne doit avoir lieu qu'après l'approbation du bail par le Ministre. (Circ. des 28 mai et 5 juin 1851.)

Cette installation donne lieu à un procès-verbal du modèle prescrit par la circulaire du 19 juillet 1840.

Voir le chapitre XXIII du règlement du 10 juillet 1889 (service intérieur).

Les dégâts causés par un incendie dans une caserne de gendarmerie sont à la charge du département lorsqu'il ne peut être prouvé que la cause est due aux locataires. (Cassation du 14 novembre 1853.)

Art. 76. Une expédition des rapports périodiques et autres que la gendarmerie est tenue d'adresser aux Ministres, suivant l'ordre des attributions ci-après déterminées, est toujours envoyée au Ministre de la guerre.

Il lui est également rendu compte sur-le-champ de tous les événements qui peuvent être de nature à compromettre la tranquillité publique et des mesures que la gendarmerie peut avoir prises pour l'exécution des ordres directs des Ministres ou des réquisitions de leurs agents.

Les rapports lui en sont faits, savoir : pour les événements qui surviennent dans les arrondissements des chefs-lieux de préfecture, par les commandants de compagnie, et pour ceux qui ont lieu dans l'arrondissement de chaque sous-préfecture, par le commandant de la gendarmerie de cet arrondissement.

Voir l'article 2 du règlement du 10 juillet 1889 sur le service intérieur.

Une circulaire du 22 janvier 1885 supprime un certain nombre d'états fournis périodiquement au Ministre de la guerre et la 1re annexe à l'instruction du 28 juin 1894 sur le service courant, portant la date du 4 mai 1895, indique ceux qui restent à établir.

Art. 77. Les événements extraordinaires qui doivent donner lieu à des rapports immédiats au Ministre de la guerre, de la part des officiers de gendarmerie de tout grade, sont principalement :

Les vols avec effraction commis par des malfaiteurs, au nombre de plus de deux ;

Les incendies, les inondations et autres sinistres de toute nature et les assassinats ;

Les attaques des voitures publiques, des courriers, des convois de deniers de l'Etat ou de munitions de guerre ;

L'enlèvement et le pillage des caisses publiques et des magasins militaires ;

Les arrestations d'embaucheurs, d'espions employés à lever le plan des places et du territoire, ou à se procurer des renseignements sur la force et les mouvements des troupes ; la saisie de leur correspondance et de toutes pièces pouvant donner des indices ou fournir des preuves de crimes et de complots attentatoires à la sûreté intérieure où extérieure de la République ;

Les provocations à la révolte contre le gouvernement ;

Les attroupements séditieux ayant pour objet le pillage des convois de grains ou farines ;

Les émeutes populaires ;

Les découvertes d'ateliers et instruments servant à fabriquer la fausse monnaie ; l'arrestation des faux monnayeurs ;

Les assassinats tentés ou consommés sur les fonctionnaires publics ;

Les attroupements, armés ou non armés, qualifiés séditieux par les lois ;

Les distributions d'argent, de vin, de liqueurs enivrantes, et les autres manœuvres tendant à favoriser la désertion ou à empêcher les militaires de rejoindre leurs drapeaux ;

Les attaques dirigées et exécutées contre la force armée chargée des escortes et des transfèrements des prévenus ou condamnés ;

Les rassemblements, excursions et attaques de malfaiteurs réunis et organisés en bandes, dévastant et pillant les propriétés ;

Les découvertes de dépôts d'armes cachées, d'ateliers clandestins de fabrication de poudre, de lettres comminatoires, de signes et mots de ralliement ; d'écrits, d'affiches et de placards incendiaires provoquant à la révolte, à la sédition, à l'assassinat et au pillage ;

L'envahissement, avec violence, d'un ou de plusieurs postes télégraphiques, et la destruction, par des individus ameutés, des appareils de télégraphie, soit électrique, soit aérienne ;

La dégradation d'une partie quelconque de la voie d'un chemin de fer commise en réunion séditieuse, avec rébellion ou pillage ;

Et, généralement, tous les événements qui exigent des mesures promptes et décisives, soit pour prévenir le désordre, soit pour le réprimer.

La note ministérielle du 27 novembre 1888 prescrit aux diverses autorités militaires qui jouissent du droit de télégraphier en franchise au Ministre (généraux, chefs de corps ou de service, commandants d'armes, directeurs d'établissements militaires, etc.) de porter immédiatement à sa connaissance, par télégramme, sans préjudice du rapport détaillé à lui faire parvenir par la voie hiérarchique, tous les faits ayant une importance réelle, au point de vue des intérêts généraux de l'armée ou du pays, qui se produisent dans l'étendue de leur commandement.

Indépendamment des faits indiqués dans cette note, le Ministre a intérêt à connaître rapidement certains événements ou incidents d'une importance moindre, tels que : accidents, rixes, etc., auxquels sont mêlés des militaires. Il arrive fréquemment que des faits de cette nature sont signalés par l'autorité militaire tardivement au Ministre, qui en a déjà été informé par d'autres voies. Ce retard provient généralement de ce que l'on attend, pour rendre compte, le résultat d'enquêtes souvent longues.

Le Ministre doit être prévenu télégraphiquement, sans aucun délai, de tous les faits graves dont il a intérêt à avoir connaissance, et qui sont laissés à l'appréciation des différentes autorités militaires qui jouissent de la franchise télégraphique avec lui. (Note minist. du 30 avril 1893.)

Voir les annotations de l'article 100.

Art. 78. Pour tous les événements spécifiés dans l'article précédent, les rapports directs auxquels ils ont donné lieu ne dispensent pas les officiers de gendarmerie d'en faire mention dans les comptes mensuels qu'ils ont à rendre au Ministre de la guerre.

Hors ces cas exceptionnels, et à moins d'ordres particuliers, les chefs de légion seuls correspondent directement avec le Ministre, par la voie du commandement (28 mai 1880).

Les rapports doivent être très concis et établis d'après la formule n° 4 annexée à la circulaire du 28 mai 1880. Il en est de même des lettres, qui ne doivent contenir aucune formule de salutation et sont établies d'après le modèle n° 2 joint à ladite circulaire.

Pour la correspondance avec les autorités allemandes, se conformer à la circulaire du 6 avril 1877.

SECTION II.

ATTRIBUTIONS DU MINISTRE DE L'INTÉRIEUR.

Art. 79. Les mesures prescrites pour assurer la tranquillité du pays, pour le maintien de l'ordre et pour l'exécution des lois et règlements d'administration publique émanent du Ministre de l'intérieur.

Il lui appartient de donner des ordres pour la police générale, pour la sûreté de l'État et pour le rassemblement des brigades en cas de service extraordinaire.

Il lui est rendu compte périodiquement du service habituel de la gendarmerie.

Art. 80. A cet effet, du 5 au 10 de chaque mois, les chefs de légion transmettent au Ministre de l'intérieur, avec leur visa, un état récapitulatif, par compagnie, du service exécuté dans chaque département pendant le mois précédent.

Cet état comprend également un résumé du service ordinaire et extraordinaire accompli par les brigades, celui des arrestations civiles et militaires opérées pendant le mois ; le nombre des prisonniers transférés soit de brigade en brigade, soit par des chemins de fer, soit au moyen des voitures cellulaires ; celui des escortes des malles et courriers porteurs de fonds publics ou des dépêches du gouvernement, et enfin un exposé sommaire de tous les événements qui, par leur nature, peuvent influer sur la tranquillité intérieure.

Un état nominatif des individus arrêtés pendant le mois, avec l'indication des motifs de leur arrestation et du lieu où ils ont été conduits, est toujours joint au résumé du service fait par les brigades pendant le même laps de temps.

Art. 81. La surveillance exercée par la gendarmerie sur les repris de justice, mendiants, vagabonds, gens sans aveu, condamnés libérés, et de tous autres individus assujettis ou à l'internement, ou à toute autre mesure de sûreté générale, est du ressort du Ministre de l'intérieur. En conséquence, les chefs de légion lui transmettent, du 5 au 10 de chaque mois, un résumé, par compagnie, des opérations des brigades sous leurs ordres, en ce qui concerne ce service spécial, ainsi qu'un état nominatif des individus placés dans la dernière catégorie, et dont l'arrestation a été opérée, soit pour rupture de ban, soit en vertu de mandats de justice.

La loi du 27 mai 1885 a supprimé la peine de la surveillance de la haute police. Cette peine est remplacée par la défense faite au condamné de paraître dans les localités dont l'interdiction lui sera signifiée par le gouvernement avant sa libération. (Voir la lettre collective n° 51 du Ministre de la guerre, du 30 juin 1885, sur l'application de cette loi.)

Art. 82. Ces rapports mensuels sont adressés directement au Ministre de l'intérieur par les chefs de légion, qui lui transmettent également, du 5 au 10 janvier de chaque année, un tableau sommaire et récapitulatif du service fait par chaque compagnie pendant les douze mois de l'année précédente.

Art. 83. Indépendamment de ces comptes périodiques à rendre au Ministre de l'intérieur, il lui est donné connaissance immédiatement, par des rapports spéciaux, comme au Ministre de la guerre, de tous les événements qui se trouvent compris parmi les faits spécifiés par les articles 76 et 77 du présent décret.

Art. 84. En dehors des cas exceptionnels prévus par les articles 76 et 77 précités, les chefs de légion correspondent seuls directement avec le Ministre de l'intérieur pour tous les faits qui leur paraîtraient de nature à intéresser la tranquillité publique.

Il n'est pas fait de rapports politiques. (Circ. du 31 août 1879.)
Des circulaires ministérielles du 8 février 1889 et du 6 mars suivant in-

terdisent toute espèce de manifestations politiques aux militaires, qui ne peuvent non plus faire partie d'associations civiles non approuvées par le Ministre de la guerre.) Voir aussi la circulaire minist. du 27 mai 1895.)

Art. 85. Les moyens de casernement des brigades et les conditions dans lesquelles les bâtiments affectés à cette destination doivent être choisis par les autorités départementales, sont placés dans les attributions du Ministre de l'intérieur. Les baux passés à cet effet par les préfets sont soumis à son approbation, toutes les fois qu'il le juge nécessaire.

SECTION III.

ATTRIBUTIONS DU MINISTRE DE LA JUSTICE.

Art. 86. Le service des officiers de gendarmerie, considérés comme officiers de police judiciaire et agissant en vertu du Code d'instruction criminelle, soit en cas de flagrant délit, soit en vertu de commissions rogatoires, est du ressort du Ministre de la justice.

Art. 87. A cet effet, il lui est adressé, du 5 au 10 de chaque mois, par les chefs de légion, un rapport spécial par compagnie des opérations de cette nature exécutées pendant le mois précédent, et, à la fin de chaque année, un tableau sommaire du service judiciaire fait par les officiers de l'arme pendant les douze mois écoulés.

Ces rapports mensuels ne sont point adressés au Ministre de la justice lorsqu'ils sont négatifs; mais les rapports annuels, même négatifs, lui sont toujours transmis.

SECTION IV.

ATTRIBUTIONS DU MINISTRE DE LA MARINE ET DES COLONIES.

Art. 88. La surveillance exercée par la gendarmerie sur les militaires des troupes de la marine jusqu'à leur embarquement, la recherche des déserteurs de l'armée de mer et la poursuite des forçats évadés des bagnes, l'escorte des condamnés transférés dans les colonies pénitentiaires et la police à exercer dans ces établissements, tant à l'intérieur qu'à l'extérieur, sont du ressort du Ministre de la marine et des colonies.

La gendarmerie est chargée de faire visiter et admettre à l'hôpital, s'il y a lieu, tout homme de la marine, malade, voyageant isolément ou en détachement et se trouvant dans un lieu où il n'y a ni commandant ni major de place. (Circ. du 27 mars 1878 et règl. sur le service de santé.)

Art. 89. Les compagnies de gendarmerie coloniale, bien que continuant d'appartenir à l'armée de terre, quant à l'organisation et au personnel, ressortissent au département de la marine pour la direction du service, pour l'administration et la comptabilité.

Par une circulaire en date du 28 mai 1883, le Ministre de la guerre rappelle :

1º Qu'il n'appartient au département de la guerre de statuer en dernier ressort sur la situation des militaires des compagnies coloniales qu'avec l'assentiment du Ministre de la marine, seul juge des exigences du service ;

2º Que toutes les demandes concernant la gendarmerie coloniale doivent être adressées au Ministre de la marine ;

3º Qu'il n'est fait d'exception à cette règle que pour les demandes en autorisation de mariage sur lesquelles peuvent statuer directement les conseils d'administration des dépôts coloniaux de Brest et de Toulon, pour les gendarmes présents dans les ports militaires, et les conseils d'administration des compagnies de gendarmerie départementale, pour les militaires en congé dans le ressort desdites compagnies (dispositions rappelées par note ministérielle du 21 octobre 1887) ;

4º Que les militaires de la gendarmerie départementale qui demandent à servir aux colonies, et tous les autres militaires en général qui sollicitent la même destination, doivent toujours être soumis, avant d'être proposés, à une visite médicale individuelle des plus attentives. Le certificat constatant cette opération devra être joint au dossier.

Art. 90. Le Ministre de la marine reçoit les rapports des arrestations faites par la gendarmerie des marins et des militaires des troupes de la marine en état de désertion.

Il lui est également rendu compte de la capture des forçats évadés des bagnes.

Des rapports mensuels, établis à cet effet par compagnie, lui sont adressés, du 5 au 10 de chaque mois, par les chefs de légion. A la fin de chaque année, un tableau sommaire du même service lui fait connaitre les résultats obtenus pendant les douze mois écoulés.

Ces rapports mensuels ne sont point adressés au Ministre de la marine lorsqu'ils sont négatifs ; mais les rapports annuels, même négatifs, lui sont toujours transmis.

Ces rapports sont supprimés. (Note minist. du 13 février 1892.)

CHAPITRE II.

RAPPORTS DE LA GENDARMERIE AVEC LES AUTORITÉS LOCALES.

SECTION PREMIÈRE.

DISPOSITIONS PRÉLIMINAIRES.

Art. 91. L'action des autorités civiles, administratives et judiciaires sur la gendarmerie, en ce qui concerne son emploi, ne peut s'exercer que par des réquisitions.

· En spécifiant que l'action des autorités civiles s'exerce sur la gendarmerie par voie de réquisition, le décret du 1er mars 1854 n'a évidemment entendu viser que l'emploi des militaires de cette arme soit pour exécuter un service déterminé ne rentrant pas expressément dans ses attributions (transport de pièces, communications urgentes, etc.), soit pour aller assurer le maintien de l'ordre sur les points où il est menacé, soit, enfin, pour prêter main-forte aux diverses autorités. Mais l'accomplissement de cette formalité ne saurait être exigé pour les simples demandes de renseignements intéressant l'ordre public et relatifs à des faits sur lesquels il est à propos que se porte l'attention de la gendarmerie. (Lettre minist. du 30 janvier 1894. — Voir aussi la lettre collective du 12 janvier 1882, en annotation à la suite de l'article 100 du présent décret.

Art. 92. Les réquisitions sont toujours adressées au commandant de la gendarmerie du lieu où elles doivent recevoir leur exécution, et, en cas de refus, à l'officier sous les ordres duquel est immédiatement placé celui qui n'a pas obtempéré à ces réquisitions.

Elles ne peuvent être données ni exécutées que dans l'arrondissement de celui qui les donne et de celui qui les exécute.

Dans les cas urgents, les autorités administratives et judiciaires peuvent employer exceptionnellement le télégraphe pour requérir la gendarmerie ; toutefois, il sera mentionné dans la dépêche télégraphique qu'elle va être immédiatement suivie de l'envoi d'une réquisition écrite, libellée conformément aux termes de l'article 96 du présent décret. (Circ. minist. du 30 octobre 1880.)

Une circulaire du ministre de la justice en date du 15 mai 1894 recommande aux substituts d'adresser leurs réquisitions, sauf le cas d'extrême urgence, par l'intermédiaire de l'officier de gendarmerie commandant l'arrondissement, et d'établir leurs réquisitions sur une feuille distincte pour chaque affaire traitée.

Art. 93. La main-forte est accordée toutes les fois qu'elle est requise par ceux à qui la loi donne le droit de requérir.

Art. 94. Les cas où la gendarmerie peut être requise sont tous ceux prévus par les lois et les règlements, ou spécifiés par les ordres particuliers du service.

Les autorités préfectorales ont le droit de requérir la gendarmerie pour aller recueillir le résultat des votes, au moment des élections. (Circ. du 1er mars 1863.)

Voir aussi la circulaire du Ministre de l'intérieur du 19 mai 1881.

Art. 95. Les réquisitions doivent énoncer la loi qui les autorise, le motif, l'ordre, le jugement ou l'acte administratif en vertu duquel elles sont faites.

Art. 96. Les réquisitions sont faites par écrit, signées, datées, et dans la forme ci-après :

« RÉPUBLIQUE FRANÇAISE.

» AU NOM DU PEUPLE FRANÇAIS,

» Conformément à la loi... en vertu de... (*loi, arrêté, règlement*), nous requérons le... (*grade et lieu de résidence*) de commander, faire... se transporter... arrêter, etc..., et qu'il nous fasse part (*si c'est un officier*) et qu'il nous rende compte (*si c'est un sous-officier*) de l'exécution de ce qui est par nous requis au nom du peuple français. »

Décision présidentielle du 10 juin 1880. Voir aussi l'instruction du Ministre de l'intérieur en date du 24 décembre 1880.

Aux termes du décret du 6 septembre 1870, les jugements, arrêts, mandats de justice, contrats et tous autres actes susceptibles d'une exécution forcée doivent être intitulés :

« RÉPUBLIQUE FRANÇAISE.

» AU NOM DU PEUPLE FRANÇAIS. »

Art. 97. Les réquisitions ne doivent contenir aucun terme impératif, tel que : *ordonnons, voulons, enjoignons, mandons*, etc., ni aucune expression ou formule pouvant porter atteinte à la considération de l'arme et au rang qu'elle occupe parmi les corps de l'armée.

Il ne faut pas confondre réquisitions avec mandements de justice, extraits de jugement, ordonnances, etc., qui portent la formule générale : *mandons et ordonnons à tous huissiers et agents de la force publique*, etc., etc. C'est une formule consacrée par le Code d'instruction criminelle et qui doit toujours être considérée comme impersonnelle. (NOTE DE LA RÉDACTION.)

Art. 98. Lorsque la gendarmerie est légalement requise pour assister l'autorité dans l'exécution d'un acte ou d'une mesure quelconque, elle ne doit être employée que pour assurer l'effet de la réquisition et pour faire cesser, au besoin, les obstacles et empêchements.

Voir le manuel intitulé : *Du droit des fonctionnaires civils de requérir la troupe et la gendarmerie*. (Impr. Charles-Lavauzelle.)

Voir les articles 64 et 167 du décret du 4 octobre 1891, sur le service des places.

Art. 99. La gendarmerie ne peut être distraite de son service ni détournée des fonctions qui font l'objet principal de son institution pour porter les dépêches des autorités civiles ou militaires, l'administration des postes devant expédier des estafettes extraordinaires, à la réquisition des agents du gouvernement, quand le service ordinaire de la poste ne fournit pas des moyens de communication assez rapides.

Ce n'est donc que dans le cas d'extrême urgence, et quand l'emploi des moyens ordinaires amènerait des retards préjudiciables aux affaires, que les autorités peuvent recourir à la gendarmerie pour la communication d'ordres et d'instructions qu'elles ont à donner.

Hors de ces circonstances exceptionnelles et très rares, il ne leur est point permis d'adresser des réquisitions abusives qui fatiguent inutilement les hommes et les chevaux.

La gendarmerie obtempère aux réquisitions qui lui sont faites par écrit et lorsque l'urgence est indiquée; mais elle rend compte immédiatement de ce déplacement aux Ministres de la guerre et de l'intérieur. Copie de ces réquisitions est adressée au chef de légion.

Les militaires de la gendarmerie ne peuvent recevoir des généraux, des conseils d'administration et des officiers de réserve ou de l'armée territoriale, des plis cachetés, des médailles, des mandats et autres pièces entraînant une responsabilité pécuniaire, avec invitation de les faire porter à des militaires de tous grades, en non-activité, de la réserve ou de l'armée territoriale, aux administrateurs de chemin de fer ou à des fournisseurs (Circ. minist. du 15 octobre 1880.)

Les gendarmes ne doivent pas être employés à porter les dépêches des autorités civiles ou militaires, hors les cas d'urgence extrême prévus par l'article 99 du présent décret.

L'inspecteur général doit s'informer si, par suite des exigences de quelques fonctionnaires ou de concessions abusives de la part des officiers, sous-officiers et brigadiers, la gendarmerie n'est pas distraite de ses attributions ou appelée à remplir des fonctions auxquelles elle doit rester étrangère, notamment en mettant des plantons, à titre permanent, à la disposition des parquets ou des juges d'instruction. (Instr. sur les inspections générales de la gendarmerie.)

Voir l'article 107 du présent décret et les annotations de l'article 109 (significations et notifications en matière d'expropriation).

Art. 100. La gendarmerie doit communiquer sans délai aux autorités civiles les renseignements qu'elle reçoit et qui intéressent l'ordre public. Les autorités civiles lui font les communications et réquisitions qu'elles reconnaissent utiles au bien du service.

Ces communications, verbales ou par écrit, sont toujours faites au commandant de la gendarmerie du lieu ou de l'arrondissement. Les autorités ne peuvent s'adresser à l'officier supérieur en grade que dans le cas où elles auraient à se plaindre de retard ou de négligence.

Les communications écrites entre les magistrats, les administrateurs et la gendarmerie doivent toujours être signées et datées.

Dans les cas *urgents bien constatés*, l'autorité judiciaire peut s'adresser directement au chef de brigade, à la charge par celui-ci de faire parvenir immédiatement au commandant de l'arrondissement les mandats qui lui ont été adressés et les renseignements qui lui ont été demandés, en y ajoutant copie des réponses faites. (Circ. du 26 novembre 1855.)

La discipline militaire ne permettant pas que des soldats puissent s'absenter sans la permission de leurs chefs, les magistrats qui appellent des

gendarmes en témoignage doivent prévenir, 24 heures au moins avant la
comparution, l'officier qui commande l'arme au chef-lieu de l'arrondissement dans lequel le témoin est employé, ou celui sous les ordres duquel
il se trouve. Les citations sont d'ailleurs notifiées dans la forme ordinaire,
ou par simple voie d'avertissement il suffit même d'en prévenir les chefs,
certain que ceux-ci ne manqueront pas de donner des ordres qui seront exécutés (Inst. du Ministre de la justice du 13 septembre 1820.)

Une lettre collective du 12 janvier 1882, rappelant les circulaires des
3 août 1866 et 19 novembre 1865, recommande aux officiers supérieurs
de gendarmerie de tenir exactement compte des indications ou des demandes que les préfets croiraient devoir leur adresser, à condition toutefois que ces indications ou ces demandes ne seront jamais contraires aux
prescriptions de la circulaire ministérielle du 31 août 1879. Cette dernière
circulaire rappelle que les militaires de tous grades de la gendarmerie ne
doivent s'immiscer en aucune façon dans des questions qui touchent à la
politique.

Toute espèce de manifestation politique est interdite aux militaires de
la gendarmerie, qui ne peuvent non plus faire partie d'associations civiles
non approuvées par le Ministre de la guerre. (Circ. minist. des 6 février 1889
et 6 mars suivant.)

Une circulaire ministérielle du 29 janvier 1883 porte que la solution de
toute affaire de service soumise à l'appréciation, à l'étude ou à la sanction
de l'autorité militaire par un agent de l'administration départementale ou
communale sera désormais notifiée aux intéressés exclusivement par l'intermédiaire du préfet du département où ils résident et après entente avec
ce fonctionnaire.

Les communications d'affaires entre les autorités civiles et militaires ne
doivent pas passer par le Ministre de la guerre. (Circ. des 15 mai 1878,
24 juin 1882 et 29 janvier 1883.)

Les rapports sur les événements extraordinaires ne doivent être adressés
qu'aux autorités qu'ils concernent. (Circ. minist. du 31 mars 1889.)

Art. 101. Tout officier ou sous-officier de gendarmerie qui a fait le
rapport d'un événement doit rendre compte successivement des
opérations qui en sont la suite, ainsi que de leur résultat ; ces
comptes doivent toujours rappeler la date du rapport primitif.

Art. 102. Les présidents des hautes cours de justice, les premiers
présidents des cours d'appel et les procureurs généraux, les
préfets, les présidents des cours d'assises, les procureurs de la
République près ces mêmes cours, peuvent appeler auprès d'eux,
par écrit, le commandant de la gendarmerie du département,
pour conférer sur des objets de service.

Lorsque les hautes cours de justice, les cours d'appel et les
cours d'assises ne siègent point au chef-lieu du département, ces
magistrats et fonctionnaires ne peuvent appeler auprès d'eux que
l'officier commandant la gendarmerie de l'arrondissement.

Cet officier, pour des objets de service, peut être mandé, par
écrit, auprès des sous-préfets et des procureurs de la République
près les tribunaux de première instance.

Art. 103. Les communications verbales ou par écrit entre les autorités judiciaires ou administratives et la gendarmerie doivent toujours avoir un but déterminé de service, et n'imposent nullement aux militaires de cette arme l'obligation de se déplacer chaque jour pour s'informer du service qui pourrait être requis. Dans les cas extraordinaires, les officiers de gendarmerie doivent se rendre chez les autorités aussi fréquemment que la gravité des circonstances peut l'exiger, sans attendre des invitations de leur part.

Toutes les fois qu'ils ont à conférer avec les autorités locales, les officiers de gendarmerie doivent être en tenue militaire.

Les procureurs généraux doivent s'abstenir de requérir les commandants de gendarmerie d'assister à l'entérinement des lettres de grâce, et n agir, dans ce cas, que par simple invitation. Le commandant est tenu, de son côté, de faire ce qu'il peut pour se rendre à cette invitation, et, en cas d'empêchement, il est remplacé par le capitaine. (Circ. du 28 février 1855.)

SECTION II.

RAPPORTS DE LA GENDARMERIE AVEC LES AUTORITÉS JUDICIAIRES CIVILES.

Art. 104. Les chefs d'escadron commandant la gendarmerie des départements informent sur-le-champ les procureurs généraux près les cours d'appel de tous les événements qui sont de nature à motiver des poursuites judiciaires.

Ces officiers supérieurs, ainsi que les commandants d'arrondissement, informent également sur-le-champ les procureurs de la République, ou, à défaut, leurs substituts, des événements de même nature qui surviennent dans le ressort du tribunal près duquel ils exercent leurs fonctions.

Ils ne sont point tenus à des rapports négatifs.

Ces rapports n'intéressent les autorités judiciaires civiles que lorsque les faits sont de nature à motiver des poursuites. (Circ. du 25 avril 1881.)

Voir l'article 497 du présent décret sur l'état sommaire des contraventions à fournir tous les quinze jours aux procureurs de la République.

Art. 105. Les mandements de justice peuvent être notifiés aux prévenus et mis à exécution par les gendarmes.

Une circulaire ministérielle du 12 août 1859 fait remarquer que les mandats d'amener restent souvent sans effet, tandis que les mandats d'arrêt sont toujours mis à exécution.

Une autre circulaire du 27 février 1860 rappelle ces observations et recommande de ne pas négliger le service pour constater des délits de chasse.

Art. 106. La gendarmerie peut être chargée de l'exécution des jugements des conseils de discipline de la garde nationale : les mandats d'exécution sont délivrés par le maire dans la même forme que ceux des tribunaux de simple police.

La garde nationale est supprimée. (25 août 1871.)

Art. 107. La gendarmerie ne peut être employée à porter des citations aux témoins appelés devant les tribunaux civils que dans le cas d'une nécessité urgente et absolue. Il importe que les militaires de cette arme ne soient point détournés de leurs fonctions pour ce service, lorsqu'il peut être exécuté par les huissiers et autres agents.

Dans aucun cas, les gendarmes ne peuvent être employés comme garnisaires.

Les militaires de la gendarmerie coloniale doivent prêter leur concours à l'autorité judiciaire outre-mer.

En effet, le décret du 21 août 1869 prévoit (art. 10) l'emploi, aux colonies, des gendarmes en qualité d'huissier, et leur alloue, à ce titre, une certaine indemnité.

D'autre part, le fait de confier des fonctions judiciaires à des militaires de la gendarmerie est commun à beaucoup de petites colonies. C'est ainsi qu'à la Nouvelle-Calédonie un brigadier occupe, d'une façon permanente, le siège du ministère public à Canala. (Circ. du Ministre de la marine, 28 septembre 1893.)

L'usage d'imposer des garnisaires a été abrogé par l'article 1er de la loi du 9 février 1877.

Voir le mot « Garnisaire » au *Dictionnaire des connaissances générales* Amade et Corsin.

Art. 108. La notification des citations adressées aux jurés appelés à siéger dans les hautes cours de justice et dans les cours d'assises est une des attributions essentielles de la gendarmerie. Cette notification a lieu sur la réquisition de l'autorité administrative.

Une note ministérielle du 7 février 1887 décide que les adjoints du génie, gardes d'artillerie et gendarmes peuvent être chargés de la remise des notifications et significations prévues par la loi du 3 mai 1841, en matière d'expropriation.

Art. 109. Les détachements de gendarmerie requis lors des exécutions des criminels condamnés pas les cours d'assises sont uniquement préposés pour maintenir l'ordre, prévenir ou empêcher les émeutes et protéger, dans leurs fonctions, les officiers de justice chargés de mettre à exécution les arrêts de condamnation.

Voir l'article 127 du décret du 4 octobre 1891, pour les exécutions militaires.

Pour l'exécution des jugements rendus par les tribunaux militaires, la gendarmerie ne peut être commandée qu'en vue d'assurer le maintien de l'ordre ; elle reste étrangère aux détails de l'exécution. (Art. 122 du décret du 4 octobre 1891.) (Voir l'article 124 du présent décret.)

SECTION III.

RAPPORTS DE LA GENDARMERIE AVEC LES AUTORITÉS ADMINISTRATIVES.

Art. 110. Le chef d'escadron commandant la gendarmerie du département adresse chaque jour au préfet le rapport de tous les événements qui peuvent intéresser l'ordre public ; il lui communique également tous les renseignements que lui fournit la correspondance des brigades, lorsque ces renseignements ont pour objet le maintien de l'ordre et qu'ils peuvent donner lieu à des mesures de précaution ou de répression.

De semblables rapports sont adressés aux sous-préfets par les commandants d'arrondissement.

Voir la circulaire du 25 avril 1889.

Art. 111. Les officiers commandants d'arrondissement adressent, en outre, tous les cinq jours, aux sous-préfets, un tableau sommaire de tous les délits et de toutes les arrestations dont la connaissance leur est parvenue par les rapports des brigades.

Ce tableau, en ce qui concerne l'arrondissement du chef-lieu de chaque département, est remis au préfet par le commandant de la compagnie.

Art. 112. Les officiers de gendarmerie commandants de compagnie et d'arrondissement ne sont pas tenus à des rapports négatifs, lorsque les correspondances des brigades ne donnent lieu à aucune communication.

Art. 113. Si les rapports du service font craindre quelque émeute populaire ou attroupement séditieux, les préfets, après s'être concertés avec l'officier général commandant le département, s'il est présent, et avec l'officier le plus élevé en grade de la gendarmerie en résidence au chef-lieu du département, peuvent requérir la réunion, sur le point menacé, du nombre de brigades nécessaires au rétablissement de l'ordre.

Il en est rendu compte sur-le-champ au Ministre de l'intérieur par le préfet, et au Ministre de la guerre par l'officier général ou par l'officier de gendarmerie.

Art. 114. Lorsque la tranquillité publique est menacée, les officiers de gendarmerie ne sont point appelés à discuter l'opportunité des mesures que les préfets croient devoir prescrire pour assurer le maintien de l'ordre; mais il est de leur devoir de désigner les points qui ne peuvent être dégarnis sans danger, et de communiquer à ces fonctionnaires tous les renseignements convenables, tant sur la force effective des brigades et leur formation en détachements, que sur les moyens de suppléer au service de ces brigades pendant leur absence.

Art. 115. Lorsque les autorités administratives ont adressé leurs réquisitions aux commandants de la gendarmerie, conformément à la loi, elles ne peuvent s'immiscer en aucune manière dans les opérations militaires ordonnées par ces officiers pour l'exécution desdites réquisitions. Les commandants de la force publique sont dès lors seuls chargés de la responsabilité des mesures qu'ils ont cru devoir prendre, et l'autorité civile qui a requis ne peut exiger d'eux que le rapport de ce qui aura été fait en conséquence de sa réquisition.

Voir à ce sujet la circulaire très importante du Ministre de l'intérieur, en date du 24 décembre 1880, au sujet des réquisitions adressées aux autorités militaires et à la gendarmerie à l'occasion des décrets du 29 mars 1880, et la lettre ministérielle du 30 janvier 1894 placée en annotation à la suite de l'article 91 du présent décret.

Art. 116. Les préfets des départements, agissant en vertu de l'article 10 du Code d'instruction criminelle, peuvent requérir les officiers de gendarmerie de faire, en leur qualité d'officiers de police judiciaire et dans l'étendue de leur commandement, tous les actes nécessaires à la constatation des crimes, délits et contraventions.

Est légale la réquisition d'un préfet qui, agissant en vertu de l'article 10 du Code d'instruction criminelle, prescrit à un officier de gendarmerie de faire, en sa qualité d'officier de police judiciaire et dans l'étendue de son commandement, des perquisitions au domicile d'anarchistes soupçonnés d'être détenteurs d'engins meurtriers ou d'explosifs. (Lettre minist. du 30 janvier 1894.) Mais, ainsi qu'il résulte du texte de l'article 116 ci-contre, c'est aux officiers seulement, en leur qualité d'officiers de police judiciaire, que la réquisition doit être adressée, les sous-officiers, brigadiers et gendarmes n'étant pas officiers de police judiciaire aux termes de la loi.

Art. 117. Dans les cas urgents, les sous-préfets peuvent requérir des officiers commandant la gendarmerie de leur arrondissement le rassemblement de plusieurs brigades, à charge d'en informer sur-le-champ le préfet, qui, pour les mesures ultérieures, se concerte avec l'officier général et le commandant de la gendarmerie du département, conformément aux prescriptions de l'article 113 ci-dessus.

Art. 118. Les commissaires de police, dans l'exercice de leurs fonctions, peuvent requérir la gendarmerie, en se conformant aux dispositions des articles 91 et suivants du présent décret.

Voir la circulaire du Ministre de l'intérieur en date des 16-21 juillet 1858, définissant les attributions des commissaires de police et leurs rapports avec la gendarmerie.

Art. 119. Dans aucun cas, ni directement, ni indirectement, la gendarmerie ne doit recevoir de missions occultes de nature à lui enlever son caractère véritable.

Son action s'exerce toujours en tenue militaire, ouvertement et sans manœuvres de nature à porter atteinte à la considération de l'arme.

Cet article ne saurait être trop lu et expliqué aux militaires de l'arme, principalement aux nouveaux admis.

La circulaire du 8 octobre 1868 rappelle à l'exécution de ces dispositions et celles des 30 décembre 1873 et 17 janvier 1874 prescrivent la tenue bourgeoise pour les militaires qui vont en congé en Alsace-Lorraine. (V. art. 561.)

Voir l'article 193 du règlement du 10 juillet 1889.

Nous croyons très utile de rapporter ici une circulaire du Ministre de la guerre en date du 9 avril 1852, circulaire ainsi conçue :

« Il ne faut pas perdre de vue que la gendarmerie est une sorte de magistrature armée, qui ne peut remplir utilemeut son mandat que si elle est entourée de l'estime et même du respect des populations. Dès le jour où elle serait employée comme auxiliaire d'une police occulte, elle perdrait toute sa force morale et l'influence qu'elle exerce à juste titre dans le pays tout entier. »

Art. 120. Les chefs de légion sont tenus de rendre compte au Ministre de la guerre de toute contravention aux dispositions coutenues dans les sections I, II et III du présent chapitre, notamment en ce qui concerne la régularité des réquisitions.

SECTION IV.

RAPPORTS DE LA GENDARMERIE AVEC LES AUTORITÉS MILITAIRES.

(Voir chapitre XIV du décret du 4 octobre 1891 sur le service des places en ce qui concerne le service de la gendarmerie dans les places.)

Art. 121. Les officiers de gendarmerie sont subordonnés aux généraux commandant les divisions et subdivisions militaires ; ceux qui résident dans les places où il y a état-major sont aussi subordonnés aux commandants de ces places pour l'ordre qui y est établi.

Les généraux et les commandants de place reçoivent, dans les cinq premiers jours de chaque mois, les états de situation numérique de la gendarmerie comprise dans l'étendue de leur commandement. Ces états sont adressés, savoir : aux généraux commandant les divisions et les subdivisions militaires, par les commandants de compagnie, et au commandant d'armes, par l'officier ou sous-officier commandant la gendarmerie dans la résidence.

Les chefs de légion sont tenus d'informer les généraux commandant les divisions militaires des mutations qui surviennent parmi les officiers de tout grade de la gendarmerie employés dans ces divisions.

Voir la circulaire du 30 octobre 1873 pour les rapports entre la gendarmerie et les généraux chefs de corps d'armée, les circulaires des 3 août 1866-19 novembre 1869, 8 février 1876 et 28 décembre 1881, et les notes ministérielles des 30 janvier, 28 juin et 8 août 1866.

Les chefs de corps ou de service doivent aviser directement le Ministre (Bureau de l'arme) le jour même et par télégramme, de tout décès ou événement grave survenu dans le personnel d'officiers sous leurs ordres. (Circ. des 6 mai 1886 et 25 mai 1893.)

Le service de garnison est dirigé par l'officier le plus ancien dans le grade le plus élevé. Cet officier prend le titre de commandant d'armes. En raison de leurs attributions spéciales, les officiers de gendarmerie n'exercent pas les fonctions de commandant d'armes. (Art. 4 du décret du 4 octobre 1891.)

Voir également la circulaire du 28 décembre 1881 au sujet du mode de transmission de certaines propositions.

Art. 122. La subordination du service s'établit ainsi qu'il suit :

1° Dans l'état de paix, les officiers de gendarmerie sont subordonnés aux commandants d'armes, pour les objets qui concernent le service particulier de ces places, sans néanmoins être tenus de leur rendre compte du service spécial de la gendarmerie, ni de l'exécution d'ordres autres que ceux qui sont relatifs au service des places et à leur sûreté.

2° Dans l'état de guerre, les officiers de gendarmerie des arrondissements militaires et des places de guerre dépendent, dans l'exercice de leurs fonctions habituelles, des généraux commandant les divisions et subdivisions militaires, et ils sont tenus, en outre, de se conformer aux mesures d'ordre et de police qui intéressent la sûreté des places et postes militaires.

3° Dans l'état de siège, toute l'autorité résidant dans les mains du commandant militaire est exercée par lui sur la gendarmerie comme sur les autres corps.

Art. 123. Aucun officier de la gendarmerie, quel que soit son grade, ne peut quitter sa résidence, soit pour les tournées périodiques que lui prescrivent les règlements ou que nécessite son service, soit pour des affaires personnelles, quand il a obtenu un congé, sans avoir préalablement prévenu l'officier général commandant le département de l'absence qu'il doit faire, lui en avoir indiqué la durée déterminée ou probable, et lui avoir fait connaître son remplaçant. Il doit également informer cet officier général de son retour à son poste.

Les chefs de légion ne se bornent pas à informer de leur départ le général commandant le corps d'armée ; ils lui rendent également compte du jour fixé pour l'entrée en jouissance de la permission qu'ils ont obtenue, et cela assez à temps pour que le général en chef puisse retarder leur mise en route s'il le juge nécessaire.

Art. 124. La gendarmerie ayant des fonctions essentiellement distinctes du service purement militaire des troupes en garnison, l'état de siège excepté, elle ne peut être regardée comme portion de la garnison des places dans lesquelles elle est répartie. En conséquence, les généraux et commandants militaires ne passent point de revue de la gendarmerie, ne l'appellent point à la parade et ne peuvent la réunir pour des objets étrangers à ses fonctions.

Voir l'article 218 du service intérieur et les instructions sur les inspections générales de gendarmerie.

La gendarmerie n'assiste aux revues passées par le commandant d'armes que sur l'ordre du Ministre ou du général commandant le corps d'armée. (Art. 119 du décret du 4 octobre 1891.)

Art. 125. Dans les places de guerre, les commandants de gendarmerie sont autorisés, pour les cas urgents et extraordinaires, et lorsque les dispositions du service l'exigent, à demander l'ouverture des portes, tant pour leur sortie que pour leur rentrée ; ils s'adressent, à cet effet, aux commandants d'armes.

Les demandes sont toujours faites par écrit, signées, datées et dans la forme suivante :

« SERVICE EXTRAORDINAIRE DE LA GENDARMERIE.

» *Brigade de...*

» En exécution de l'ordre (*ou* de la réquisition) qui nous a été donné par (*indiquer ici l'autorité*), nous..., commandant la brigade de..., demandons que la porte de ... nous soit ouverte à... heure pour notre service, avec... gendarmes de la brigade sous nos ordres et qu'elle nous soit pareillement ouverte pour notre rentrée.

» Fait à... le... 18... »

Les commandants d'armes sont tenus, sous leur responsabilité, de déférer à ces réquisitions.

Voir article 121 du décret du 4 octobre 1891.

Art. 126. Les chefs de légion informent les généraux commandant les divisions militaires des événements extraordinaires qui peuvent donner lieu, de la part de ces généraux, à des dispositions particulières de service.

Ces événements sont :

Les émeutes populaires et attroupements armés ou non armés qualifiés séditieux par la loi;

Les attaques dirigées ou exécutées contre la force armée;

Les excursions et attaques de malfaiteurs réunis en bande;

Les arrestations de provocateurs à la désertion, d'embaucheurs ou d'espions employés à lever le plan des places ou à se procurer des renseignements sur la force et le mouvement des troupes;

Les découvertes de dépôts d'armes et de munitions de guerre;

Les attaques de convois et de munitions de guerre;

Le pillage des magasins militaires;

Tous délits ou crimes commis par des militaires, ou dont ils seraient soupçonnés d'être les auteurs ou complices;

Les rixes des militaires entre eux ou avec des individus non militaires, les insultes et voies de fait de la part des militaires envers les citoyens.

Enfin, ils leur doivent communication de tout ce qui pourrait intéresser l'ordre et la tranquillité publique.

Les mêmes rapports sont faits aux généraux commandant les subdivisions militaires ou les départements par les commandants de compagnie, qui sont, en outre, tenus de leur adresser journellement l'état des arrestations militaires dont la connaissance leur est parvenue par la correspondance des brigades, ainsi que le résultat de la surveillance exercée par la gendarmerie sur les troupes en marche dans toute l'étendue de leur commandement.

Voir la circulaire du 19 août 1878 et celle du 25 avril 1889.

Il est de la dernière importance que les autorités militaires soient informées, en temps utile, de tous les événements intéressant soit la tranquillité publique, soit le service de la gendarmerie, soit même la position des officiers de l'arme.

Art. 127. Les officiers de gendarmerie en résidence dans les places où il y a état-major font connaître au commandant d'armes les événements qui sont de nature à compromettre la sûreté de la place et celle des postes militaires qui en dépendent.

Art. 128. Les officiers de gendarmerie et les commandants de brigade, étant appelés à concourir aux appels périodiques de la réserve de l'armée, sont tenus de correspondre directement avec les officiers généraux et les commandants des dépôts de recrutement, afin de les tenir constamment informés de tout ce qui a rapport aux hommes faisant partie de la réserve, en se conformant aux instructions spéciales sur ce service.

Les attributions de la gendarmerie à cet égard sont définies par l'instruction du 28 décembre 1879 sur l'administration des réserves et de l'armée territoriale.

La gendarmerie transmet les pièces qui lui sont adressées par le recrutement, mais elle ne doit pas remettre aux militaires dans leurs foyers les plis cachetés, médailles, mandats, etc. (Circ. du 15 octobre 1880, lettre minist. du 10 décembre 1880 et circ. du 13 janvier 1881.)

Art. 129. Dans tous les cas prévus par les articles 113 et 114 du présent décret, si le maintien ou le rétablissement de l'ordre ne peut être assuré qu'en déployant une plus grande force sur les points menacés, les généraux commandant les divisions et subdivisions militaires, indépendamment de l'emploi des troupes de ligne, peuvent ordonner, sur la réquisition des préfets, la formation des détachements de gendarmerie qu'exigent les besoins du service.

Ces détachements peuvent être composés d'hommes pris dans les compagnies limitrophes et faisant partie de la même division militaire ; mais, à moins d'ordres formels du Ministre de la guerre, concertés avec le Ministre de l'intérieur, les officiers généraux ne peuvent rassembler la totalité des brigades d'une compagnie pour les porter d'un département dans un autre.

Ils préviennent de ces mouvements les préfets des départements respectifs.

Art. 130. Les ordres que, dans les cas ci-dessus spécifiés, les généraux commandant les divisions et subdivisions militaires ont à donner aux officiers de gendarmerie, leur sont adressés directement et par écrit.

Art. 131. Toutes les fois qu'un ordre adressé par ces généraux à un officier de gendarmerie paraît à celui-ci de nature à compromettre le service auquel ses subordonnés sont spécialement affectés, il est autorisé à faire des représentations motivées. Si le général croit devoir maintenir son ordre, l'officier de gendarmerie est tenu de l'exécuter, mais il en est rendu compte au Ministre de la guerre.

Art. 132. Les chefs de légion et les commandants de compagnie sont tenus de rendre compte aux généraux commandant les divisions et subdivisions territoriales des fautes graves qui auraient motivé, pour leurs subordonnés de tout grade, des punitions d'arrêts de rigueur ou de prison.

Voir les articles 245 et 250 du service intérieur.

Art. 133. Les officiers rapporteurs près les conseils de guerre peuvent décerner des commissions rogatoires aux officiers, sous-officiers et commandants de brigade de gendarmerie, à l'effet d'entendre des témoins, de recueillir des renseignements et d'accomplir tous les actes inhérents à leur qualité d'officier de police judiciaire, conformément aux dispositions de l'article 84 du Code de justice militaire.

La gendarmerie est chargée de faire toutes assignations, citations et notifications, en vertu des articles 102 et 183 du même Code.

Art. 134. Lors de l'exécution des jugements des tribunaux militaires, soit dans les divisions de l'intérieur, soit dans les camps ou armées, la gendarmerie, s'il y en a, ne peut être commandée que pour assurer le maintien de l'ordre et reste étrangère à tous les détails de l'exécution.

Un détachement de troupes de ligne est toujours chargé de conduire les condamnés au lieu de l'exécution, et, si la peine que doivent subir ces condamnés n'est pas capitale, ils sont, après que le jugement a reçu son effet, remis à la gendarmerie, qui requiert qu'une portion du détachement lui prête main-forte pour assurer le transfèrement et la réintégration des condamnés dans la prison.

Dispositions reproduites dans l'article 122 du décret du 4 octobre 1891.

Art. 135. Les commandants des corps de troupe de ligne ne peuvent s'immiscer en aucune façon dans le service de la gendarmerie.

Art. 136. Si les officiers de gendarmerie reconnaissent qu'une force supplétive leur est nécessaire pour dissoudre un rassemblement séditieux, réprimer des délits, transférer un nombre trop considérable de prisonniers, pour assurer enfin l'exécution des réquisitions de l'autorité civile, ils en préviennent sur-le-champ les préfets ou les sous-préfets, lesquels requièrent soit le commandant du département, soit le commandant de place, de faire appuyer l'action de la gendarmerie par un nombre suffisant de troupes de ligne.

Les demandes des officiers de gendarmerie contiennent l'extrait de l'ordre ou de la réquisition, et les motifs pour lesquels la main-forte est réclamée.

Art. 137. Dans les cas urgents, les officiers et sous-officiers de gendarmerie peuvent requérir *directement* l'assistance de la troupe de ligne, qui est tenue de déférer à leurs réquisitions et de leur prêter main-forte. Ils se conforment, pour ce service, aux dispositions du deuxième paragraphe de l'article précédent.

Tout militaire en activité de service ou en congé est tenu de prêter main-forte aux agents de la force publique. (Art. 106 du Code d'instruction criminelle, 475 du Code pénal et circ. du 23 juin 1869.)

Art. 138. Lorsqu'un détachement de troupe de ligne est employé conjointement avec la gendarmerie pour un service de gendarmerie, le commandement appartient, à grade égal, à l'officier de cette dernière arme.

Si le chef du détachement est d'un grade supérieur à celui dont l'officier de gendarmerie est titulaire, il prend le commandement ; mais il est obligé de se conformer aux réquisitions qui lui sont faites par écrit par l'officier de gendarmerie, lequel demeure responsable de l'exécution de son mandat lorsque l'officier auxiliaire s'est conformé à sa réquisition.

Voir l'article 120 du décret du 4 octobre 1891 et l'article 16 de l'instruction du 8 avril 1890 sur le service prévôtal.

L'article 120 du décret du 4 octobre 1891 dit : « Lorsqu'un détachement de troupes est appelé à agir de concert avec la gendarmerie, le commandement appartient à l'officier des deux troupes le plus élevé en grade ou le plus ancien dans le grade. Si, d'après cette règle, c'est l'officier de troupe qui a le commandement et qu'il s'agisse d'un service spécial à la gendarmerie, il doit obtempérer aux demandes écrites de l'officier de gendarmerie, qui demeure responsable de l'exécution de son mandat conformément au règlement sur le service de la gendarmerie. »

Art. 139. A défaut ou en cas d'insuffisance de la troupe de ligne, les commandants de la gendarmerie requièrent main-forte de la garde nationale ; à cet effet, ils s'adressent aux autorités locales.

La garde nationale est supprimée.

Voir l'article 54 du règlement du 10 juillet 1889, sur la réquisition des employés salariés des communes de l'Etat.

Art. 140. Les détachements de la garde nationale requis sont toujours aux ordres du commandant de la gendarmerie qui a fait la réquisition.

La garde nationale est supprimée.

SECTION V.

RÈGLES GÉNÉRALES

Art. 141. En plaçant la gendarmerie auprès des diverses autorités pour assurer l'exécution des lois et règlements émanés de l'administration publique, l'intention du gouvernement est que ces autorités, dans leurs relations et dans leur correspondance avec les chefs de cette force publique, s'abstiennent de formes et d'expressions qui s'écarteraient des règles et des principes posés dans les articles ci-dessus, et qu'elles ne puissent, dans aucun cas, prétendre exercer un pouvoir exclusif sur cette troupe, ni s'immiscer dans les détails intérieurs de son service.

Les militaires de tout grade de la gendarmerie doivent également demeurer dans la ligne de leurs devoirs envers lesdites autorités, en observant constamment avec elles les égards et la déférence qui leur sont dus.

Voir les annotations de l'article 115 du présent décret.

SECTION VI.

DES HONNEURS A RENDRE PAR LA GENDARMERIE.

Art. 142. Lors des voyages du Président de la République dans les départements, des détachements de gendarmerie sont placés sur la route qu'il doit parcourir, soit pour faire partie des escortes, soit pour assurer la libre circulation des voitures et équipages des personnes qui l'accompagnent.

Dans le cas où le Président de la République voyage par la voie des chemins de fer, les détachements de gendarmerie sont placés aux gares de départ et d'arrivée, ainsi qu'aux stations intermédiaires.

Les chefs de légion reçoivent à cet égard des ordres particuliers. (Décis. présid. du 20 juin 1880.)

Lorsque le Président de la République voyage, les brigades de gendarmerie, isolées ou réunies, suivant les ordres spéciaux qu'elles reçoivent, l'attendent au point qui leur est indiqué sur la route qu'il parcourt et lui rendent les honneurs. (Art. 263 du décret du 4 octobre 1891.)

Lorsque le Président de la République fait son entrée dans une ville, toute la gendarmerie et les troupes à cheval vont au-devant de lui et l'escortent jusqu'à sa résidence. A son départ, la gendarmerie et les troupes à cheval le reconduisent.

Pour l'entrée du Président de la République dans un camp à l'intérieur, l'escorte est composée de la gendarmerie formant la prévôté et d'une brigade de troupes à cheval. (Art. 296 du décret du 4 octobre 1891.)

Art. 143. Lorsque les Ministres se rendent officiellement dans les départements et que leur voyage est annoncé, chaque commandant de la gendarmerie en résidence dans les communes situées sur la route se trouve au relais de poste ou à la station du chemin de fer sur la ligne qu'ils doivent parcourir, afin de se tenir prêt à recevoir leurs ordres.

A l'arrivée des Ministres au lieu de leur mission, le commandant de la gendarmerie du département, ou de l'arrondissement, si ce n'est pas un chef-lieu de préfecture, se porte à leur rencontre, à 2 kilomètres de la place, avec cinq brigades, pour les escorter jusqu'au logement qui leur est préparé et où doit se rendre le chef de la légion ; il leur est fourni un gendarme de planton.

Les mêmes honneurs sont rendus aux Ministres pour leur retour.

Voir articles 264 et 297 du décret du 4 octobre 1891, sur le service des places, modifiant complètement l'article 143 du présent décret.

, Art. 144. Lorsque les maréchaux de France, pourvus de commandement, se rendent pour la première fois dans la circonscription de leur commandement, le commandant de la gendarmerie du département se porte à leur rencontre, à un kilomètre de la place, avec cinq brigades, et les escorte jusqu'à l'hôtel du quartier général où doit se trouver le chef de la légion, s'il réside sur ce point.

Ces honneurs leur sont également rendus à leur départ.

Les maréchaux de France qui sont envoyés en mission dans les départements reçoivent ces mêmes honneurs, à leur arrivée au lieu de destination, ainsi qu'à leur départ.

(Article modifié.)

Voir articles 265 et 297 du décret du 4 octobre 1891, sur le service des places.

Art. 145. Lors de la première entrée des généraux de division dans le chef-lieu de leur commandement, les commandants de gendarmerie se portent à leur rencontre, à un kilomètre de la place, avec trois brigades et les escortent jusqu'à leur quartier général.

(Article modifié.)

Voir articles 266 et 297 du décret du 4 octobre 1891, sur le service des places.

Art. 146. Lors de la première entrée des généraux de brigade commandant les subdivisions militaires dans le chef-lieu de leur commandement, les commandants de la gendarmerie vont à leur rencontre, à un kilomètre de la place, avec deux brigades et les escortent jusqu'à leur hôtel.

(Article modifié.)

Voir les articles 267 et 297 du décret du 4 octobre 1891, sur le service des places.

Art. 147. Les inspecteurs généraux de gendarmerie, pendant le temps de leur revue, reçoivent, chacun suivant son grade, et dans l'étendue de l'arrondissement d'inspection qui lui est assigné, les mêmes honneurs militaires qui sont accordés par les règlements aux inspecteurs généraux d'armes.

Voir l'article 205 du règlement du 10 juillet 1889 et les articles 265 et 297 du décret du 4 octobre 1891 : trois brigades de gendarmerie à cheval commandées par un lieutenant.

Art. 148. Lors de la première entrée des préfets dans le chef-lieu de leur département, un lieutenant de gendarmerie va à leur rencontre, à 500 mètres de la ville, avec deux brigades, et les escorte jusqu'à l'hôtel de la préfecture.

Voir les articles 271 et 297 du décret du 4 octobre 1891, sur le service des places.

Une lettre ministérielle du 4 février 1884 dispose qu'à défaut de lieutenant de gendarmerie employé dans la localité où se trouve le préfet du département, l'escorte réglementaire de gendarmes peut être placée sous les ordres d'un adjudant ou d'un maréchal des logis chef de l'arme.

Art. 149. Lorsque les préfets font des tournées administratives dans leurs départements, la gendarmerie des localités où ils passent exécute ou fait exécuter ce qui lui est demandé par ces magistrats pour la sûreté de leurs opérations et le maintien du bon ordre. En conséquence, les commandants d'arrondissement et de brigade, prévenus de l'arrivée des préfets, sont tenus de se trouver au logement qui leur est destiné, pour savoir si le service de la gendarmerie leur est nécessaire.

Dans le cas où les préfets font des réquisitions pour qu'il leur soit fourni une escorte, deux gendarmes sont mis à leur disposition pour ce service spécial.

Voir l'article 298 du décret du 4 octobre 1891, sur le service des places.

Le service de la gendarmerie à l'occasion de la revision est défini par l'instruction du 28 mars 1890.

Pour ce service, les gendarmes sont en armes et rendent les honneurs aux préfets, à leur arrivée aux lieux des opérations et à leur sortie. (Circ. du 15 juillet 1878.) Aucun honneur n'est prévu pour les séances du tirage au sort. Il n'y a pas à en rendre.

Art. 150. Dans toutes les communes où se tient la haute cour de justice, un lieutenant de gendarmerie se porte, avec deux brigades, à 500 mètres de la ville, au-devant du magistrat chargé de présider cette cour souveraine, et l'escorte jusqu'à son domicile. Les mêmes honneurs lui sont rendus lors de son départ.

Immédiatement après l'arrivée du président de la haute cour, tous les officiers supérieurs et autres de gendarmerie sont tenus de lui rendre visite.

(Article modifié.)

Voir les articles 253 et 297 du décret du 4 octobre 1891.

Art. 151. Dans toute commune où se tiennent les assises, une brigade de gendarmerie se porte à 500 mètres au delà des portes de la ville au-devant du magistrat qui vient les présider, et l'accompagne jusqu'au logement qui lui est destiné. Une brigade de gendarmerie l'accompagne également lors de son départ.

Les officiers supérieurs et autres de la gendarmerie lui rendent visite.

Articles 253, 272 et 297 du décret du 4 octobre 1891.

Art. 152. La gendarmerie est toujours en grande tenue pour les honneurs à rendre.

SECTION VII.

DES CÉRÉMONIES PUBLIQUES ET DES PRÉSÉANCES.

Art. 153. Lorsque la gendarmerie accompagne le Saint-Sacrement aux processions de la Fête-Dieu, elle est en grande tenue et en armes; deux sous-officiers ou gendarmes suivent immédiatement le dais; le surplus du détachement marche entre les fonctionnaires et les assistants.

L'article 277 du décret du 4 octobre 1891, sur le service des places, porte que, lorsqu'une troupe en marche se trouve en présence d'une manifestation extérieure d'un culte reconnu par l'Etat ou en présence d'un convoi funèbre, le commandant de la troupe fait porter les armes sans arrêter la marche.

Si la troupe est arrêtée, son chef fait porter les armes.

Une décision ministérielle, en date du 11 juin 1881, défend à la gendarmerie de prendre place dans le cortège comme escorte d'honneur. Sa mission doit se borner à remplir le rôle de surveillance qui lui incombe en toute circonstance, c'est-à-dire à assurer le bon ordre en se portant sur le parcours de la procession.

Art. 154. Dans les fêtes et cérémonies publiques, lorsque, à défaut d'autres troupes, la gendarmerie est dans le cas de fournir des gardes d'honneur, les diverses autorités se concertent avec le commandant de la gendarmerie de la résidence pour les escortes à donner : elles ne peuvent être prises que dans la résidence même.

Voir article 300 du décret du 4 octobre 1891.

Art. 155. Dans la résidence d'un chef de légion, les officiers de gendarmerie se rendent chez lui, et, dans toute autre résidence, chez l'officier de gendarmerie le plus élevé en grade. Les officiers ainsi réunis vont prendre le général commandant la subdivision, et l'accompagnent chez le général de division. Dans les résidences où il n'existe point de généraux, les officiers se rendent directement chez le fonctionnaire qui occupe le premier rang dans la cérémonie.

Art. 156. Lorsque les cours de justice se rendent à une fête ou à une cérémonie publique, la gendarmerie, à défaut de troupe de ligne, est tenue de leur fournir des escortes ainsi composées, savoir :

Aux cours d'appel, deux brigades ;
Aux cours d'assises, une brigade ;
Aux tribunaux de première instance, deux gendarmes.

Art. 300 du décret du 4 octobre 1891.

Art. 157. Dans les cérémonies et fêtes publiques, les chefs de légion de gendarmerie prennent rang, suivant leur grade, avec les officiers appartenant aux états-majors des divisions militaires.

Les chefs d'escadron commandants de compagnie prennent rang suivant leur grade avec les officiers de toutes armes attachés à la subdivision.

Les capitaines et les lieutenants commandant la gendarmerie de l'arrondissement prennent rang dans l'état-major de la place.

Article modifié par les articles 246, 247 et 260 du décret du 4 octobre 1891. Les officiers de gendarmerie, quel que soit leur grade, prennent rang, dans les différents états-majors, entre le personnel de la justice militaire et le personnel du recrutement.

Dans chacune de ces catégories, les officiers sont placés entre eux suivant leur grade ou rang.

Art. 158. Si, dans les chefs-lieux de légion, de compagnie ou d'arrondissement, l'état-major auquel les officiers de gendarmerie doivent se joindre, suivant leur grade, n'existe pas, ces officiers se réunissent à l'état-major immédiatement inférieur dans l'ordre des préséances.

S'il n'existe pas d'état-major dans la résidence, les officiers de gendarmerie considérés, suivant leur grade, comme devant en faire partie, n'en ont pas moins le droit de prendre place dans le rang assigné à cet état-major.

Article modifié par les articles 246 et suivants du décret du 4 octobre 1891.

SECTION VIII.

OBLIGATIONS PERSONNELLES ET RESPECTIVES.

Art. 159. Toutes les fois qu'un officier de gendarmerie, quel que soit son grade, prend possession de son emploi, il fait, dans les vingt-quatre heures de son arrivée, sa visite, en grande tenue, aux fonctionnaires civils et militaires du lieu de sa résidence qui sont dénommés avant lui dans l'ordre des préséances.

Dans les places de guerre, les commandants d'armes, quel que soit leur grade, sont compris dans le nombre des fonctionnaires militaires auxquels il est dû une première visite.

Les officiers de gendarmerie reçoivent la visite des fonctionnaires classés après eux dans l'ordre des préséances, et les rendent dans les vingt-quatre heures.

Art. 160. Il est expressément défendu à la gendarmerie de rendre d'autres honneurs que ceux déterminés plus haut et dans les cas qui y sont spécifiés, ni de fournir des escortes personnelles, sous quelque prétexte que ce soit.

Les honneurs funèbres ne sont rendus que dans les villes de garnison ; mais la gendarmerie ne doit pas remplacer la troupe de ligne, à qui incombe ce service.

Les gendarmes ne doivent point le salut aux sous-officiers de l'armée.

Voir les articles 162 et 163 du règlement du 10 juillet 1889, qui modifient ce dernier alinéa.
Le salut est dû aux officiers du service des douanes et des forêts lorsqu'ils sont en uniforme.
Le salut est également dû aux officiers de pompiers en uniforme.

Art. 161. En général, et sauf les cas expressément déterminés par les articles 142 et suivants du présent décret, les gardes et escortes d'honneur pour les autorités ne sont fournies par la gendarmerie qu'à défaut de troupe de ligne, et en ayant, d'ailleurs, toujours égard aux besoins du service de sûreté publique.

Dans le cas où les réquisitions pour cet objet paraissent mal fondées, les chefs de corps font les représentations convenables avec tous les égards dus aux autorités constituées. Toutefois, si leurs représentations ne sont pas écoutées, ils obtempèrent aux réquisitions, sauf à rendre compte au Ministre de la guerre des irrégularités qui ont pu avoir lieu.

TITRE III.

FONCTIONS INHÉRENTES A CHAQUE GRADE.

CHAPITRE PREMIER.

FONCTIONS DES OFFICIERS DE TOUT GRADE.

SECTION PREMIÈRE.

DES CHEFS DE LÉGION (1).

Voir le chapitre Ier du titre Ier du règlement du 10 juillet 1889, avec annotations, de l'édition Charles-Lavauzelle.

Art. 162. Les chefs de légion de gendarmerie surveillent l'ensem-

(1) Les chefs de légion doivent rendre aussi fréquentes et aussi étendues que possible leurs relations avec l'autorité militaire supérieure. Ils doivent donc, non seulement se conformer scrupuleusement aux prescriptions des circulaires des 3 août 1866, 19 novembre 1869, 8 février 1876 et 28 décembre 1881, mais encore faire parvenir au Ministre, par l'intermédiaire des commandants de corps d'armée, toutes les affaires concernant le service de l'arme (personnel, officiers de troupe), en exécution des notes ministérielles des 30 janvier et 8 août 1886, sous la seule réserve indiquée par la 1re annexe à l'instruction du 28 juin 1894 sur le service courant, portant la date du 4 mai 1895, qui contient la nomenclature des pièces qui peuvent être échangées directement entre le Ministre de la guerre et les chefs de service. (Inst. sur les inspections générales de la gendarmerie.)

ble du service, de l'administration et de la comptabilité des compagnies de leur légion.

Article modifié par l'article 47 du règlement du 30 décembre 1892.

Art. 163. Ils ne s'occupent point des détails du service, qui doit être réglé par le commandant de chaque compagnie ; cependant, s'ils s'aperçoivent de quelques négligences et inexactitudes, ou s'ils reçoivent des plaintes, ils se font rendre compte de la situation du service, réforment les abus qui s'y sont introduits et donnent tous les ordres et instructions propres à assurer aux brigades une meilleure direction.

Voir l'article 1er du règlement du 10 juillet 1889.

Art. 164. A cet effet, il leur est expressément réservé de tracer, par des circulaires ou des ordres du jour détaillés, la marche à suivre pour l'exécution des lois, décrets, règlements, instructions et décisions dont l'on s'écarte dans les compagnies près desquelles ils sont placés comme inspecteurs permanents.

Il leur appartient également de diriger par les mêmes moyens l'application des mesures générales ou collectives prescrites par l'autorité supérieure.

Voir l'article 1er du règlement du 10 juillet 1889.

Art. 165. Les chefs de légion de gendarmerie passent, par arrondissement, une revue annuelle des brigades sous leurs ordres : l'époque de cette revue préparatoire à l'inspection générale est fixée chaque année par le Ministre de la guerre.

En dehors de cette revue annuelle et indépendamment des circonstances qui les appellent au chef-lieu d'une compagnie pour présider le conseil d'administration, les chefs de légion font, au moins une fois par année, une inspection inopinée dans chacune des compagnies de leur légion, soit au chef-lieu, soit sur tout autre point où ils penseraient avoir à constater des négligences ou des abus.

Dispositions reproduites dans l'article 217 du règlement du 10 juillet 1889.

Art. 166. Avant de commencer leur revue et d'ordonner aucun mouvement de brigades, les chefs de légion informent les officiers généraux commandant les divisions et subdivisions militaires, ainsi que les préfets des départements où ils se rendent, des époques de la revue de chaque compagnie et des lieux de rassemblement des brigades. Ils préviennent également les sous-intendants militaires des jours où ils seront rendus au chef-lieu de chaque compagnie pour vérifier la comptabilité.

Ils font connaître préalablement au Ministre de la guerre l'itinéraire qu'ils se proposent de suivre dans leurs tournées.

Dispositions reproduites dans l'article 218 du règlement du 10 juillet 1889.
— Voir les recommandations rappelées par les instructions sur les inspections générales.

Art. 167. Lors de leurs revues, les chefs de légion s'informent près des différentes autorités si le service se fait avec exactitude, si les militaires de tout grade font preuve de zèle et de dévouement et s'ils tiennent dans leur résidence une conduite exempte de reproche.

Ils font avec le plus grand soin l'inspection des hommes, s'assurent s'ils connaissent les devoirs de leur état et s'ils ont l'instruction nécessaire pour les bien remplir. Ils examinent si les chevaux sont bien nourris et en bon état, et si ceux admis en remplacement dans l'année sont d'un bon choix et réunissent les qualités exigées. Ils examinent aussi l'état de l'habillement, de l'équipement et de l'armement ; ils voient si le tout est complet, uniforme et bien entretenu, et si l'on a fait les réparations et remplacements ordonnés à l'inspection générale précédente.

Ils profitent de la réunion des brigades pour leur recommander l'observation des devoirs que leurs fonctions leur imposent, le zèle le plus actif pour le service et la pratique de toutes les prescriptions concernant l'ordre intérieur, la police et la discipline. Ils donnent des éloges à ceux qui se sont distingués par leur bonne conduite et leur bon service, et ils en font une mention particulière sur le contrôle de revue.

Les chefs de légion réprimandent les hommes qui ont donné lieu à des plaintes fondées, et prononcent sur-le-champ les punitions que les officiers, sous-officiers, brigadiers et gendarmes ont encourues.

Voir la circulaire du 20 février 1873.

Art. 168. Les approvisionnements de fourrages sont l'objet d'une attention spéciale de la part des chefs de légion ; ils se font représenter les marchés passés par les brigades, constatent la qualité des denrées entrées en magasin, et s'assurent, par tous les moyens qui sont à leur disposition, et particulièrement par l'examen des registres des fourrages, que les commandants d'arrondissement exercent toute la surveillance désirable sur la quotité livrée à la consommation, et que toutes les dispositions des règlements sur cette partie du service sont strictement observées.

Voir les circulaires des 2 avril, 20 juin et 26 novembre 1863 et celles des 22 août 1890 et 29 août 1891, relatives aux marchés à passer dans les petites places de garnison et les brigades de gendarmerie externes.

Art. 169. L'instruction militaire et spéciale des officiers, sous-officiers, brigadiers et gendarmes est également, de la part des chefs de légion, l'objet d'un examen minutieux.

Ils accordent, à cet effet, des encouragements aux militaires qui ont le plus efficacement contribué aux progrès des diverses parties de l'instruction spéciale et militaire, et signalent, au contraire, les officiers et les chefs de brigade qui, par insouciance ou incapacité, leur paraissent avoir négligé cette partie importante de leurs devoirs.

Art. 170. Ils se font rendre compte de l'état du casernement : les réparations et améliorations qu'ils jugent indispensables motivent, de leur part, des observations aux autorités administratives, auxquelles ils indiquent aussi les moyens de pourvoir au casernement des brigades dont les hommes se trouvent logés isolément.

Ces observations sont consignées dans le rapport que le chef de légion remet à l'inspecteur général sur la situation du casernement.

Art. 171. Dans l'intervalle des revues annuelles, les chefs de légion transmettent au Ministre de la guerre, sans attendre sa demande, les états descriptifs des bâtiments affectés au casernement des brigades, immédiatement après la passation ou le renouvellement des baux. Ils y joignent les observations dont la disposition de ces bâtiments leur paraît susceptible sous le double rapport de l'exécution du service et du bien-être des hommes et des chevaux.

Voir les annotations de l'article 75 du présent décret.

Art. 172. Les chefs de légion transmettent, du 5 au 10 de chaque mois, aux Ministres compétents, et après les avoir visés, les états récapitulatifs du service fait par les compagnies pendant le mois précédent, selon les attributions des différents ministères conformément aux articles 74, 80, 83, 87 et 90 du présent décret.

Dispositions reproduites dans l'article 4 du règlement du 10 juillet 1889.
Une note ministérielle du 22 janvier 1885 a supprimé un certain nombre d'états fournis périodiquement au Ministre de la guerre.

Art. 173. Indépendamment des états mensuels indiqués par l'article précédent, les chefs de légion adressent au Ministre de la guerre, du 5 au 10 du premier mois de chaque trimestre, un état général des punitions infligées dans la légion aux officiers, sous-officiers, brigadiers et gendarmes, rédigé d'après les états particuliers envoyés chaque mois par les commandants de compagnie.

Art. 174. Dans les cinq premiers jours de chaque trimestre, les chefs de légion doivent centraliser les états des jugements et arrêts qui ont été notifiés aux compagnies sous leurs ordres pendant le trimestre précédent; ils en dressent un seul état sur lequel sont portées les notifications concernant la légion tout entière, et le transmettent au Ministre de la guerre, par l'intermédiaire du général commandant la division militaire dans laquelle le chef de légion de gendarmerie a sa résidence. Cet état est signé du chef de la légion seulement et revêtu du cachet de cet officier supérieur.

La circulaire du 17 septembre 1863 prescrit de ne porter sur cet état que les militaires condamnés par les tribunaux civils et dispense de le fournir lorsqu'il est négatif. Il ne devra plus être fourni qu'une fois par an, du 1er au 5 janvier.

Par note ministérielle du 14 janvier 1887, le Ministre a décidé que les feuillets du personnel des officiers de gendarmerie seront tenus :

Ceux des chefs de légion, par le général commandant le corps d'armée ou le gouverneur militaire, selon le cas; ceux des commandants de compagnie ou de détachement de gendarmerie coloniale, par le gouverneur de la colonie ; ceux des autres officiers n'étant pas chefs de service, par les chefs de légion ou, aux colonies, par le commandant de la compagnie ou du détachement.

Voir l'article 7 du règlement du 10 juillet 1889.

Art. 175. Les chefs de légion tiennent :

1° Un registre de leurs ordres du jour et circulaires concernant le service de la gendarmerie (1) ;

2° Un registre d'analyse des lettres et des ordres qu'ils reçoivent des Ministres et des autorités militaires;

3° Un registre de correspondance contenant les minutes des lettres et rapports qu'ils adressent ;

4° Les folios des punitions qu'ils sont dans le cas d'infliger, ou dont il leur est rendu compte par les commandants de compagnie, ainsi que des bonnes ou mauvaises notes qu'ils recueillent sur leurs subordonnés (2) ;

5° Un registre du personnel des officiers (3) sur lequel ils inscrivent à mesure toutes les punitions qui leur sont infligées, et au moins deux fois par an (1er janvier et 1er juillet), des notes sur leur conduite et leur manière de servir ;

6° Registre de tir à la cible.

Les divers registres et les documents de toute espèce qui composent les archives sont classés par numéros d'ordre, et remis sur inventaire, en cas de changement du titulaire, à l'officier supérieur qui le remplace dans le commandement de la légion.

Quant au registre du personnel, il est cacheté et déposé aux archives de la légion jusqu'au retour du titulaire ou jusqu'à l'arrivée de son successeur.

Voir l'article 7 du règlement du 10 juillet 1889.

---

(1) Ce registre est à barrettes. (Décis. minist. du 5 décembre 1879.)

(2) Les changements de résidence par mesure de discipline y sont portés à l'encre rouge.

(3) Du modèle prescrit par la note ministérielle du 14 janvier 1887.

SECTION II.

DES COMMANDANTS DE COMPAGNIE.

Voir le chapitre II du règlement du 10 juillet 1889 (annoté). Edition Henri Charles-Lavauzelle.

Art. 176. Les commandants des compagnies de gendarmerie sont spécialement chargés de la direction et des détails du service dont ils surveillent l'exécution; ils entretiennent, à cet effet, des relations directes et habituelles avec les autorités civiles et militaires, et rendent compte, chaque jour, au chef de légion, par un rapport général, de tous les faits portés à leur connaissance par la correspondance des commandants d'arrondissement.

Les diverses obligations qu'ils ont à remplir envers les autorités locales sont indiquées par les articles 110 et suivants du présent décret.

Art. 177. Les premiers soins d'un commandant de compagnie doivent être d'inspirer aux officiers, sous-officiers, brigadiers et gendarmes sous ses ordres, la connaissance et l'amour des devoirs qu'ils sont appelés à remplir, de leur faciliter la pratique de leur service par ses conseils, par l'usage équitable de son autorité et par une constante sollicitude pour leur bien-être. Il est l'intermédiaire indispensable de toutes leurs demandes; il doit s'attacher à connaître le caractère et l'intelligence de chacun d'eux, pour être à portée de les traiter en toute circonstance avec une justice éclairée. Il est responsable de la police, de la discipline, de la tenue, de l'instruction militaire et spéciale, aussi bien que de l'administration de sa compagnie. Il préside enfin le conseil d'administration.

Art. 178. Nonobstant le droit réservé aux chefs de légion par l'article 164 du présent décret de tracer, par des circulaires mises à l'ordre des compagnies, la marche à suivre pour l'exécution des règlements de service, les commandants de compagnie conservent la faculté de rappeler directement à leurs subordonnés, par des ordres du jour, lorsqu'ils en reconnaissent la nécessité, les dispositions des règlements généraux, en ce qui concerne les détails du service, l'administration et la comptabilité dont ils sont personnellement responsables. Copie de ces ordres est adressée immédiatement au chef de légion.

Les circulaires ou ordres du jour des compagnies qui traitent de matières politiques ou d'intérêt général doivent être soumis aux chefs de légion et visés par eux, avant d'être adressés aux commandants d'arrondissement et de brigade.

Dispositions reproduites dans l'article 15 du règlement du 10 juillet 1889.
Aucun rapport politique ne doit être fourni aux autorités. (Circ. du 21 août 1879.)

Art. 179. Les commandants de compagnie font une tournée annuelle pour l'inspection de leurs brigades. Le chef de légion détermine l'époque de cette revue.

Ceux qui ont 40 postes et plus ont la faculté d'opérer des groupements, lors de leurs tournées, comme ils sont autorisés à le faire pour les visites inopinées. Ces groupements ne doivent porter que sur des brigades peu éloignées l'une de l'autre. Toutefois, dans aucun cas, l'officier ne doit visiter dans la même journée plus de deux brigades à pied, ou une brigade à cheval et une brigade à pied, ou enfin un poste provisoire et une brigade (à cheval ou à pied). Deux brigades à cheval ne peuvent jamais être vues le même jour. (Lettre minist. du 31 janvier 1893.)

Les commandants de compagnie vérifient avec le plus grand soin si les sous-officiers, brigadiers et gendarmes font exactement leur service ; s'ils vivent en bonne police et discipline dans leur résidence, et n'y contractent point de dettes qui occasionneraient des réclamations ; si, dans leurs courses, ils se comportent avec décence et honnêteté ; s'ils ne donnent pas lieu à quelques plaintes par des vexations, violences, abus de pouvoir ou excès commis sous prétexte de leurs fonctions.

Ils s'assurent également si les brigades prêtent main-forte dans les cas prévus par le présent décret ; si l'on se conforme aux règles qui y sont établies pour les réquisitions ; s'il n'y a point de prétentions et d'exigences mal fondées de la part des autorités, ou d'opposition de la part des commandants d'arrondissement et de brigade ; si les gendarmes ne sont pas employés à des services qui leur sont étrangers, ou s'ils ne se refusent pas à ceux qu'on est en droit d'exiger d'eux.

Les plaintes et les réclamations adressées à ce sujet sont vérifiées par les commandants de compagnie, qui font des réprimandes ou infligent des punitions, s'il y a lieu, à leurs subordonnés, et en rendent compte aux chefs de légion.

Les commandants de compagnie font, en outre, des visites inopinées dans les brigades sous leurs ordres ; ces visites sont combinées de telle sorte que toutes les brigades de la compagnie puissent être vues au moins une fois à l'improviste dans le courant de l'année.

Décision présidentielle du 14 février 1883.
Voir les articles 220 et 221 du règlement du 10 juillet 1889.

Art. 180. Les commandants de compagnie, dans leurs tournées, doivent s'assurer que les registres et feuilles de service des brigades sont à jour, qu'ils sont tenus avec soin et méthode, et qu'ils ne présentent aucune omission ; ils doivent aussi consigner sur le registre n° 2 les observations auxquelles cet examen a donné lieu, et apposer leur visa sur tous les registres indistinctement au milieu de la page et immédiatement au-dessous de la dernière inscription. Ils réprimandent et punissent les sous-officiers et brigadiers qui ne tiennent pas leurs écritures avec exactitude. Toutefois, les différents registres ne doivent être visés par le commandant de compagnie qu'autant que de nouvelles inscriptions y ont été faites depuis leur précédente tournée par les commandants d'arrondissement.

Ils vérifient également si les registres que doivent avoir ces officiers sont tenus avec ordre et méthode.

Les officiers doivent, lors de leurs revues, tournées et visites inopinées, apposer leur visa sur tous les registres sans exception. (Circ. du 29 mai 1884, dont les dispositions sont rappelées par les instructions sur les inspections générales de gendarmerie.)

Art. 181. Les commandants de compagnie visitent les casernes et voient si elles sont tenues dans le meilleur état de propreté, s'il ne s'y commet point de dégradations, si le logement de chaque homme est convenable et choisi en raison des besoins de famille; ils voient les chevaux à l'écurie, s'assurent s'ils sont bien nourris, régulièrement pansés et ferrés; enfin, ils examinent l'état de l'habillement, de l'équipement et de l'armement, ordonnent les réparations à y faire et prennent des notes sur tous ces objets pour les comprendre dans le rapport qu'ils doivent adresser au colonel de la légion sur l'ensemble de leurs tournées.

Ils consignent au registre n° 2 le résultat de leurs observations, particulièrement en ce qui concerne l'état d'entretien des chevaux.

Le Ministre a fait connaître qu'il y a de l'exagération dans la distribution des effets aux hommes et dans leur remplacement anticipé par les commandants d'arrondissement, qui s'attachent trop au brillant de la tenue. (Circ. du 21 juillet 1868.)
Recommandations renouvelées dans les instructions annuelles sur les inspections générales.

Art. 182. Les commandants de compagnie s'informent si la solde parvient régulièrement aux brigades, si elle n'éprouve point de retard et si chaque homme reçoit exactement ce qui lui revient et n'a pas de réclamations à faire.

Art. 183. Dans les cinq jours qui suivent la fin de leur tournée. les commandants de compagnie adressent au chef de légion un rapport circonstancié sur les résultats de cette revue, en y ajoutant les propositions qu'ils jugent utile de lui soumettre dans l'intérêt du service.

Art. 184. Du 1er au 5 de chaque mois, les commandants de compagnie adressent en triple expédition aux chefs de légion les états récapitulatifs du service fait par les brigades, pendant le mois précédent, dans les attributions des Ministres de la guerre, de l'intérieur et, s'il y a lieu, de la justice et de la marine, conformément aux articles 74, 80, 83, 87 et 90 du présent décret.

L'expédition destinée au Ministre de la guerrre est supprimée. (1re annexe à l'instruction sur le service courant.)

Dispositions reproduites dans l'article 16 du règlement du 10 juillet 1889.

Art. 185. Les commandants de compagnie adressent, du 1er au 5 de chaque mois, aux généraux commandant les subdivisions militaires, un état nominatif des membres de la Légion d'honneur décédés, pendant le mois précédent, dans l'étendue de leur département. Cet état doit comprendre les noms et prénoms des légionnaires décédés, la date et le lieu de leur décès, leur position militaire, ainsi que leur grade dans la Légion d'honneur, et, autant que possible, la date de leur nomination à ce grade.

Dispositions reproduites dans l'article 17 du règlement du 10 juillet 1889.

La même obligation est imposée au sujet des décorés de la médaille militaire décédés. (Circ. du 9 janvier 1873.)

Une circulaire du 19 avril 1890 prescrit d'adresser semestriellement, les 15 mai et 15 novembre, l'état des vacances qui se sont produites parmi les militaires décorés de l'ordre du Mérite agricole.

Une circulaire du Ministre de l'intérieur prescrit aux préfets de veiller à ce que les individus porteurs de décorations officielles ne se montrent pas en public sur des tréteaux. (Circ. du 17 septembre 1875.)

Art. 186. Lorsqu'il y a lieu de passer ou de renouveler des baux pour le casernement des brigades de gendarmerie, les commandants de compagnie transmettent, avec leur visa, aux chefs de légion, l'état descriptif des bâtiments affectés à cette destination, dressé par le commandant d'arrondissement. Cette transmission doit être effectuée immédiatement avant la passation des baux par l'autorité administrative.

Note ministérielle du 24 janvier 1891 et instructions sur les inspections générales.

Voir le chapitre XXIII du règlement du 10 juillet 1889, articles 267 et suivants annotés.

Art. 187. Les commandants de compagnie tiennent:

1° Un registre de leurs ordres du jour et circulaires concernant le service (ce registre est à barrettes);

2° Un registre de correspondance avec les autorités civiles et militaires, ainsi qu'avec le chef de légion et les officiers sous leurs ordres;

3° Un registre des déserteurs et insoumis dont la recherche est ordonnée dans le département;

4° Un registre des individus auxquels la défense a été faite de paraître dans la circonscription du département (loi du 27 mai 1885);

5° Les folios de discipline sur lesquels ils inscrivent les actions remarquables, les opérations importantes, les fautes commises ainsi que les punitions infligées par eux dans la compagnie, ou dont il leur est rendu compte par les commandants d'arrondissement dans leur rapport journalier.

Ils y portent également à l'encre rouge les changements par mesure de discipline.

6° Le registre de tir à la cible ;

7° Les contrôles et documents relatifs aux prévôtés ainsi qu'aux gendarmes réservistes et territoriaux.

Les lettres, ordres et minutes de correspondance sont classés avec un numéro d'ordre.

Lorsqu'un officier quitte le commandement d'une compagnie, ces pièces, registres et documents sont remis sur inventaire à l'officier qui le remplace.

Les commandants de compagnie sont pourvus d'une presse *Teillac*, destinée à faire les copies d'ordres du jour et circulaires pour les arrondissements et les brigades. (Circ. du 30 décembre 1879.)

SECTION III.

DES CAPITAINES ET DES LIEUTENANTS COMMANDANTS D'ARRONDISSEMENT.

Voir le chapitre III du règlement du 10 juillet 1889 (annoté), Edition Henri Charles-Lavauzelle.

Art. 188. Les officiers de gendarmerie commandants d'arrondissement ont la surveillance de tous les devoirs habituels des brigades ; ils entretiennent une correspondance suivie avec le commandant de la compagnie, auquel ils rendent compte, par un rapport journalier, de tous les faits portés à leur connaissance par la correspondance des brigades. Ils lui signalent les obstacles qui peuvent se rencontrer dans l'exécution du service qui leur est confié.

Les diverses obligations que les officiers ont à remplir envers les autorités locales leur sont indiquées par les articles 110 et suivants du présent décret.

Art. 189. Si, dans l'étendue de leur commandement, il survient quelque événement extraordinaire de nature à influer d'une manière quelconque sur la tranquillité publique, les commandants d'arrondissement se transportent immédiatement sur les lieux et s'empressent d'en rendre compte au commandant de la compagnie. Dans le cas où cet événement nécessite de promptes mesures, ils informent cet officier supérieur des dispositions qu'ils ont cru devoir prendre en attendant ses ordres.

Art. 190. Les commandants d'arrondissement font annuellement deux tournées pour la revue de leurs brigades ; l'époque à laquelle la première de ces tournées doit s'effectuer est déterminée par le chef de légion. Quant à la seconde, elle a lieu en principe au mois d'octobre; toutefois, elle ne doit commencer qu'un mois après la clôture des opérations de l'inspection générale.

Indépendamment de ces tournées, les commandants d'arrondissement visitent à l'improviste, au moins deux fois par an, chacune des brigades de leur arrondissement.

(Nouveau texte). — Décisions présidentielles du 2 novembre 1874 et du 14 février 1883.
Les visites inopinées peuvent se faire par les voies ferrées. (Circ. du 12 décembre 1874.)
Voir les articles 216 à 222 du règlement du 10 juillet 1889.
En principe, les tournées doivent se faire à cheval; néanmoins, les chefs de légion peuvent autoriser l'emploi des voies ferrées. (Régl. du 12 avril 1893.)

Art. 191. Dans leurs tournées, les commandants d'arrondissement s'informent, auprès des autorités locales, si le service est fait sur tous les points avec exactitude et activité; si les brigades visitent au moins deux fois par mois toutes les communes de leur circonscription ; si elles surveillent les vagabonds et repris de justice qui peuvent s'y trouver, et si elles recherchent les déserteurs et tous autres individus signalés.

Art. 192. Ces officiers font l'inspection des casernes et des chevaux; ils passent une revue détaillée de tous les effets d'habillement, d'équipement et de harnachement; ordonnent les réparations qu'ils jugent nécessaires pour l'amélioration de la tenue, prononcent la réforme des effets hors de service et donnent des ordres aux chefs de brigade pour qu'ils soient vendus ou détruits dans le plus bref délai.

A chaque tournée, le commandant d'arrondissement adresse au commandant de la compagnie un état des besoins en effets. (Circ. du 20 janvier 1865.)

Art. 193. Dans ces mèmes tournées, ces officiers sont tenus d'exercer une exacte surveillance sur tous les détails de la gestion des fourrages des commandants de brigade et sur les dispositions prises par ces derniers pour que les chevaux reçoivent la totalité de la ration réglementaire en denrées de bonne qualité.

Art. 194. Les tournées des commandants d'arrondissement ne peuvent être un motif ni un prétexte d'interrompre ou de retarder l'exécution du service. Les chefs de brigade, nonobstant l'avis donné par ces officiers de leur arrivée pour une revue, n'en doivent pas moins déférer aux réquisitions qui leur sont adressées et envoyer aux correspondances les hommes qu'ils sont tenus d'y fournir.

Art. 195. Les commandants d'arrondissement doivent se conformer aux dispositions de l'article 180 du présent décret pour le visa qu'ils ont à apposer sur les différents registres des brigades pendant leurs tournées périodiques. En outre, ils consignent au, registre n° 2 de la brigade le résultat de leurs observations sur l'instruction spéciale et militaire, ainsi que sur la gestion des fourrages et sur l'état d'entretien des chevaux, au jour de leur inspection.

Le registre d'ordres étant supprimé et remplacé par un registre à barrettes, le résultat des observations doit être inscrit sur le registre de correspondance et rapports n° 2. (Art. 21 du règlement du 10 juillet 1889.)
Voir les articles 220 et suivants du service intérieur. Lors des revues, tournées et visites inopinées des officiers, tous les registres sans exception doivent être visés. (Circ. du 29 mai 1884, dont les dispositions sont rappelées par l'instruction sur les inspections générales de la gendarmerie.)

Art. 196. Dans les cinq jours qui suivent la fin de leur tournée, les commandants d'arrondissement adressent au commandant de la compagnie un rapport détaillé sur les résultats de cette revue, en y joignant les propositions qu'ils jugent utile de lui soumettre dans l'intérêt du service des brigades.

Art. 197. Dans l'intervalle des tournées, les commandants d'arrondissement doivent se porter, de temps à autre, sur les différents points où les brigades correspondent entre elles, afin de connaitre si ce service se fait avec ponctualité et si les gendarmes sont dans une tenue régulière.
La présence de ces officiers sur les points de correspondance est constatée par leur signature apposée non seulement sur les feuilles de service, mais encore sur les carnets de correspondance.

Art. 198. Les commandants d'arrondissement sont chargés d'établir et d'adresser au commandant de la compagnie, sans attendre sa demande, les états descriptifs des bâtiments proposés ou désignés pour le casernement des brigades sous leurs ordres. Cet envoi doit avoir lieu immédiatement après la passation ou le renouvellement des baux par les autorités administratives (1).

Art. 199. Ils transmettent, avant le 5 de chaque mois, au commandant de la compagnie, après y avoir inscrit leurs observations sur le service fait pendant le mois précédent, les feuilles de service des brigades dont l'établissement est prescrit par l'article 234 du présent décret.
Ils joignent à cet envoi un état récapitulatif du service de leur arrondissement pendant le même laps de temps.

Art. 200. Les commandants d'arrondissement sont tenus d'être pourvus des registres ci-après, savoir:
1° Registre à barrettes des ordres du jour et circulaires de la compagnie;

_____

(1) L'envoi des états descriptifs doit avoir lieu avant la passation ou le renouvellement des baux. (Note ministérielle du 24 janvier 1891 et art. 267 du service intérieur.)

2° Registre de correspondance et rapports;

3° Registre analytique des procès-verbaux;

4° Registre des mandats de justice;

5° Registre des déserteurs et insoumis signalés;

6° Registre des individus auxquels la défense a été faite de paraitre dans la circonscription de l'arrondissement;

7° Registre des officiers en congé;

8° Folios des punitions infligées aux sous-officiers, brigadiers et gendarmes de l'arrondissement, sur lesquels sont inscrits à l'encre rouge les changements par mesure de discipline. Les actions remarquables y sont également portées;

9° Folios du personnel et des chevaux de l'arrondissement;

10° Registre de tir à la cible;

11° Les contrôles et documents relatifs à la mobilisation.

Les lettres, ordres et minutes de correspondance sont classés avec un numéro d'ordre.

Lorsqu'un officier quitte le commandement d'un arrondissement, ces pièces, registres et documents, dont il est fait inventaire, sont toujours remis à l'officier qui le remplace.

Voir l'article 70 du règlement du 10 juillet 1889.

SECTION IV.

DES TRÉSORIERS.

Voir le chapitre IV du règlement du 10 juillet 1889. Edition annotée de Henri Charles-Lavauzelle.

Art. 201. Les trésoriers de gendarmerie remplissent les fonctions de secrétaire près du conseil d'administration; ils sont chargés, sous la direction et la surveillance de ces conseils, de toutes les opérations qui concernent la comptabilité en deniers et en matières; ils sont également chargés de tous les détails qui constituent le service de l'habillement et de l'armement de la compagnie et de la tenue de tous registres qui s'y rapportent.

Ils sont secondés et suppléés au besoin, dans ce service, par les maréchaux des logis adjoints.

Art. 202. Ils sont responsables de la conservation et du renouvellement des modèles-types, des étoffes et des effets de toute nature qui composent l'approvisionnement du magasin.

Art. 203. Ils correspondent directement en qualité de secrétaires du conseil, avec les commandants d'arrondissement et de brigade, pour tout ce qui est relatif à la solde, à l'habillement et à l'armement, à la transmission des mandats, pièces comptables, effets et imprimés.

Art. 204. Ils sont spécialement chargés, par les conseils d'administration, de l'établissement des contrôles de revue et de la tenue des registres matricules des hommes et des chevaux.

Les obligations spéciales et personnelles des trésoriers de gendarmerie sont déterminées par le règlement d'administration de l'arme.

Art. 205. Le registre analytique des procès-verbaux prescrit par cet article pour les trésoriers est supprimé par la circulaire ministérielle du 29 juillet 1879.

Les procès-verbaux sont classés par ordre de dates et déposés dans les archives, afin qu'on puisse y recourir au besoin.

Art. 206. Les trésoriers de gendarmerie ne s'occupent point des détails du service, à moins qu'ils ne se trouvent les seuls officiers présents à la résidence.

Les trésoriers assistent aux manœuvres des brigades à la résidence ou aux manœuvres en réunion, suivant leur degré d'instruction hippique.

Toutes les instructions qui intéressent le service spécial de l'arme doivent lui être communiquées, comme aux commandants d'arrondissement. (Note minist. des 7 mars 1887 et 28 mars 1888.)

Art. 207. En cas de remplacement d'un trésorier, la remise sur inventaire des fonds, registres, documents et archives, dont il est dépositaire ou détenteur, est toujours faite en séance du conseil d'administration, en présence du sous-intendant militaire qui dresse procès-verbal de cette opération.

SECTION V.

OBLIGATIONS COMMUNES A TOUS LES GRADES D'OFFICIER.

Voir le titre II du règlement du 10 juillet 1889. Edition annotée de Henri Charles-Lavauzelle.

Art. 208. Dans tous les lieux de résidence où se trouvent plusieurs officiers, celui du grade inférieur se rend chaque jour au rapport, à l'heure qui lui est indiquée, chez l'officier du grade immédiatement supérieur ou qui en remplit les fonctions.

Les trésoriers ne sont pas dispensés de cette obligation envers le commandant de la compagnie.

Voir article 159 du règlement du 10 juillet 1889.

Art. 209. Les officiers de tout grade de la gendarmerie sont, comme ceux des autres armes, astreints à porter l'uniforme.

Dans le service et lors de leurs revues et tournées, ils doivent toujours être en tenue militaire.

Cette tenue est également obligatoire pour eux non seulement dans les réunions officielles, mais encore dans celles qui ont lieu chez une autorité quelconque, soit civile soit militaire.

Hors du service, la tenue de ville peut être permise aux officiers de gendarmerie, attendu qu'ils ne font pas partie de la garnison proprement dite de leurs résidences. Les généraux commandant les divisions militaires sont juges, en dernier ressort, des circonstances où ces tolérances de tenue peuvent être accordées.

Une note ministérielle du 30 juillet 1883 décide que le port d'habits bourgeois sera toléré, en dehors des établissements militaires, pour les officiers qui ne seront pas de service, ainsi que dans toutes les circonstances où leur présence n'aura aucun caractère officiel.

Dispositions reproduites dans l'article 193 du règlement du 10 juillet 1889.

Aux termes des articles 279 (infanterie), 269 (cavalerie) et 296 (artillerie) des décrets du 20 octobre 1892, portant règlement sur le service intérieur des troupes, le port d'habits bourgeois peut être toléré aux militaires de tous grades, en cas de déplacement ; cette tolérance est alors mentionnée sur le titre d'absence. (Décret du 8 mars 1894.)

Art. 210. Il est expressément défendu aux officiers de tout grade de la gendarmerie, lors de leurs revues, d'accepter ni logement ni repas chez leurs inférieurs.

Art. 211. Lors des vacances d'emploi et en cas d'absence ou de maladie, les remplacements provisoires ont lieu pour chaque grade d'officiers, ainsi qu'il suit :

Le chef de légion, par le plus ancien chef d'escadron de la légion ;

Le chef d'escadron, par le plus ancien capitaine de la compagnie ;

Le commandant de l'arrondissement du chef-lieu de la compagnie, par l'adjudant ou le maréchal des logis chef, et, dans tout autre arrondissement, par le plus ancien maréchal des logis, et, au besoin, par l'adjudant ou le maréchal des logis chef ;

Le trésorier, par le maréchal des logis adjoint de la compagnie, ou, à son défaut, par un maréchal des logis adjoint d'une autre compagnie de la même légion, sur la désignation du colonel, qui en rend compte immédiatement au Ministre.

Les officiers, momentanément en service extraordinaire dans leurs arrondissements respectifs ou en tournée, ne sont point considérés comme absents de leurs postes. Ils sont suppléés, pour le service journalier, par le militaire le plus élevé en grade de leur résidence.

Pour la gendarmerie, le service effectif compte de la date de la nomination dans l'arme. (Décis. des 30 octobre 1875 et 6 juin 1876.)

Les dispositions du 4° paragraphe ont été modifiées par le décret du 26 mars 1887 créant dans la gendarmerie un emploi d'adjudant au chef-lieu de chaque compagnie et un emploi de maréchal des logis chef à cheval au chef-lieu de chaque arrondissement ou section.

L'article 160 du règlement du 10 juillet 1889 dispose que l'adjudant ou le maréchal des logis chef n'est pas remplacé par le plus ancien maréchal des logis de l'arrondissement, mais par le maréchal des logis chef d'un autre arrondissement dans le commandement provisoire de l'arrondissement.

Voir l'article 160, annoté, du règlement du 10 juillet 1889.

CHAPITRE II.

FONCTIONS DES SOUS-OFFICIERS DE TOUT GRADE.

SECTION PREMIÈRE.

DES ADJUDANTS, MARÉCHAUX DES LOGIS CHEFS, MARÉCHAUX DES LOGIS
ADJOINTS AUX TRÉSORIERS ET BRIGADIERS SECRÉTAIRES.

Voir le chapitre VIII du règlement du 10 juillet 1880. Edition annotée de Henri Charles-Lavauzelle.

Art. 212. Les adjudants ont autorité et inspection immédiate sur les sous-officiers et brigadiers du chef-lieu de la légion pour tout ce qui a rapport au service, à la tenue et à la discipline. Ils sont placés sous les ordres du commandant de l'arrondissement, à qui ils doivent des rapports journaliers sur tout ce qui est relatif au service intérieur et au bon ordre.

Ils sont spécialement chargés de la direction du service intérieur et extérieur. Les chefs de brigade de la résidence leur rendent compte, immédiatement, de tous les faits qui sont venus à leur connaissance par les hommes rentrant de correspondance ou de tournées de communes.

Ils font tenir, sous leur direction et leur responsabilité, par un des sous-officiers ou brigadiers de la résidence, toutes les écritures des brigades du chef-lieu ; ils s'assurent fréquemment que les registres sont constamment tenus à jour.

L'on ne doit plus dire : « Mon lieutenant » à un adjudant. On doit l'appeler : « Mon adjudant ». (19 décembre 1879.)

Art. 213. A l'expiration des punitions de prison ou de salle de police subies au chef-lieu de la légion, les adjudants font élargir les sous-officiers, brigadiers et gendarmes punis, et les renvoient à leurs résidences respectives après avoir pris les ordres du commandant de la compagnie.

Une décision présidentielle du 1er mai 1884 a supprimé les punitions de la salle de police pour les sous-officiers, brigadiers et gendarmes, et la suspension pour les gradés.

Art. 214. Ils remplissent, à l'égard des brigades du chef-lieu de la légion, tous les devoirs de surveillance imposés aux chefs de brigade dans les autres résidences, par les articles 222 et suivants du présent décret.

Art. 215. En cas d'absence, même momentanée, l'adjudant est toujours remplacé à la caserne par un des commandants de brigade de la résidence.

Art. 216. L'adjudant fait, au moins une fois chaque mois, dans les cantons soumis à la surveillance des brigades du chef-lieu, des tournées de communes, pour s'assurer auprès des autorités locales que le service de la gendarmerie s'y exécute avec régularité.

Il visite également de temps à autre les points de correspondance des brigades placées sous son commandement.

Sa présence aux points de correspondance est constatée par son visa sur les feuilles de service.

Art. 217. Il est dépositaire et responsable envers le commandant de l'arrondissement de la conservation de tous les registres et documents relatifs au service des brigades de la résidence du chef-lieu de la légion.

En cas de remplacement, il remet à son successeur, sur inventaire, toutes les pièces et archives concernant le service.

Art. 218. L'adjudant remplace de droit, dans le commandement de l'arrondissement du chef-lieu de légion, l'officier absent pour service ou pour toute autre cause. Il peut, au besoin, être chargé du commandement temporaire d'un autre arrondissement.

Voir les annotations de l'article 211 du présent décret.

Art. 219. Les maréchaux des logis chefs remplissent, au chef-lieu de chaque compagnie, toutes les fonctions attribuées aux adjudants dans les chefs-lieux de légion par les articles ci dessus.

Il existe aujourd'hui un adjudant au chef-lieu de chaque compagnie et un maréchal des logis chef au chef-lieu de chaque arrondissement.

Art. 220. Les maréchaux des logis adjoints aux trésoriers sont chargés de seconder ces officiers dans tous les détails du service qui leur est attribué par les articles 201 et suivants du présent décret.

Ils peuvent être investis par ces officiers, qui en demeurent responsables, de la garde du magasin d'habillement et d'armement, et de la conservation des effets de toute nature, des armes et des munitions qui s'y trouvent déposées.

En cas d'absence ou de maladie, ils remplacent les trésoriers et deviennent, dès lors, seuls responsables envers le conseil d'administration de toute la gestion qui leur est confiée.

Art. 221. Les brigadiers secrétaires des chefs de légion sont employés aux travaux d'ordre et d'écritures que nécessite le service de la légion.

SECTION II.

DES COMMANDANTS DE BRIGADE.

Art. 222. Le premier soin d'un commandant de brigade doit être de donner à ses subordonnés l'exemple du zèle, de l'activité, de l'ordre et de la subordination ; il doit exercer son autorité envers ses inférieurs avec fermeté, mais sans brusquerie, et ne montrer à leur égard ni hauteur ni familiarité.

Il est personnellement responsable de tout ce qui est relatif au service, à la tenue, à la police et au bon ordre de sa brigade.

Art. 223. Il doit user au besoin envers ses subordonnés des moyens de répression et de discipline que les règlements mettent à sa disposition, et, si ces moyens sont insuffisants, en appeler à l'autorité de ses supérieurs ; mais il ne doit jamais oublier que c'est surtout par son ascendant moral qu'il doit s'efforcer de leur inculquer l'amour des devoirs qu'ils sont appelés à remplir et le sentiment de la dignité personnelle qui doit caractériser des hommes appartenant à une arme d'élite.

Voir les principes généraux de la subordination. — Règlement du 10 juillet 1889.

Art. 224. Tous les jours, avant 6 heures du matin en été et avant 8 heures en hiver, le commandant de la brigade règle le service et donne des ordres pour son exécution.

Dans tous les lieux de résidence d'un commandant d'arrondissement, le maréchal des logis (1) commandant de brigade se rend chaque jour à l'ordre chez cet officier, à l'heure qui lui est indiquée.

L'article 116 du règlement du 10 juillet 1889, sur le service intérieur, dispose que le service est commandé la veille à l'heure fixée par le commandant d'arrondissement. (Voir les articles 112 et 116 du règlement du 10 juillet 1889.)

Art. 225. Les commandants de brigade rendent compte, par un rapport journalier, à leur chef immédiat, de l'exécution du service ; ce rapport contient le détail de tous les événements dont la connaissance leur est parvenue dans les vingt-quatre heures.

Dans les cas urgents, si leur rapport doit éprouver le moindre retard par la transmission hiérarchique, ils peuvent correspondre directement avec le commandant de la compagnie. Ces rapports directs ne les dispensent pas de rendre immédiatement les mêmes comptes à leur commandant d'arrondissement.

Les rapports journaliers ne doivent plus contenir l'analyse des procès-verbaux. (Circ. du 29 juillet 1879.)
La note ministérielle du 2 mai 1895 modifie le modèle du rapport journalier que les chefs de brigade de gendarmerie adressent aux commandants d'arrondissement.

Art. 226. Les commandants de brigade surveillent l'intérieur des casernes ; ils ont soin de les faire entretenir dans le meilleur

---

(1) Remplacé aujourd'hui par un maréchal des logis chef ou un adjudant.

état de propreté, et ils empêchent qu'il y soit commis aucune dégradation.

Les personnes étrangères à l'armée ne peuvent pénétrer dans les bâtiments militaires sans une permission de l'autorité militaire.

Un huissier ne peut pas s'introduire dans une caserne de gendarmerie pour y exercer les poursuites qui ressortissent à son ministère sans y être préalablement autorisé. A cet effet, il doit s'adresser au commandant de la compagnie, qui, avant de déférer à la demande, doit s'entourer des renseignements nécessaires, afin de s'assurer que la saisie peut avoir un résultat utile, et que ce n'est pas un prétexte pour troubler un établissement militaire ou reconnaître ses dispositions intérieures. Une fois muni de ladite permission, l'officier ministériel aura entrée dans la caserne pour saisir les effets mobiliers appartenant au gendarme débiteur, à l'exception toutefois de ceux déclarés insaisissables par l'article 592 du Code de procédure. (Circ. du 6 novembre 1855.)

Une circulaire du 16 décembre 1880 établit qu'à l'avenir les huissiers n'auront plus besoin de permission spéciale lorsque leur mission se bornera à remettre un acte ou une citation.

Les facteurs peuvent entrer dans les casernes pour présenter et recevoir des effets de commerce, factures, etc.

Ces dispositions ont été reproduites dans l'article 120 du règlement du 10 juillet 1889.

Les agents de la régie tenus d'exercer leur contrôle dans les cantines militaires peuvent être munis d'un laissez-passer permanent, délivré par les chefs de corps. (Voir la note ministérielle du 25 mai 1895.)

Les commandants de brigade font réparer immédiatement, au compte de chaque homme, les dégradations au casernement provenant de son fait. (Art. 275 du règlement du 10 juillet 1889.) Quant aux réparations locatives, ils ne doivent point s'entendre avec les entrepreneurs ou les ouvriers pour les faire effectuer; elles ne doivent être commencées que sur l'ordre du propriétaire ou de l'administration. (Instr. sur les inspections générales.)

La loi du 29 juillet 1881 (art. 16 et 17, § 3) autorise l'apposition d'affiches et de professions de foi sur les édifices publics durant les périodes électorales. Une circulaire du 7 juillet 1882 détermine quels sont les bâtiments, tels que casernes, hôpitaux, arsenaux, etc., qui doivent être compris sous la dénomination d'établissements publics.

Art. 227. Autant que le service le permet, les chevaux sont pansés à la même heure; les commandants de brigade sont présents au pansage, ainsi qu'aux distributions de fourrage; ils sont responsables des négligences ou abus qu'ils auraient tolérés ou autorisés dans le régime alimentaire des chevaux.

L'avoine est distribuée au poids et aucune partie de la ration ne doit être distraite. Les poids et les balances sont payés sur le produit des fumiers. (Art. 153 du service intérieur.)

Les chevaux de troupe tombant malades en route peuvent être mis dans les écuries des brigades de gendarmerie s'il y a de la place et si la nature de la maladie le permet; dans le cas contraire, les maires pourvoient au logement des chevaux. La gendarmerie est chargée de s'assurer si les soins leur sont exactement donnés et de veiller à ce que leur mise en route ait lieu dès qu'ils sont en état de marcher. (Circ. des 13 mars 1841 et 27 août

1848. Voir les articles 48 du règlement du 10 juillet 1889, 404 et 417 du décret du 20 octobre 1892 sur le service intérieur de la cavalerie.)

Art. 228. Les commandants de brigade défendent expressément, sous leur responsabilité personnelle, aux militaires sous leurs ordres de prêter leurs chevaux ou de les employer à tout autre usage que pour le service; les gendarmes qui contreviennent à cette défense sont punis; ils encourent la réforme lorsqu'il y a récidive.

Un cheval de gendarme, désigné d'office par le commandant de la compagnie, est mis à la disposition du trésorier pour les exercices et manœuvres, et cet officier en est responsable en cas d'accident. (Note minist. du 7 mars 1887.)

Aucun cheval appartenant à l'Etat ne doit être employé pour un usage particulier. (Note ministérielle du 16 avril 1894.)

Art. 229. Les commandants de brigade veillent à ce que les chevaux des gendarmes malades ou absents reçoivent les soins convenables; ils les font promener et peuvent les employer pour le service; dans ce cas, le gendarme qui monte le cheval d'un homme absent ou malade est responsable des accidents qui proviennent du défaut de soins ou de ménagements. Lorsque ce gendarme rentre à la caserne, il doit prévenir sur-le-champ le commandant de la brigade, pour que celui-ci inspecte le cheval avant qu'il soit conduit à l'écurie.

Art. 230. Les gendarmes commandés pour un service ne doivent jamais sortir de la caserne avant que le chef de la brigade ait passé l'inspection des hommes, des chevaux et des armes. Au retour, la même inspection est faite pour voir si les hommes rentrent dans une bonne tenue et si les chevaux n'ont pas été surmenés.

Art. 231. Les tournées, conduites, escortes et correspondances périodiques de chaque brigade sont toujours faites par deux hommes au moins; les maréchaux des logis chefs, maréchaux des logis et brigadiers roulent avec les gendarmes pour ce service. Il doit être établi de manière que les hommes qui ont été employés hors de la résidence fassent immédiatement le service intérieur de la brigade, à moins que les circonstances particulières de maladies ou autres empêchements ne forcent d'intervertir cet ordre.

Pour la conduite des jeunes détenus, le nombres des gendarmes d'escorte est laissé à la disposition du commandant d'arrondissement, contradictoirement avec l'autorité requérante. Un seul gendarme peut être commandé à cet effet. (Circ. du 14 mars 1855.)

Le nombre d'hommes d'escorte est fixé par la gendarmerie, qui est responsable des évasions. (Circ. du 19 octobre 1855.)

Voir l'article 111 du règlement sur le service intérieur.

Art. 232. Le commandant de brigade prépare et régularise les pièces pour le transfèrement des prisonniers et l'exécution des mandats de justice, des réquisitions et des ordres de conduite. Il donne connaissance aux gendarmes des ordres du jour et des signalements des individus dont la recherche est prescrite ; il fixe le service des tournées de communes, courses et patrouilles, et commande en même temps celui de la résidence, en se conformant aux dispositions de l'article précédent.

Art. 233. Les commandants de brigade sont spécialement chargés de tenir constamment à jour, avec soin, avec méthode et sans omission, tous les registres et carnets qui servent à constater les opérations de la brigade. Ces registres sont au nombre de quatorze conformément à la nomenclature ci-après :

No 1. Registre des ordres du jour et circulaires, à barrettes.
No 2.   —   des rapports et de la correspondance.
No 3.   —   des procès-verbaux, à barrettes.
No 4.   —   de l'inscription des mandats de justice.
No 5.   —   des déserteurs signalés.
No 6.   —   des individus auxquels la défense a été faite de paraître dans la circonscription de la brigade.
No 7.   —   carnet de correspondance.
No 8.   —   des gardes champêtres.
No 9.   —   des militaires en congé.
No 10. Folios des punitions.
No 11. Registre des fourrages.
No 12. Catalogue des archives.
No 13. Carnet de tournées de communes.
No 14. Registre de compte individuel de solde.
No 15. La feuille de service.
No 16. Les contrôles et documents relatifs à la mobilisation et à l'administration des réserves. (Art. 156 du règlement du 10 juillet 1889.)

Voir l'article 37 du règlement du 10 juillet 1889 pour la tenue des registres par des gendarmes candidats à l'avancement.

Art. 234. Indépendamment de ces registres, au moyen desquels son constatées toutes les opérations de l'arme, le service habituel de chaque brigade est relaté par des journaux ou feuille de service en simple expédition, qui est adressée, le premier jour de chaque mois, au commandant de l'arrondissement, avec un état récapitulatif du service fait par la brigade pendant le mois précédent. Cette feuille est présentée à la signature des maires, adjoints et autres personnes notables des diverses communes, à l'effet de constater officiellement les tournées et autres services faits par les gendarmes

Les commandants de brigade y inscrivent chaque jour le service fait tant à la résidence que hors la résidence, et la soumettent au visa des officiers dans leurs tournées, ou lorsqu'ils visitent les points de correspondance.

La feuille de service n'est plus établie qu'en une seule expédition, qui reste aux archives de la compagnie. (Circ. minist. du 29 juillet 1879.)

Voir la circulaire du 24 novembre 1855 pour la tenue de la feuille de service et les articles 500 et 504 du présent décret.

Voir l'article 117 du règlement du 10 juillet 1889.

Art. 235. Les commandants de brigade sont responsables de l'instruction théorique et pratique de leurs subordonnés; à cet effet, ils exigent que chaque gendarme encore assez jeune pour pouvoir améliorer ou compléter son instruction élémentaire soit pourvu d'un cahier d'écriture sur lequel il transcrit des articles du règlement ou des modèles de procès-verbaux, dont ils ont indiqué à l'avance le sujet (1). Ce cahier est soumis chaque semaine au commandant de la brigade, qui, après s'être fait expliquer les articles du règlement qu'il y trouve copiés et s'être assuré par des questions qu'ils ont été suffisamment compris, y appose sa signature. Les mêmes cahiers sont présentés, lors des tournées, à l'examen des officiers, qui les visent à leur tour et émettent leur opinion sur les progrès obtenus. Les sous-officiers ou brigadiers qui dirigent avec le plus de zèle ce genre d'instruction dans leur brigade et les gendarmes qui se font remarquer par leurs progrès peuvent être proposés par les inspecteurs généraux au Ministre de la guerre pour des gratifications spéciales.

Voir les articles 188 et 189 du règlement du 10 juillet 1889.

Une circulaire du 4 juin 1880 recommande aux gendarmes de ne pas prendre de leçons d'instruction primaire auprès des frères et des curés.

Ceux qui prennent des leçons près des instituteurs peuvent être proposés pour une indemnité spéciale. (Instr. sur les inspections générales de gendarmerie.)

Art. 236. En cas de vacance d'emploi, d'absence ou de maladie, le service de la brigade est dirigé par le plus ancien des gendarmes présents. Si ce gendarme n'est pas en état de tenir les écritures, elles sont confiées à un autre gendarme de la résidence, ou, au besoin, d'une résidence voisine.

Le chef de légion peut, d'ailleurs, si l'importance du service l'exige, charger de la direction momentanée de cette brigade le commandant d'une autre brigade de l'arrondissement.

Voir la circulaire du 1er juillet 1854 et l'annotation de l'art. 27 du présent décret.

Art. 237. Lors du remplacement d'un commandant de brigade, la remise des registres et documents dont il est dépositaire, ainsi que celle des fourrages existant en magasin, est effectuée entre les mains de son successeur, sur un inventaire dressé en double expédition, dont l'une est adressée au commandant de l'arrondissement et l'autre est déposée aux archives de la brigade.

---

(1) Une page au moins doit être remplie par semaine. (Voir l'article 188 du service intérieur.)

CHAPITRE LII.

DES OFFICIERS DE GENDARMERIE CONSIDÉRÉS COMME OFFICIERS DE POLICE JUDICIAIRE CIVILE.

SECTION PREMIÈRE.

DES ATTRIBUTIONS DE LA POLICE JUDICIAIRE.

Art. 238. La police judiciaire a pour objet de rechercher les crimes, délits et contraventions, d'en rassembler les preuves et d'en livrer les auteurs aux tribunaux chargés de les punir.

Les officiers de gendarmerie de tout grade sont officiers de police judiciaire, auxiliaires du procureur de la République, dans l'arrondissement où ils exercent habituellement leurs fonctions. (Code d'instruction criminelle.)

Cet article est applicable aux sous-officiers et commandants de brigade lorsqu'ils agissent comme officiers de police judiciaire militaire.

Art. 239. Dans le cas de flagrant délit et dans celui de réquisition de la part d'un chef de maison, les officiers de gendarmerie ont qualité pour dresser des procès-verbaux, recevoir les plaintes, les dénonciations et les déclarations des témoins, faire les visites de lieux et les autres actes qui, dans lesdits cas, sont de la compétence des procureurs de la République. (Code d'instruction criminelle.)

Art. 240. Le procureur de la République exerçant son ministère dans les cas spécifiés en l'article précédent peut, s'il le juge utile, en lui adressant une commission rogatoire, charger un officier de gendarmerie de tout ou partie des actes de sa compétence. (Code d'instruction criminelle.)

(Voir la loi du 20 mai 1863 sur le flagrant délit.)

Art. 241. Les officiers de gendarmerie agissant soit en leur qualité d'officier de police judiciaire, soit directement en cas de flagrant délit, soit en vertu d'une commission rogatoire, peuvent se transporter dans toute la circonscription où ils exercent leurs fonctions habituelles. Ils constatent les délits et les crimes, et recueillent tous les indices qui peuvent en faire connaître les auteurs; mais, pour se renfermer exactement dans le cercle de leurs attributions et dans les dispositions précises de la loi, ils doivent bien se pénétrer des caractères qui distinguent les crimes, les délits et les simples contraventions de police.

L'infraction que les lois punissent de peines de police est une contravention.

L'infraction que les lois punissent de peines correctionnelles est un délit.

L'infraction que les lois punissent d'une peine afflictive ou infamante est un crime. (Code pénal.)

Le *Dictionnaire* Amade-Corsin indique clairement les distinctions à établir entre les différentes peines, suivant leur échelle de gravité. Cette excellente définition, que nous reproduisons ci-après, sera d'une utilité incontestable à tous les militaires de la gendarmerie.

En termes de jurisprudence, la peine se définit un châtiment infligé à l'auteur d'un délit ou d'un crime, à raison de ce délit ou de ce crime.

Les peines en matière criminelle sont ou afflictives ou infamantes, ou seulement infamantes. (C. P., art. 6.)

Les peines afflictives ou infamantes sont : 1º la mort ; 2º les travaux forcés à perpétuité; 3º la déportation ; 4º les travaux forcés à temps ; 5º la détention ; 6º la réclusion. (Loi du 28 avril 1832.) (C. P., art. 7.)

Les peines infamantes sont : 1º le bannissement ; 2º la dégradation civique. (Loi du 28 avril 1832.) (C. P., art. 8.)

Les peines en matière correctionnelle sont : 1º l'emprisonnement à temps dans un lieu de correction ; 2º l'interdiction à temps de certains droits civiques, civils et de famille ; 3º l'amende. (C. P., art. 9.)

La condamnation aux peines établies par la loi est toujours prononcée sans préjudice des restitutions et dommages-intérêts qui peuvent être dus aux parties. (C. P., art. 10.)

Enfin, les peines prononcées par les tribunaux de simple police, pour les contraventions de simple police qui ne sont que des fautes légères commises le plus souvent sans l'intention de nuire, sont les suivantes : 1º Amende de 1 à 15 francs ; 2º emprisonnement de un à cinq jours; 3º confiscation de certains objets saisis ; 4º insertion du jugement dans un ou plusieurs journaux.

La détention est une peine afflictive et infamante qui consiste (C. P., art. 20) à être enfermé dans une forteresse pendant cinq ans au moins et vingt ans au plus.

Dans la pratique, les condamnés ne sont généralement pas enfermés dans une forteresse ; ils subissent leur peine dans des établissements particuliers appelés maisons centrales ou de détention. Actuellement, il y a en France vingt-trois maisons de détention. Ces maisons spéciales sont destinées à enfermer les condamnés à la détention, ceux qui sont condamnés à plus d'un an et un jour de prison, les condamnés à la réclusion et les femmes ainsi que les hommes âgés de plus de 70 ans qui sont condamnés aux travaux forcés.

La réclusion est une peine afflictive et infamante qui ne peut être prononcée que par les cours d'assises et les conseils de guerre.

Les individus condamnés à la réclusion sont enfermés dans une maison de force et employés à des travaux dont le produit peut être en partie employé à leur profit. La durée de la peine est de cinq ans au moins et de dix ans au plus.

Art. 242. Toutes les fois que la peine prononcée par la loi pour une infraction n'excède pas cinq jours d'emprisonnement et 15 francs d'amende, c'est une simple contravention de police. (Code pénal.) Les officiers de gendarmerie ne peuvent, à raison de leur qualité d'officiers de police judiciaire, recevoir les plaintes ou les dénonciations de ces sortes d'infractions ; ils doivent renvoyer les plaignants ou les dénonciateurs par-devant le commissaire de police, le maire ou l'adjoint du maire, qui sont les officiers de police chargés de recevoir les plaintes et les dénonciations de cette nature.

Art. 243. Lorsque les infractions sont punissables de peines correctionnelles, afflictives ou infamantes, les officiers de gendarmerie, en leur qualité d'officiers de police judiciaire, reçoivent les plaintes ou les dénonciations qui leur sont faites de ces infractions, mais seulement lorsque les délits ou les crimes ont été commis dans l'étendue de la circonscription où ils exercent leurs fonctions habituelles.

S'il s'agit d'une plainte, ils ne peuvent la recevoir qu'autant que la partie plaignante est effectivement celle qui souffre du délit ou du crime.

Si c'est une dénonciation, tous ceux qui ont vu commettre le délit ou le crime, ou qui savent qu'il a été commis, ont pouvoir de le dénoncer. (Code d'instruction criminelle.)

Les crimes, délits et contraventions commis en Algérie, dans les territoires militaires, par les Européens et les Israélites, sont déférés aux cours d'assises ou aux tribunaux correctionnels. (Décret du 15 mars 1860.)

Art. 244. La plainte ou la dénonciation doit être rédigée par le plaignant, par le dénonciateur ou par un fondé de procuration spéciale, ou par les officiers de gendarmerie, s'ils en sont requis.

La plainte ou la dénonciation doit toujours être signée, à chaque feuillet, par l'officier de gendarmerie qui la reçoit, et par le plaignant, le dénonciateur ou le fondé de pouvoir.

L'officier paraphe et fait parapher les renvois et les ratures par le plaignant, le dénonciateur ou le fondé de pouvoir.

Si le plaignant, le dénonciateur ou le fondé de pouvoir ne sait ou ne veut pas signer, il en est fait mention.

La procuration est toujours annexée à la plainte ou à la dénonciation. (Code d'instruction criminelle.)

Art. 245. Les officiers de gendarmerie ne peuvent recevoir une plainte ou une dénonciation qui leur est présentée par un fondé de pouvoir qu'autant que la procuration dont il est porteur exprime, d'une manière expresse et positive, l'autorisation de dénoncer le délit qui fait l'objet de la plainte ou de la dénonciation. (Code d'instruction criminelle.)

Art. 246. Lorsque la plainte ou la dénonciation est remise toute rédigée à l'officier de gendarmerie, il n'y peut rien ajouter ni faire ajouter, et il doit se borner à la signer à chaque feuillet, ainsi qu'il est dit article 244 ci-dessus.

Si la plainte ou la dénonciation est présentée signée, l'officier de gendarmerie s'assure que la signature est bien celle du plaignant, du dénonciateur ou du fondé de pouvoir.

L'officier de gendarmerie ne peut rien ajouter ni faire ajouter de son fait à une plainte toute rédigée ; mais, comme officier de police judiciaire, il est de son devoir, dans l'intérêt de la justice, d'inviter le plaignant à donner à sa dénonciation tous les développements propres à compléter les faits dont l'omission serait évidente. (Circ. du 10 avril 1881.)

Art. 247. L'officier de gendarmerie qui est requis de rédiger lui-même une plainte ou une dénonciation doit énoncer clairement le délit, avec toutes les circonstances qui peuvent l'atténuer ou l'aggraver, et faire découvrir les coupables. Il signe et fait signer cette plainte ou dénonciation, comme il est dit article 244.

Art. 248. Les officiers de gendarmerie sont tenus de renvoyer, sans délai, au procureur de la République de l'arrondissement, les dénonciations qu'ils ont reçues en leur qualité d'officiers de police judiciaire. Leur compétence ne s'étend pas au delà : ils ne peuvent faire aucune instruction préliminaire que dans le cas de flagrant délit, ou lorsque, s'agissant d'un crime ou délit même non flagrant, commis dans l'intérieur d'une maison, le chef de cette maison les requiert de le constater. (Code d'instruction criminelle.)

SECTION II.

DU FLAGRANT DÉLIT ET DES CAS ASSIMILÉS AU FLAGRANT DÉLIT.

Art. 249. Il y a flagrant délit :

Lorsque le crime se commet actuellement ;
Lorsqu'il vient de se commettre ;
Lorsque le prévenu est poursuivi par la clameur publique ;
Lorsque, dans un temps voisin du délit, le prévenu est trouvé muni d'instruments, d'armes, d'effets ou de papiers faisant présumer qu'il en est auteur ou complice. (Code d'instruction criminelle.)

En cas de flagrant délit, les agents peuvent requérir les citoyens de leur prêter main-forte sans l'autorisation du maire. (Cassation, 24 novembre 1856. *Mémorial*, 7ᵉ vol., p.470.)

Extrait de la loi du 20 mai 1863 sur l'instruction des flagrants délits, en ce qui intéresse la gendarmerie.

ART. 1ᵉʳ. Tout inculpé arrêté en état de flagrant délit, pour un fait puni de peines correctionnelles, est immédiatement conduit devant le procureur de la République, qui l'interroge, et, s'il y a lieu, le traduit sur-le-champ à l'audience du tribunal. Dans ce cas, le procureur peut mettre l'inculpé sous mandat de dépôt.

ART. 2. S'il n'y a point d'audience, le procureur est tenu de faire citer l'inculpé pour l'audience du lendemain. Le tribunal est, au besoin, spécialement convoqué.

ART. 3. Les témoins peuvent être verbalement requis par tout officier de police judiciaire ou agent de la force publique. Ils sont tenus de comparaitre sous les peines portées par l'article 157 du Code d'instruction criminelle.

ART. 6. L'inculpé, s'il est acquitté, est immédiatement, et nonobstant appel, mis en liberté.

ART. 7. La présente loi n'est point applicable aux délits de presse, aux délits politiques, ni aux matières dont la procédure est réglée par des lois spéciales.

Art. 250. Toute infraction qui, par sa nature, est seulement punissable de peines correctionnelles ne peut constituer un flagrant délit. Les officiers de gendarmerie ne sont point autorisés à faire des instructions préliminaires pour la recherche des infractions.

Le flagrant délit doit être un véritable crime, c'est-à-dire une infraction contre laquelle une peine afflictive ou infamante est prononcée.

Art. 251. Lorsqu'il y a flagrant délit, les officiers de gendarmerie se transportent sans retard sur le lieu pour y dresser les procès-verbaux, à l'effet de constater le corps de délit, son état, l'état des lieux, et pour recevoir les déclarations des habitants, des voisins et même des parents et domestiques, enfin de toutes les personnes qui ont des renseignements à donner. (Code d'instruction criminelle.)

Ils informent aussitôt de leur transport le procureur de la République de l'arrondissement. (Code d'instruction criminelle.)

Ils peuvent se faire assister d'un écrivain qui leur sert de greffier; ils lui font prêter serment d'en bien et fidèlement remplir les fonctions.

Leur procès-verbal en fait mention. (Code d'instruction criminelle.)

Art. 252. Les officiers de gendarmerie signent et paraphent les déclarations qu'ils ont reçues, ils les font signer et parapher par les personnes qui les ont faites. Si elles refusent de signer, il en est fait mention dans le procès-verbal.

Ils peuvent défendre que qui que ce soit sorte de la maison ou s'éloigne du lieu jusqu'après la clôture du procès-verbal. Ils font saisir et déposer dans la maison d'arrêt ceux qui contreviennent à cette défense; mais ils ne peuvent prononcer contre eux aucune peine; ils en réfèrent sur-le-champ au procureur de la République.

Ils se saisissent aussi des effets, des armes et de tout ce qui peut servir à la découverte et à la manifestation de la vérité; ils doivent les présenter au prévenu, l'interpeller de s'expliquer, lui faire signer le procès-verbal, ou faire mention de son refus. (Code d'instruction criminelle.)

Art. 253. Si la nature du crime est telle que la preuve puisse vraisemblablement être acquise par les papiers ou autres pièces et effets en la possession du prévenu, les officiers de gendarmerie se transportent de suite dans son domicile pour y faire la perquisition des objets qu'ils jugent utiles à la manifestation de la vérité; mais il leur est formellement interdit d'y pénétrer pendant le temps de nuit réglé par l'article 291 du présent décret. Ils doivent se borner à prendre les mesures de précaution prescrites ci-après :

Art. 254. S'il existe dans le domicile du prévenu des papiers ou effets qui puissent servir à conviction ou à décharge, ils en dressent procès-verbal, et se saisissent de ces effets ou de ces papiers.

Ils doivent clore ou cacheter les objets qu'ils ont saisis; et, si ces objets ne sont pas susceptibles de recevoir l'empreinte de l'écriture, ils sont mis dans un vase ou dans un sac, sur lequel ils attachent une bande de papier qu'ils scellent de leur sceau, et du cachet du prévenu, si ce dernier le·demande.

Si les objets sont d'un trop grand volume pour être à l'instant déplacés, les officiers de gendarmerie peuvent les mettre sous la surveillance d'un gardien auquel ils font prêter serment.

Art 255. Il est expressément défendu aux officiers de gendarmerie de s'introduire dans une maison autre que celle où le prévenu a son domicile, à moins que ce ne soit une auberge, un cabaret ou tout autre logis ouvert au public, où ils sont autorisés à se transporter, même pendant la nuit, jusqu'à l'heure où ces lieux doivent être fermés d'après les règlements de police.

Art. 256. Dans le cas où les officiers de gendarmerie soupçonnent qu'on puisse trouver dans une maison autre que celle du domicile du prévenu les pièces ou effets de nature à servir à conviction ou à décharge, ils doivent en instruire aussitôt le procureur de la République de l'arrondissement.

Art. 257. Lorsque la maison d'un prévenu est située hors de l'arrondissement où ils exercent leurs fonctions habituelles. les officiers de gendarmerie ne peuvent y faire de visites; ils se bornent à en informer le procureur de la République.

Art. 258. Toutes les opérations dont il est ci-dessus question sont faites en présence du prévenu, s'il a été arrêté, ou en présence d'un fondé de pouvoir, si le prévenu ne veut ou ne peut y assister. Les objets lui sont présentés à l'effet de les reconnaître ou de les désavouer, et de les parafer, s'il y a lieu; en cas de refus, il en est fait mention dans le procès-verbal. A défaut de fondé de pouvoir, l'assistance de deux témoins devient indispensable.

Art. 259. S'il existe des indices graves contre le prévenu, les officiers de gendarmerie le font arrêter; si le prévenu n'est pas présent, ils rendent une ordonnance pour le faire comparaître. Cette ordonnance s'appelle mandat d'amener; elle doit être revêtue de la signature et même du sceau de l'officier qui la rend, et elle doit désigner le plus exactement possible le prévenu pour en assurer l'arrestation et pour éviter les méprises.

La dénonciation ou la plainte ne constitue pas seule une présomption suffisante pour décerner un mandat d'amener contre un individu ayant domicile. Il ne doit être arrêté, s'il est présent, et l'ordonnance pour le faire comparaître, s'il est absent, ne doit être rendue que lorsque des présomptions fortes s'élèvent contre lui.

Si le prévenu est absent, le mandat d'amener doit porter l'ordre de le conduire, en cas d'arrestation, devant le juge d'instruction ou le procureur de la République. La loi n'autorise pas l'officier de police judiciaire à continuer l'instruction après l'instant du flagrant délit.

Quant aux vagabonds, gens sans aveu ou repris de justice, la plainte ou la dénonciation peut suffire pour les faire arrêter, ou faire décerner contre eux des mandats d'amener.

Art. 260. Les officiers de gendarmerie doivent interroger sur-le-champ le prévenu amené devant eux.

SECTION III.

DES FORMES A OBSERVER DANS LES INSTRUCTIONS JUDICIAIRES.

Art. 261. Dans toutes les opérations mentionnées aux articles 251 et suivants, les officiers de gendarmerie se font assister par le commissaire de police du lieu, ou, à défaut, par le maire ou son adjoint, et, en cas de leur absence, par deux habitants domiciliés dans la même commune.

Ils n'en dressent pas moins leurs procès-verbaux, sans l'assistance de témoins, s'ils n'ont pas eu la possibilité de s'en procurer.

Ils doivent signer et faire signer leurs procès-verbaux, à chaque feuillet, par les personnes qui ont assisté aux opérations; en cas de refus ou d'impossibilité de la part de ces personnes, il en est fait mention.

Art. 262. S'il s'agit d'un crime qui exige des connaissances particulières pour être constaté, telle qu'une effraction, une blessure grave, une mort violente, etc., les officiers de gendarmerie doivent appeler les personnes présumées, par leur art et leur profession, capables d'en apprécier la nature et les circonstances; ils leur font prêter serment de faire leur rapport et de donner leur avis en leur honneur et conscience. Ils ne doivent négliger aucune des mesures ci-dessus prescrites, et ils recueillent avec soin tous les renseignements qui peuvent conduire à la découverte de la vérité.

Art. 263. Toutes les fois que les officiers de gendarmerie sont requis de constater un crime ou un délit, même non flagrant, commis dans l'intérieur d'une maison, ils procèdent aux recherches et à l'instruction dans les mêmes formes que ci-dessus pour le flagrant délit, mais avec cette distinction que, dans ce cas, il n'est pas besoin que l'infraction qu'ils sont appelés à constater

dans l'intérieur d'une maison soit punissable d'une peine afflictive ou infamante ; il suffit qu'elle soit soumise à une peine correctionnelle.

Art. 264. Les officiers de gendarmerie défèrent à la réquisition qui leur est faite, soit par le propriétaire de la maison, soit par le principal locataire ou par le locataire d'un appartement.

Art. 265. Les officiers de gendarmerie n'étant, dans l'exercice des fonctions judiciaires, que des officiers de police auxiliaires du procureur de la République, si ce magistrat se présente dans le cours de leurs opérations pour la recherche d'un flagrant délit ou d'un crime ou délit commis dans l'intérieur d'une maison, c'est lui qui doit continuer les actes attribués à la police judiciaire.

Le procureur de la République, s'il n'a été prévenu, peut autoriser les officiers de gendarmerie à continuer la procédure, et si lui-même l'a commencée, il peut les charger d'une partie des actes de sa compétence.

Art. 266. Lorsque les officiers de gendarmerie ont terminé les actes d'instruction préliminaire qu'ils sont autorisés à faire dans le cas de flagrant délit ou de crime ou délit commis dans l'intérieur d'une maison, ils doivent transmettre sur-le-champ au procureur de la République les procès-verbaux et tous les actes qu'ils ont faits, les papiers et tous les effets qu'ils ont saisis, ou lui donner avis des mesures prises pour la garde et la conservation des objets.

Art. 267. Les officiers de gendarmerie, en ce qui concerne l'exercice de la police judiciaire, sont placés par la loi sous la surveillance des juges d'instruction, des procureurs de la République et des procureurs généraux près les cours d'appel.

Cette surveillance ne peut être que très limitée ; car, d'un côté, l'officier de gendarmerie, officier de police judiciaire, agissant seul, en vertu de la loi, est complètement maître de diriger son instruction comme il l'entend, et d'un autre côté, l'article 280 du Code d'instruction criminelle dit expressément « qu'en cas de négligence des officiers de police judiciaire et des juges d'instruction, le procureur général les avertira : cet avertissement sera consigné par lui sur un registre tenu à cet effet. En cas de récidive, le procureur général les dénoncera à la Cour ».

Il résulte donc qu'à part le cas où le procureur de la République, conformément à l'article 52 du Code d'instruction criminelle, aurait chargé l'officier de gendarmerie d'une partie de l'instruction, le procureur général seul pourrait faire des observations à un officier au sujet de ses fonctions d'officier de police judiciaire. (*Dictionnaire* Amade-Corsin, au mot « Procureur.)

Art. 268. Le service de la gendarmerie ayant pour but spécial d'assurer le maintien de l'ordre et l'exécution des lois, les officiers de ce corps doivent, indépendamment des attributions qu'ils exercent en leur qualité d'officiers de police judiciaire, transmettre sans délai au procureur de la République les procès-verbaux que les sous-officiers, brigadiers et gendarmes ont dressés dans l'exécution de leur service, pour constater les crimes et délits qui laissent des traces après eux; ils y joignent les renseignements que ces militaires ont recueillis pour en découvrir les auteurs ou complices. Ils transmettent pareillement aux commissaires de police ou aux maires des lieux où de simples contraventions auraient été commises les procès-verbaux et renseignements qui concernent les prévenus de ces contraventions.

CHAPITRE IV.

DES OFFICIERS, SOUS-OFFICIERS ET COMMANDANTS DE BRIGADE DE GENDARMERIE CONSIDÉRÉS COMME OFFICIERS DE POLICE JUDICIAIRE PRÈS DES TRIBUNAUX MILITAIRES.

Art. 268 *bis*. Les officiers, sous-officiers et commandants de brigade devront se conformer, dans l'exercice de leurs fonctions comme officiers de police judiciaire militaire, aux dispositions des articles 86 et suivants du Code de justice militaire.

TITRE IV.

DU SERVICE SPÉCIAL DE LA GENDARMERIE.

DISPOSITIONS PRÉLIMINAIRES.

Art. 269. Le service de la gendarmerie dans les départements se divise en service ordinaire et en service extraordinaire.

Le service ordinaire est celui qui s'opère journellement ou à des époques périodiques sans qu'il soit besoin d'aucune réquisition de la part des officiers de police judiciaire et des diverses autorités.

Le service extraordinaire est celui dont l'exécution n'a lieu qu'en vertu d'ordres ou de réquisitions.

Art. 270. L'un et l'autre ont essentiellement pour objet d'assurer constamment, sur tous les points du territoire, l'action directe de la police judiciaire, administrative et militaire.

CHAPITRE PREMIER.

SERVICE ORDINAIRE DES BRIGADES.

SECTION PREMIÈRE.
POLICE JUDICIAIRE ET ADMINISTRATIVE.

Art. 271. Les fonctions habituelles et ordinaires des brigades sont de faire des tournées, courses ou patrouilles sur les grande routes, chemins vicinaux, dans les communes, hameaux, ferme et bois, enfin dans tous les lieux de leur circonscription respective

Art. 272. Chaque commune doit être visitée au moins deux foi par mois et explorée dans tous les sens, indépendamment de jours où elle est traversée par les sous-officiers, brigadiers et gen darmes au retour des correspondances.

Art. 273. Dans leurs tournées, les sous-officiers, brigadiers e gendarmes s'informent, avec mesure et discrétion, auprès de voyageurs, s'il n'a pas été commis quelque crime ou délit sur la route qu'ils ont parcourue; ils prennent les mêmes renseignement dans les communes, auprès des maires et de leurs adjoints.

Art. 274. Ils tâchent de connaître les noms, signalements, demeu res ou lieux de retraite de ceux qui ont commis des crimes ou dé lits; ils reçoivent les déclarations qui leur sont faites volontaire ment par les témoins, et les engagent à les signer, sans cependan pouvoir les y contraindre.

Ils se mettent immédiatement à la poursuite de ces malfaiteurs pour les joindre et, s'il y a lieu, pour les arrêter au nom de la loi.

Art. 275. Après s'être assurés de l'identité de ces individus par l'examen de leurs papiers et les questions qu'ils leur font sur leurs noms, leur état, leur domicile et les lieux d'où ils viennent, ils se saisissent de ceux qui demeurent prévenus de crimes, délits ou vagabondage, et ils en dressent procès-verbal ; mais ils relâchent immédiatement ceux qui, étant désignés comme vagabonds ou gens sans aveu, se justifient par le compte qu'ils rendent de leur conduite, ainsi que par le contenu de leurs certificats et passeports

Le procès-verbal d'arrestation doit contenir l'inventaire exac des papiers et effets trouvés sur les prévenus; il est signé par ce individus et, autant que possible, par deux habitants les plus voi sins du lieu de la capture; s'ils déclarent ne vouloir ou ne savoi signer, il en est fait mention ; les sous-officiers, brigadiers et gen darmes conduisent ensuite les prévenus par-devant l'officier de police judiciaire de l'arrondissement, auquel ils font la remise des papiers et effets.

Les enfants âgés de 7 à 8 ans trouvés en état de vagabondage sont con duits devant l'autorité administrative. (Circ. du 16 juin 1855.) Tout individu arrêté doit être fouillé minutieusement avant d'être incarcéré. (Circ. du 25 septembre 1866 et décret du 16 novembre 1885.) Voir l'annotation de l'ar ticle 371 du présent décret.

Si une femme est arrêtée avec un enfant au-dessous de 4 ans, il y a lieu de lui laisser son enfant; c'est à l'autorité à prendre les mesures contraires si elle le juge nécessaire. (Décret du 11 novembre 1885.)

Voir l'article 386 du présent décret.

Dans toutes les communes où il existe des hospices ou hôpitaux, les aliénés ne pourront être déposés ailleurs que dans ces hospices ou hôpitaux.

Dans les lieux où il n'en existe pas, les maires devront pourvoir à leur logement soit dans une hôtellerie, soit dans un local loué à cet effet.

Dans aucun cas, les aliénés ne pourront être ni conduits avec les condamnés ou les prévenus, ni déposés dans une prison. (Loi du 30 juin 1838.)

Le maire peut réclamer le concours de la gendarmerie lorsqu'il s'agit d'empêcher la divagation d'un fou dangereux ; mais, une fois le danger conjuré ou l'arrestation faite, le malade doit être remis à l'autorité civile. En aucun cas, les aliénés ne doivent être assimilés soit à des vagabonds, soit à des malfaiteurs. (Lettre du Ministre de l'intérieur du 25 mai 1872.)

Art. 276. Ils saisissent également les assassins, voleurs et délinquants, surpris en flagrant délit ou poursuivis par la clameur publique, ainsi que ceux qui sont trouvés avec des armes ensanglantées ou d'autres indices faisant présumer le crime : le flagrant délit est défini par l'article 249.

Art. 277. Ils dressent également des procès-verbaux des effractions, assassinats et de tous les crimes qui laissent des traces après eux.

Art. 278. En cas d'incendie, d'inondation et d'autres événements de ce genre, ils se rendent sur les lieux au premier avis ou signal qui leur est donné, et préviennent, sans délai, le commandant de l'arrondissement.

S'il ne s'y trouve aucun officier de police ou autre autorité civile, les officiers et même les commandants de brigade ordonnent et font exécuter toutes les mesures d'urgence ; ils font tous leurs efforts pour sauver les individus en danger ; ils peuvent requérir le service personnel des habitants, qui sont tenus d'obtempérer sur-le-champ à leur sommation, et même de fournir les chevaux, voitures et tous autres objets nécessaires pour secourir les personnes et les propriétés ; les procès-verbaux font mention des refus ou retards qu'ils éprouvent à cet égard.

Voir les articles 71, 72, 116, 171 et 240 du décret du 4 octobre 1891, sur le service des places.

Les frais relatifs aux incendies sont à la charge des communes. (Art. 4, § 2, de la loi du 11 frimaire an VII.)

Les objets qui ont été requis pour l'extinction des incendies et qui ont été perdus ou détériorés doivent être remplacés ou remis en état sur les fonds communaux. (Cassation, 15 janvier 1866.)

Art. 279. Lors d'un incendie, le commandant de la brigade prend, dès son arrivée, toutes les mesures possibles pour le combattre ; il distribue ses gendarmes de manière qu'ils puissent empêcher le pillage des meubles et effets qu'ils font évacuer de la maison incendiée ; il ne laisse circuler dans les maisons, greniers, caves et bâtiments que les personnes de la maison et les ouvriers appelés pour éteindre le feu ; il protège l'évacuation des meubles et effets dans les dépôts qui ont été désignés par les propriétaires ou intéressés.

Art. 280. Les sous-officiers, brigadiers et gendarmes s'informent ensuite, auprès des propriétaires et des voisins, des causes de l'incendie, s'il provient du défaut d'entretien des cheminées, de la négligence ou de l'imprudence de quelques personnes de la maison qui auraient porté et laissé du feu près des matières combustibles, ou par suite d'autres causes qui peuvent faire présumer qu'il y a eu malveillance.

Art. 281. Si les déclarations inculpent quelques particuliers, et s'ils sont sur les lieux, le commandant de la brigade les fait venir sur-le-champ et les interroge ; si leurs réponses donnent à croire qu'ils ont participé au crime de l'incendie, il s'assure de leur personne et attend l'arrivée de l'officier de police judiciaire ou du commandant de l'arrondissement, auquel il remet le procès-verbal qu'il a dressé de tous les renseignements parvenus à sa connaissance, pour être pris ensuite telles mesures qu'il appartiendra.

Dans le cas d'absence du juge de paix et du commandant de l'arrondissement, les prévenus sont conduits devant le procureur de la République.

Art. 282. Les brigades qui se sont transportées sur les lieux où un incendie a éclaté ne rentrent à la résidence qu'après l'extinction du feu et après s'être assurées que leur présence n'est plus nécessaire pour la conservation des propriétés, pour le maintien de la tranquillité publique et pour l'arrestation des délinquants.

Art. 283. La gendarmerie constate par procès-verbal la découverte de tous cadavres trouvés sur les chemins, dans les campagnes ou retirés de l'eau ; elle en prévient les autorités compétentes et le commandant de l'arrondissement, qui, dans ce cas, est tenu de se transporter en personne sur les lieux dès qu'il lui en est donné avis.

Art. 284. Elle indique avec soin, dans ce procès-verbal, l'état et la position du cadavre au moment de son arrivée, les vêtements dont il est couvert, la situation et l'état des armes ensanglantées ou d'autres instruments faisant présumer qu'ils ont servi à commettre le crime, les objets ou papiers trouvés près du cadavre ou dans un lieu voisin ; elle empêche que qui que ce soit n'y touche jusqu'à l'arrivée de la justice ou de l'officier de gendarmerie.

Elle appréhende les individus qui paraissent suspects, et s'en assure, de manière qu'ils ne puissent s'évader, pour les remettre entre les mains de l'autorité compétente.

Art. 285. En attendant l'arrivée de l'officier de police judiciaire ou du commandant de l'arrondissement, les sous-officiers, brigadiers et gendarmes doivent recueillir les déclarations qui leur sont faites par les parents, amis, voisins ou autres personnes qui sont en état de leur fournir des preuves, renseignements ou indices sur les auteurs ou complices du crime, afin qu'ils puissent être poursuivis.

Art. 286. Dans ses tournées, correspondances, patrouilles et service habituel à la résidence, la gendarmerie exerce une surveillance active et persévérante sur les repris de justice, sur les condamnés libérés, sur ceux qui sont internés et qui cherchent à faire de la propagande révolutionnaire ; elle rend compte immédiatement de la disparition de ceux qui ont quitté, sans autorisation, la résidence qui leur est assignée ; elle envoie leur signalement aux brigades voisines, ainsi qu'à celles qui ont la surveillance des communes où l'on suppose qu'ils se sont retirés.

Elle se met à leur poursuite, et, si elle les arrête, elle les conduit devant l'autorité compétente.

La loi du 27 mai 1885 a supprimé la peine de la surveillance de la haute police, peine remplacée par celle de l'interdiction de résidence dans des lieux déterminés.

Art. 287. Elle s'assure de la personne des étrangers et de tout individu circulant dans l'intérieur de la France sans passeports ou avec des passeports qui ne sont pas conformes aux lois, à la charge de les conduire sur-le-champ devant le maire ou l'adjoint de la commune la plus voisine ; en conséquence, les militaires de tout grade de la gendarmerie se font représenter les passeports des voyageurs, et nul ne peut en refuser l'exhibition lorsque l'officier, sous-officier, brigadier ou gendarme qui en fait la demande est revêtu de son uniforme et décline ses qualités.

Il est enjoint à la gendarmerie de se comporter, dans l'exécution de ce service, avec politesse, et de ne se permettre aucun acte qui puisse être qualifié de vexation ou d'abus de pouvoir.

Art. 288. L'exhibition des passeports est une mesure salutaire laissée à la prudence et au discernement de la gendarmerie et non une consigne absolue qu'il n'est pas permis de modifier ou d'interpréter.

Elle ne peut, sous le simple prétexte de visiter les passeports d'un individu, pénétrer dans la chambre où il est logé ; elle doit attendre, pour faire cet examen, le moment de son départ ou de son stationnement dans la salle ouverte aux voyageurs si c'est une auberge ou une hôtellerie.

A moins de circonstances extraordinaires ou d'ordres spéciaux, les passeports des personnes voyageant en voiture particulière ne doivent être demandés que dans les auberges, hôtelleries et relais de poste.

Art. 289. Les signalements de malfaiteurs, voleurs, assassins, perturbateurs du repos public, évadés des prisons et des bagnes, ainsi que ceux d'autres personnes contre lesquelles il est intervenu des mandats d'arrêt, sont délivrés à la gendarmerie, qui, en cas d'arrestation de ces individus, les conduit, de brigade en brigade, jusqu'à la destination indiquée par lesdits signalements.

Les mandats de comparution, d'amener, de dépôt et d'arrêt doivent être signés par le magistrat ou l'officier de police qui les décerne et munis de son sceau; ils doivent être datés; le prévenu doit être nommé et désigné le plus clairement possible.

De plus, le mandat d'arrêt contient l'énonciation du fait pour lequel il est décerné et l'énonciation de la loi qui déclare que ce fait est un crime ou un délit.

Le mandat d'amener est un ordre transmis aux agents de la force publique d'amener un inculpé devant le magistrat mandant qui doit l'interroger.

Les gendarmes doivent arrêter l'individu contre qui le mandat a été délivré, l'inviter à les suivre, l'y contraindre même et employer la force au besoin. (Art. 99 et 100 du Code d'instruction criminelle.)

Art. 290. Pour faire la recherche des personnes signalées ou dont l'arrestation a été légalement ordonnée, les sous-officiers et gendarmes visitent les auberges, cabarets et autres maisons ouvertes au public; ils se font présenter, par les propriétaires ou locataires de ces établissements, leurs registres d'inscription des voyageurs, et ces registres ne peuvent leur être refusés.

S'ils remarquent des oublis ou négligences dans la tenue de ces registres, ils en dressent procès-verbal pour être remis au maire ou au commissaire de police.

Le refus d'exhibition de ces registres est puni conformément à l'article 475 du Code pénal.

Voir la loi des 19-22 juillet 1791, titre Ier, article 5, et les circulaires des 9 février 1887 et 26 août 1889.

Art. 291. La maison de chaque citoyen est un asile où la gendarmerie ne peut pénétrer sans se rendre coupable d'abus de pouvoir sauf les cas déterminés ci-après :

1° Pendant le jour, elle peut y entrer pour un motif formellement exprimé par une loi, ou en vertu d'un mandat spécial de perquisition décerné par l'autorité compétente;

2° Pendant la nuit, elle peut y pénétrer dans le cas d'incendie, d'inondation ou de réclamation venant de l'intérieur de la maison.

Dans tous les autres cas, elle doit prendre seulement, jusqu'à ce que le jour ait paru, les mesures indiquées aux articles suivants. (Art. 292 et 293.)

Le temps de nuit est ainsi réglé :

Du 1er octobre au 31 mars, depuis 6 heures du soir jusqu'à 6 heures du matin;

Du 1er avril au 30 septembre, depuis 9 heures du soir jusqu'à 4 heures du matin.

Art. 292. Hors le cas de flagrant délit défini par l'article 249, la gendarmerie ne peut s'introduire dans une maison malgré la volonté du maître.

Lorsqu'elle est chargée d'exécuter les notifications de jugements, elle doit toujours exhiber les extraits de mandats ou de jugements.

Art. 293. Lorsqu'il y a lieu de supposer qu'un individu déjà
frappé d'un mandat d'arrestation ou prévenu d'un crime ou délit
pour lequel il n'y aurait pas de mandat décerné s'est réfugié dans la
maison d'un particulier, la gendarmerie peut seulement garder
à vue cette maison ou l'investir, en attendant les ordres nécessaires pour y pénétrer, ou l'arrivée de l'autorité qui a le droit
d'exiger l'ouverture de la maison pour y faire l'arrestation de l'individu réfugié.

Voir la circulaire ministérielle du 27 février 1860, relative à l'exercice du
droit de perquisition.

Art. 294. Lorsque les sous-officiers, brigadiers et gendarmes arrê-
tent des individus en vertu des dispositions ci-dessus, ils sont tenus
de les conduire aussitôt devant l'officier de police judiciaire le
plus à proximité, et de lui faire le dépôt des armes, papiers, effets
et autres pièces de conviction. Les articles 632 et suivants indiquent la responsabilité de la gendarmerie dans les diverses arrestations qu'elle est appelée à faire dans son service ordinaire et
extraordinaire.

Voir la loi du 20 mai 1863 sur les flagrants délits à la suite de l'article
249 du présent décret.

Art. 295. La gendarmerie est chargée spécialement de protéger la
libre circulation des subsistances et de saisir tous ceux qui s'y opposent par la violence.

En conséquence, elle se transporte sur les routes ou dans les
communes dont elle a la surveillance, dès qu'elle apprend que des
attroupements s'y sont formés dans le dessein d'empêcher cette
libre circulation des grains, soit par l'appât du pillage, soit par
tout autre motif.

Art. 296. Elle dissipe les rassemblements de toutes personnes s'opposant à l'exécution d'une loi, d'une contrainte, d'un jugement ;
elle réprime toute émeute populaire dirigée contre la sûreté des
personnes, contre les autorités, contre la liberté absolue du commerce, les subsistances, contre celle du travail et de l'industrie ;
elle disperse tout attroupement *armé* ou *non armé* formé pour la
délivrance des prisonniers et condamnés, pour l'invasion des propriétés publiques, pour le pillage et la dévastation des propriétés
particulières.

L'attroupement est armé : 1° quand plusieurs des individus qui le composent sont porteurs d'armes apparentes ou
cachées; 2° lorsqu'un seul de ces individus porteur d'armes apparentes n'est pas immédiatement expulsé de l'attroupement par
ceux-là mêmes qui en font partie.

Voir le *Recueil de jurisprudence* au mot « Armes ».

Tout individu qui, soit dans les casernes ou autres établissements militaires, soit sur les terrains de manœuvre et autres lieux de réunion d'une

troupe en service, sera surpris en flagrant délit de provocation à l'indiscipline par l'un des moyens prévus aux articles 23 et 25 de la loi du 12 décembre 1893 qui augmente les pénalités édictées par la loi du 29 juillet 1881, c'est-à-dire par discours, cris ou menaces proférés dans des lieux ou réunions publics, écrits, imprimés vendus ou distribués, mis en vente ou exposés dans les lieux ou réunions publics; placards, affiches exposés au regard du public, sera immédiatement appréhendé et remis à la gendarmerie pour être conduit au procureur de la République, comme le prescrit l'article 1er de la loi du 20 mai 1863. (Circ. minist. du 8 février 1894.)

Art. 297. Les sous-officiers, brigadiers et gendarmes ne peuvent, en l'absence de l'autorité judiciaire ou administrative, déployer la force des armes que dans les deux cas suivants : le premier, si des violences ou voies de fait sont exercées contre eux ; le second, s'ils ne peuvent défendre autrement le terrain qu'ils occupent, les postes ou les personnes qui leur sont confiées, ou enfin si la résistance est telle qu'elle ne puisse être vaincue autrement que par la force des armes.

Voir les articles 71 et 169 du décret du 4 octobre 1891 sur le service des places.

Voir la circulaire ministérielle du 30 novembre 1853.

Pour constituer une rébellion, il faut que la résistance ait été accompagnée de violence ou voies de fait. (Cassation, 2 juillet 1835.)

Il n'est pas nécessaire, pour qu'il y ait rébellion, que des coups aient été portés.

Ce délit peut résulter de tout acte de violence dont le but serait d'empêcher l'agent de l'autorité d'accomplir la mission dont il est chargé. (Cassation, 3 avril 1847 - 30 août 1849.)

Ainsi, il y a rébellion de la part de celui qui met en joue, avec un fusil, un gendarme, en menaçant de faire feu (Cassation, 24 octobre 1806 - 16 mai 1817), ou qui s'arme d'un fusil et le couche en joue. (Cassation, 30 août 1849.)

Il y a rébellion de la part de celui qui oppose une résistance opiniâtre aux gendarmes en se jetant sur eux, les prenant au collet et cherchant à les désarmer. (Cassation, 19 décembre 1806.)

Voir l'article 638 du présent décret et le *Recueil de jurisprudence* au mot « Rébellion ».

Art. 298. Lorsqu'une émeute populaire prend un caractère et un accroissement tels que la gendarmerie, après une intervention énergique, se trouve impuissante pour vaincre la résistance par la force des armes, elle dresse un procès-verbal, dans lequel elle signale les chefs et fauteurs de la sédition ; elle prévient immédiatement l'autorité locale, ainsi que le commandant de la compagnie où de l'arrondissement, afin d'obtenir des renforts des brigades voisines et de la troupe de ligne.

Art. 299. Dans aucun cas, les brigades ne doivent quitter le terrain ni rentrer à leur résidence avant que l'ordre ne soit parfaitement rétabli. Elles doivent se rappeler que force doit toujours rester à la loi. Le procès-verbal qu'elles rédigent contient le détail circonstancié des faits qui ont précédé, accompagné ou suivi la formation de ces attroupements.

Quant aux prisonniers qu'elles ont faits, et dont elles ne doivent se dessaisir à aucun prix, ils sont immédiatement conduits, sous bonne escorte, devant le procureur de la République.

Art. 300. Elle saisit tous ceux qui portent atteinte à la tranquillité publique, en troublant les citoyens dans l'exercice de leur culte, ainsi que ceux qui sont trouvés exerçant des voies de fait ou des violences contre les personnes.

Art. 301. Tout individu qui outrage les militaires de la gendarmerie dans l'exercice de leurs fonctions, ou qui leur fait la déclaration mensongère d'un délit qui n'a pas été commis, est immédiatement arrêté et conduit devant l'officier de police de l'arrondissement, pour être jugé et puni suivant la rigueur des lois.

Le caractère délictueux de l'outrage envers les dépositaires de l'autorité ou de la force publique dans l'exercice de leurs fonctions n'est pas subordonné à la valeur légale des actes qu'ils accomplissent. Alors même que l'irrégularité de ces actes permettrait d'en demander l'annulation ou la réparation, elle ne saurait jamais excuser ni autoriser l'outrage qui est dirigé contre le fonctionnaire au moment où il représente l'autorité publique. (Cassation, 30 décembre 1892.)

Art. 302. La gendarmerie surveille le colportage des livres, gravures et lithographies ; elle réprime la contrebande des matières de douanes et de contributions indirectes et saisit les marchandises transportées en fraude ; elle dresse des procès-verbaux de ces saisies, arrête et conduit devant les autorités compétentes les contrebandiers et autres délinquants de ce genre, en précisant les lieux où l'arrestation a été faite, les moyens employés et la résistance qu'il a fallu vaincre.

Le colportage et la vente sur la voie publique sont réglés par les articles 18 à 22 de la loi du 29 juillet 1881.

Les journaux et tous les écrits et imprimés distribués ou vendus dans les rues ou lieux publics ne peuvent être annoncés que par leur titre, leur prix, l'indication de leur opinion et les noms de leurs auteurs ou rédacteurs. (Loi du 19 mars 1889.)

Les sous-officiers, brigadiers et gendarmes ne doivent pas être détournés de l'accomplissement de leurs obligations pour être employés d'une manière spéciale à la recherche des contraventions aux lois sur la circulation des boissons. (Circ. du 13 mai 1872.)

Pour la répression de la contrebande en matière de douanes, etc., voir *Droits et obligations de la gendarmerie en matière de douanes et de contributions indirectes,* à la librairie Lavauzelle.

Art. 303. Elle est autorisée à faire directement, ou en prêtant main-forte aux inspecteurs, directeurs et employés des postes, des visites et perquisitions sur les messagers et commissionnaires allant habituellement d'une ville à une autre ville, sur les voitures de messageries et autres de cette espèce portant les dépêches, et à saisir tous les objets transportés en fraude au préjudice des droits de l'administration des postes.

Art. 304. Afin de ne pas retarder la marche de celles de ces voitures qui transportent des voyageurs, les visites et perquisitions n'ont habituellement lieu qu'à l'entrée ou à la sortie des villes ou aux relais.

Art. 305. Il n'est fait de visite sur les routes qu'autant qu'un ordre de l'administration des postes le prescrit.

Art. 306. Toutes visites et perquisitions doivent, quand bien même elles ne sont suivies d'aucune saisie, être constatées par un procès-verbal conforme au modèle adopté par l'administration.

Lorsque ce procès-verbal ne donne lieu à aucune poursuite devant les tribunaux, il n'a pas besoin d'être timbré ni enregistré; il en est donné copie au particulier qui a été soumis à la visite, s'il le requiert.

Art. 307. Si les visites ou perquisitions ont fait découvrir des lettres ou journaux transportés en fraude, le procès-verbal, dressé à l'instant de la saisie, doit contenir l'énumération de ces lettres ou journaux, reproduire l'adresse de ces objets et mentionner, autant que possible, le poids de chaque lettre.

Deux expéditions de ce procès-verbal et les lettres saisies sont transmises par les capteurs au directeur du bureau de poste le plus voisin, lequel est chargé des poursuites. (Règl. du 12 avril 1893, art. 207.)

Art. 308. Les procès-verbaux de saisie doivent être visés pour timbre et enregistrés dans les quatre jours qui suivent la saisie. Ces formalités s'accomplissent soit dans le lieu de la résidence des gendarmes qui ont procédé aux saisies, soit dans le lieu même où le procès-verbal a été dressé. Le procès-verbal, avec les objets saisis, est remis au directeur des postes, qui acquitte les frais de timbre et d'enregistrement.

Art. 309. La gendarmerie ne peut, dans l'intérêt de l'administration des postes, faire des perquisitions sur des voyageurs étrangers au service des postes et n'exerçant pas l'une des professions spécifiées à l'article 303. La saisie opérée sur eux dans cet intérêt est nulle.

Art. 310. Le voiturier trouvé porteur de lettres cachetées contenues dans des boîtes fermées ne peut être excusé de la contravention, sous prétexte que les lettres avaient été renfermées dans ces boîtes à son insu, la bonne foi n'étant pas admissible comme excuse aux contraventions à l'arrêté du 27 prairial an IX.

Art. 311. Tout commissionnaire ou messager portant une lettre décachetée qui n'est pas exclusivement relative aux commissions dont il est chargé est passible des peines portées par la loi, en vertu des articles 1er, 2 et 5 de l'arrêté du 27 prairial an IX; la gendarmerie doit donc verbaliser contre lui et faire saisie de la lettre pour la remettre au directeur des postes.

Art. 312. Les lettres et papiers uniquement relatifs au service personnel des entrepreneurs de voitures ne peuvent être saisis par la gendarmerie, qui ne dresse procès-verbal de contravention que lorsqu'elles sont fermées et cachetées, alors même qu'elles seraient en effet relatives à ce service.

Pour toutes les contraventions de cette nature, voir le *Recueil de jurisprudence*, prix 2 francs, au mot « Poste », et le *Manuel sur le service des postes et des franchises*, prix 2 francs, édités par la maison Henri Charles-Lavauzelle.

SECTION II.

POLICE DES ROUTES ET DES CAMPAGNES.

Art. 313. Un des devoirs principaux de la gendarmerie est de faire la police sur les grandes routes et d'y maintenir la liberté des communications ; à cet effet, elle dresse des procès-verbaux de contraventions en matière de grande voirie, telles qu'anticipations, dépôts de fumiers ou d'autres objets, et constate toute espèce de détériorations commises sur les grandes routes, sur les arbres qui les bordent, sur les fossés, ouvrages d'art et matériaux destinés à leur entretien ; elle dénonce à l'autorité compétente les auteurs de ces délits ou contraventions.

Elle dresse également des procès-verbaux de contravention, comme en matière de grande voirie, contre quiconque, par imprudence ou involontairement, a dégradé ou détérioré, de quelque manière que ce soit, les appareils de lignes de télégraphie électrique ou les machines des télégraphes aériens.

Art. 314. Elle surveille l'exécution des règlements sur la police des fleuves et des rivières navigables ou flottables, des bacs et bateaux de passage, des canaux de navigation ou d'irrigation, des dessèchements généraux ou particuliers, des plantations pour la fixation des dunes des ports maritimes de commerce ; elle dresse des procès-verbaux de contravention à ces règlements et en fait connaitre les auteurs aux autorités compétentes.

Voir article 330 du présent décret.

Art. 315. Elle arrête tous ceux qui sont surpris coupant ou dégradant d'une manière quelconque les arbres plantés sur les chemins, promenades publiques, fortifications et ouvrages extérieurs des places, ou détériorant les monuments qui s'y trouvent.

Elle saisit et conduit immédiatement devant l'officier de police de l'arrondissement quiconque est surpris détruisant ou déplaçant les rails d'un chemin de fer, ou déposant sur la voie publique des matériaux ou autres objets, dans le but d'entraver la circulation, ainsi que ceux qui, par la rupture des fils, par la dégradation des appareils, ou par tout autre moyen, tentent d'intercepter les communications ou la correspondance télégraphique.

La gendarmerie doit signaler aux préfets et aux officiers du génie les tra-

vaux que les particuliers font dans les zones frontières si ces travaux sont
de nature à influer sur la défense du territoire. (Circ. du 10 août 1854.)

Les sous-officiers, brigadiers et gendarmes n'ont pas qualité pour verbaliser en matière de crimes, délits ou contraventions commis sur les chemins de fer ; ce droit n'appartient qu'aux officiers de police judiciaire et à
divers agents civils. Mais ces militaires ne sont pas moins tenus de rendre
compte de ces faits, lorsqu'ils se produisent, par des rapports et non par des
procès-verbaux. (Circ. du 1er octobre 1859.) Voir art. 652 du présent décret.

Voir le *Dictionnaire* Amade-Corsin aux mots « Zone » et « Chemin de
fer ».

Art. 316. Elle dresse des procès-verbaux contre ceux qui commettent des contraventions de petite voirie dans les rues, places,
quais et promenades publiques, hors du passage des grandes routes et de leur prolongement, sur les chemins vicinaux, ainsi que
les canaux ou ruisseaux flottables appartenant aux communes.

Art. 317. Elle dresse des procès-verbaux contre les propriétaires de
voitures et les entrepreneurs de messageries publiques qui sont en
contravention aux lois et règlements d'administration sur la police
du roulage.

Art. 318. Elle contraint les voituriers, charretiers et tous conducteurs de voiture de se tenir à côté de leurs chevaux pour les diriger ; en cas de résistance, elle arrête ceux qui obstruent les passages et les conduit devant le maire ou l'adjoint du lieu. Elle constate les contraventions par procès-verbal.

Art. 319. Elle arrête tous individus qui, par imprudence, par négligence, par la rapidité de leurs chevaux, ou de toute autre manière,
ont blessé quelqu'un ou commis quelques dégâts sur les routes,
dans les rues ou voies publiques.

Art. 320. Elle dresse procès-verbal contre ceux qui exercent publiquement et abusivement de mauvais traitements envers les animaux domestiques.

Elle transmet ce procès-verbal au maire ou au commissaire de
police chargé de la poursuite, et elle doit avoir soin d'indiquer s'il
y a récidive, parce que, dans ce cas, la peine de la prison est toujours appliquée.

Le fait de tasser des veaux dans une charrette, de les lier par les pattes
et de les suspendre la tête en bas, constitue une contravention à la loi du
2 juillet 1850. (Cassation du 13 août 1858.) Voir la circulaire du 9 septembre 1859 et le *Recueil de jurisprudence* au mot « Animaux ».

Art. 321. Elle veille à ce que les conducteurs d'animaux féroces
suivent les grands chemins, sans jamais s'en écarter ; elle leur
défend d'aller dans les bourgs et hameaux, d'entrer dans les bois
et de se trouver sur les routes avant le lever ou après le coucher
du soleil ; elle évite que tout danger puisse exister pour la sécurité publique.

En cas de désobéissance, elle les conduit devant le maire de la
commune la plus voisine.

Art. 322. La gendarmerie est chargée de protéger l'agriculture et de saisir tous individus commettant des dégâts dans les champs et les bois, dégradant la clôture des murs, haies ou fossés, lors même que ces délits ne seraient pas accompagnés de vols ; de saisir pareillement tous ceux qui sont surpris commettant des larcins de fruits ou d'autres productions d'un terrain cultivé.

Art. 323. Elle fait enlever, pour les remettre à l'autorité locale, les coutres de charrue, pinces, barres, barreaux, instruments aratoires, échelles ou autres objets dont peuvent abuser les malfaiteurs, et qui ont été laissés dans les rues, chemins, places, lieux publics, ou sont dans les champs ; elle dénonce ceux à qui ils appartiennent, afin qu'ils soient poursuivis par les autorités compétentes.

Art. 324. Il est expressément ordonné à la gendarmerie, dans ses tournées, courses ou patrouilles, de porter la plus grande attention sur ce qui peut être nuisible à la salubrité, afin de prévenir, autant que possible, les ravages de maladies contagieuses ; elle est tenue, à cet effet, de surveiller l'exécution des mesures de police prescrites par les règlements et de dresser procès-verbal des contraventions pour que les poursuites soient exercées par qui de droit contre les délinquants.

Art. 325. Lorsqu'elle trouve des animaux morts sur les chemins ou dans les champs, elle en prévient les autorités locales et les requiert de les faire enfouir ; elle se porte, au besoin, de nouveau sur les lieux pour s'assurer que les ordres donnés à cet égard par les autorités ont été exécutés ; en cas de refus ou de négligence, les chefs de la gendarmerie, sur le rapport du commandant de brigade, en informent les préfets ou sous-préfets, afin qu'il soit pris des mesures à cet égard.

Art. 326. Les mêmes précautions sont prises par la gendarmerie dans les cantons où des épizooties se sont manifestées ; elle veille, de plus, à ce que les animaux atteints et morts de cette maladie, ainsi que les chevaux morveux qui ont été abattus, soient enfouis avec leur cuir, pour prévenir et arrêter les effets des maladies contagieuses.

Pour les épizooties, voir la loi du 21 juillet 1881 et le décret du 22 juin 1882, portant réglementation sur la police sanitaire des animaux. Les chefs de brigade devront se reporter, en outre, aux arrêtés préfectoraux organisant ce service dans les départements.

L'autorité militaire doit donner avis à l'administration préfectorale des épizooties qui se déclarent parmi les chevaux appartenant à l'armée. (Circ. minist. du 18 novembre 1886.)

Art. 327. Elle dénonce à l'autorité locale tous ceux qui, dans les temps prescrits, ont négligé d'écheniller, ainsi que ceux qui sont en contravention aux règlements de police rurale donnés par les préfets, sous-préfets et maires des communes dont ils ont la surveillance.

Art. 328. La gendarmerie dresse procès-verbal contre tous individus trouvés en contravention aux lois et règlements sur la chasse ; elle saisit les filets, engins et autres instruments de chasse prohibés par la loi, ainsi que les armes abandonnées par les délinquants, et réprime la mise en vente, la vente, l'achat, le transport et le colportage du gibier pendant le temps où la chasse est interdite.

Une circulaire du 27 février 1860 recommande à la gendarmerie, dans l'intérêt de la considération de l'arme, de ne pas faire sa principale occupation de la recherche des délits de chasse, et d'apporter le même zèle pour la constatation des autres délits non rémunérés.

Les sous-préfets délivrent des permis de chasse. (Décret du 13 avril 1861.) Voir la loi sur la police de la chasse, édition Henri Charles-Lavauzelle, annotée par M. Bertrand, procureur de la République.

La gendarmerie doit recevoir communication des listes des permis de chasse délivrés. (Circ. du Ministre de l'intérieur du 5 août 1887.)

Art. 329. Il lui est expressément défendu de désarmer un chasseur ; elle doit lui déclarer saisie de son arme, dont elle précise le signalement, en l'en constituant dépositaire pour la représenter en justice ; mais elle doit arrêter ceux qui font résistance, lui adressent des menaces, qui refusent de se faire connaître lorsque l'exhibition de leurs papiers leur est demandée, ceux qui donnent de faux noms, et enfin tous ceux qui sont masqués ou qui chassent pendant la nuit.

L'article 25 de la loi du 3 mai 1844 sur la police de la chasse ne fait pas mention de l'arrestation des individus qui chassent la nuit.

Art. 330. Elle seconde les agents des eaux et forêts dans la poursuite et la répression des délits forestiers et de pêche.

Voir la loi sur la police de la pêche. Edition Henri Charles-Lavauzelle.

Les gendarmes ont le droit de constater les délits de pêche entre les limites de l'inscription maritime et les points où cesse la salure des eaux. (Décret du 27 novembre 1859.)

Art. 331. La gendarmerie doit toujours se tenir à portée des grands rassemblements d'hommes, tels que foires, marchés, fêtes et cérémonies publiques, pour y maintenir le bon ordre et la tranquillité ; et, sur le soir, faire des patrouilles sur les routes et chemins qui y aboutissent, pour protéger le retour des particuliers et marchands.

Voir article 333 du présent décret.

Art. 332. Elle saisit ceux qui tiennent dans ces rassemblements des jeux de hasard et autres jeux défendus par les lois et règlements de police.

Art. 333. Elle surveille les mendiants, vagabonds et gens sans aveu parcourant les communes et les campagnes.

Elle arrête ceux qui ne sont pas connus de l'autorité locale et qui ne sont porteurs d'aucun papier constatant leur identité, mais surtout les mendiants valides, qui peuvent être saisis et conduits devant l'officier de police judiciaire, pour être statué à leur égard conformément aux lois sur la répression de la mendicité :

1° Lorsqu'ils mendient avec violences ou menaces ;

2° Lorsqu'ils mendient avec armes ;

3° Lorsqu'ils mendient nuitamment ou s'introduisent dans les maisons ;

4° Lorsqu'ils mendient plusieurs ensemble ;

5° Lorsqu'ils mendient avec de faux certificats ou faux passeports ou infirmités supposées, ou déguisement ;

6° Lorsqu'ils mendient après avoir été repris de justice ;

7° Et enfin lorsque d'habitude ils mendient hors du canton de leur domicile.

Art. 334. Lorsqu'on présume que, par suite d'une grande affluence à des assemblées publiques, l'ordre peut être menacé, le commandant de l'arrondissement, après s'être concerté avec le sous-préfet, ou sur sa réquisition, peut réunir et envoyer sur le lieu plusieurs brigades ; il les commande lui-même si sa présence est jugée nécessaire, et il en est toujours ainsi dans les diverses circonstances où plusieurs brigades sont réunies pour un service de ville ou de campagne.

Les brigades ne rentrent à leur résidence que lorsque leur présence n'est plus jugée nécessaire, et elles se retirent assez lentement pour observer ce qui se passe et empêcher les risques qui ont lieu fréquemment à la suite de ces assemblées.

Art. 335. En tout temps, les sous-officiers, brigadiers et gendarmes doivent faire des patrouilles et des embuscades de nuit pour protéger le commerce intérieur, en procurant la plus parfaite sécurité aux négociants, marchands, artisans, et à tous les individus que leur commerce, leur industrie et leurs affaires obligent à voyager.

Voir l'article 47 du règlement sur le service intérieur.

SECTION III.

POLICE MILITAIRE.

Art. 336. Il est spécialement prescrit à toutes les brigades de gendarmerie de rechercher avec soin et d'arrêter, partout où ils sont rencontrés, les déserteurs et insoumis signalés, ainsi que les militaires qui sont en retard de rejoindre à l'expiration de leurs congés ou permissions.

Elle arrête également les militaires de l'armée de terre et de mer qui ne sont pas porteurs de feuilles de route, de congés en bonne forme ou d'une permission d'absence signée par l'autorité compétente.

Les insoumis arrêtés dans la circonscription du bureau de recrutement auquel ils appartiennent doivent être conduits devant le commandant de ce bureau pour être transférés ensuite au chef-lieu du corps d'armée; ceux arrêtés dans une autre circonscription doivent continuer à être conduits par la gendarmerie au chef-lieu du corps d'armée dans lequel l'arrestation a eu lieu. (Circ. du 13 octobre 1879, *Mémorial*, 10ᵉ volume, p. 221.)

Voir la circulaire du 2 janvier 1880 et l'article 180 du règlement du 10 juillet 1889 et les notes ministérielles des 17 juillet 1890 et 22 juillet 1892.

Voir le Code de justice militaire, articles 230 et suivants, et les articles 73 et suivants de la loi du 15 juillet 1889, pour les délais accordés aux insoumis.

Voir l'article 259 de l'instruction du 28 décembre 1879, modifiée par celle du 6 février 1889, pour les insoumis de la marine.

Art. 337. Sont qualifiés insoumis, le jeune soldat, le remplaçant ou le substituant et l'engagé volontaire auxquels un ordre de route a été notifié, et qui, sans en avoir reçu l'autorisation, ne se présentent pas, au jour fixé par cet ordre, au chef-lieu du département, pour y être passés en revue ou qui, s'étant rendus à l'appel, ont abandonné en route le détachement dont ils font partie.

Les ordres de route destinés aux appelés n'ayant pas rejoint lors de la mise en route doivent être notifiés dans les dix jours suivant le 16 novembre et porter convocation pour le 1ᵉʳ décembre, jour à compter duquel commenceront à courir les délais de grâce accordés par l'article 73 de la loi du 15 juillet 1889. En cas d'absence de l'appelé à son domicile, l'ordre de route devra, conformément à la lettre même dudit article 73, être notifié au maire de la commune dans laquelle l'intéressé a été inscrit sur les tableaux de recensement. (Circ. du 7 août 1894.)

Pour ce qui concerne les délais et les conditions d'insoumission des hommes de la réserve et de l'armée territoriale, voir la note ministérielle du 12 juillet 1891.

Aux termes de l'article 44, paragraphe 2, de l'instruction du 12 octobre 1832, les insoumis doivent être rayés des contrôles de l'insoumission s'ils ont été condamnés à une peine afflictive et infamante.

Cette prescription, rationnelle alors qu'en vertu des lois organiques sur le recrutement, les hommes rentrant dans la catégorie visée ci-dessus étaient définitivement exclus de l'armée et ne devaient aucun service à l'Etat, ne saurait être considérée comme encore en vigueur sous l'empire de la loi du 15 juillet 1889, puisque l'article 4 de cette loi les met, dorénavant, à la disposition de M. le Ministre de la marine, qui détermine les services auxquels ils peuvent être affectés.

Le Président du conseil, Ministre de la guerre, d'accord avec le sénateur Ministre de la marine, a, en conséquence, décidé :

Que les insoumis et les déserteurs des armées de terre et de mer qui auraient encouru, postérieurement au 24 novembre 1889, date à laquelle la loi du 15 juillet est devenue exécutoire, une des condamnations visées aux deux premiers paragraphes de l'article 4 de ladite loi, seront maintenus sur les contrôles de l'insoumission, avec l'indication, toutefois, qu'ils sont affectés aux sections d'exclus dont l'organisation, aujourd'hui arrêtée en principe, fera prochainement l'objet d'une réglementation officielle. (Note ministérielle du 16 janvier 1892.)

Art. 338. La gendarmerie rédige procès-verbal contre tout individu qui a recélé sciemment la personne d'un déserteur ou insoumis, qui a favorisé son évasion, ou qui, par des manœuvres coupables, a empêché ou retardé son départ ; ce procès-verbal est adressé à l'autorité judiciaire.

Art. 339. Le commandant de la brigade qui a arrêté, ou à qui on a remis un individu réputé déserteur le met en route pour être conduit, de brigade en brigade, au chef-lieu du département, devant le commandant de la gendarmerie.

Art. 340. Les déserteurs dont le corps est parfaitement connu, et qui sont arrêtés dans un lieu situé plus près de leur corps que du chef-lieu du département, sont conduits directement à leur corps ; le commandant de la brigade qui en fait la remise en retire un récépissé au bas d'une expédition de son procès-verbal.

L'ordre de conduite ne doit être délivré que lorsqu'il y a certitude que l'individu appartient réellement au corps dont il s'est déclaré déserteur ; en conséquence, il est maintenu en prison si le corps se trouve stationné à plus de six journées de marche du lieu d'arrestation, jusqu'à ce qu'on ait reçu du corps, auquel le fait est immédiatement signalé, des renseignements qui confirment l'exactitude de la déclaration.

Art. 341. Si le prévenu n'a pas été arrêté par la gendarmerie, le commandant de la brigade devant lequel il a été amené rédige, sur la déclaration et en présence du capteur, ainsi qu'en présence du détenu, le procès-verbal d'arrestation ; si le capteur est dans l'intention de réclamer du préfet la gratification qui est accordée par la loi, il fait viser ce procès-verbal par le commandant de la gendarmerie du département.

Art. 342. Les signalements des militaires déclarés déserteurs sont envoyés au chef de la légion de gendarmerie dans l'arrondissement de laquelle se trouve le département où ils sont nés et où ils ont eu leur dernier domicile ; ils sont transmis au commandant de la compagnie, qui les conserve dans ses archives, et qui en adresse des copies dans toutes les brigades par l'intermédiaire des commandants d'arrondissement.

Les signalements des insoumis sont adressés aux commandants de la compagnie de gendarmerie du département auquel ils appartiennent par les soins du commandant du dépôt de recrutement.

Les déserteurs doivent être signalés au moins une fois par an par les chefs de corps, pour être recherchés par la gendarmerie, qui constate, par procès-verbal, le résultat de ses investigations. (Circ. du 11 juin 1834.)

Art. 343. Les signalements des insoumis et des déserteurs doivent toujours être conservés avec le plus grand soin et les poursuites continuées jusqu'à ce que l'arrestation soit opérée ou jusqu'à l'arrivée du signalement n° 2, qui indique l'arrestation ou la présentation volontaire.

Aux termes des instructions relatives à la mise en route des classes, un ordre d'appel individuel est adressé à tous les jeunes soldats pour les inviter à rejoindre leur corps d'affectation le jour assigné par la circulaire de répartition du contingent.

Un ordre de route est notifié au domicile, en France, de chacun de ceux qui ne se sont pas présentés.

Le modèle employé jusqu'ici pour cette notification (annexe à la circulaire du 18 août 1890) portant simplement que l'appelé est tenu de partir « immédiatement », sans mentionner, d'ailleurs, aucune date précise, il est maintes fois arrivé que l'autorité militaire, saisie de plaintes en insoumission, a déclaré ne pouvoir reconnaître, dans certains cas, si le jeune soldat avait réellement dépassé le délai de grâce accordé par l'article 73 de la loi du 15 juillet 1889; elle a, par suite, conclu soit à des refus d'informer, soit à des ordonnances de non-lieu; par ces mêmes considérations, divers conseils de guerre ont prononcé l'acquittement.

Comme d'après la loi sur le recrutement de l'armée (art. 40), l'incorporation des jeunes soldats doit être effectuée le 16 novembre au plus tard, les ordres de route destinés aux appelés n'ayant pas rejoint lors de la mise en route seront à l'avenir notifiés dans les dix jours suivant le 16 novembre et porteront convocation pour le 1er décembre, jour à compter duquel commenceront à courir les délais de grâce accordés par l'article 73 précité.

En cas d'absence de l'appelé de son domicile, l'ordre de route devra, conformément à la lettre même dudit article 73, être notifié au maire de la commune dans laquelle l'intéressé a été inscrit sur les tableaux de recensement.

Pour ceux des jeunes soldats signalés comme résidant à l'étranger, un duplicata, en tous points conforme au primata et sur lequel seront mentionnées les indications recueillies au sujet de la résidence du destinataire, sera adressé au Ministre sans retard par les soins du commandant du bureau de recrutement; ce duplicata sera transmis par l'intermédiaire de M. le Ministre des affaires étrangères à l'intéressé, avec invitation de rentrer en France avant l'expiration des délais de grâce. (Note ministérielle du 7 août 1894.)

Art. 344. Les insoumis qui sont arrêtés sont conduits, sous l'escorte de la gendarmerie, à la prison militaire du lieu où siège un des conseils de guerre de la division dans laquelle l'arrestation a été opérée et mis à la disposition du général commandant la division.

Ceux qui se présentent volontairement peuvent être dirigés librement, avec une feuille de route, sur le chef-lieu de la division dans laquelle ils se trouvent, après qu'il a été dressé procès-verbal de cet acte de soumission, et que le général de division auquel il a été transmis a donné son approbation.

Les sous-préfets, sous-intendants militaires, commandants ou capitaines de recrutement, les officiers de gendarmerie de tous grades, peuvent être délégués par le général de division ou de brigade pour recevoir les déclarations de soumission et faire délivrer des feuilles de route pour le chef-lieu de la division.

La gendarmerie doit exercer une surveillance active sur les

jeunes soldats qui sont ainsi dirigés, afin de les forcer de suivre l'itinéraire prescrit.

Voir les annotations de l'article 336 du présent décret.

Art. 345. Les brigades vérifient avec le plus grand soin les passeports des voyageurs qui, par leur âge, paraissent appartenir aux classes appelées.

Elles se concertent avec les maires, qui sont obligés de leur communiquer tous les renseignements et indices qu'ils ont recueillis sur le lieu présumé de la retraite des insoumis.

Art. 346. Dès qu'un commandant de la gendarmerie d'un département a appris qu'un insoumis est réfugié dans un autre département, il en prévient sur-le-champ le commandant de la gendarmerie de ce département, et lui transmet le signalement de cet insoumis.

Art. 347. Les gendarmes qui commettent, contre un déserteur ou insoumis, des violences criminelles sont justiciables des conseils de guerre pour le fait de ces violences.

Art. 348. La gendarmerie est chargée de faire rejoindre les sous-officiers et soldats absents de leurs corps, à l'expiration de leurs congés ou permissions. A cet effet, les militaires porteurs de ces congés sont tenus de les faire viser par le sous-officier ou brigadier de gendarmerie qui a la surveillance de leur commune. Le commandant de brigade en fait inscription sur le registre à ce destiné, et rend compte au commandant de l'arrondissement, en indiquant l'époque à laquelle ces congés doivent expirer.

Les militaires allant en congé, en permission dépassant quatre jours, ou rentrant dans leurs foyers, doivent faire viser leur feuille de route par le commandant d'armes dans les villes de garnison, ou, à son défaut, par la gendarmerie, à leur arrivée à destination. (Décret du 1er mars 1890.)

Voir aussi la note ministérielle du 26 mai 1891, qui prescrit que les militaires en permission dans le département de la Seine, demeurant hors Paris et porteurs d'une permission ne dépassant pas huit jours, font viser leur titre par le commandant d'armes ou le commandant de la brigade de gendarmerie de leur résidence.

Les hommes qui rentrent dans leurs foyers à un titre quelconque et ceux qui sont libérés du service actif sont tenus, dès leur arrivée à destination, de présenter leur feuille de route à la gendarmerie, qui y appose un visa. (Décis. présid. du 10 janvier 1879.)

Art. 349. Avant l'expiration de leurs congés, il fait prévenir ces militaires qu'ils doivent rejoindre, et s'assure qu'ils se mettent en route de manière à arriver à leurs corps dans le délai prescrit par leur feuille de route.

Les militaires en congé ou permission sont inscrits sur les carnets de tournées de communes n° 13.

Ceux qui jouissent d'un congé de convalescence peuvent être rappelés en cas d'inconduite. (Note minist. du 2 juin 1891.)

Art. 350. Les officiers, sous-officiers et brigadiers de gendarmerie dans les communes où il n'existe aucun hôpital civil ou militaire, se rendent, sur l'ordre du général commandant la subdivision, au domicile des militaires en congé, autres que ceux de la gendarmerie, qui, par suite de maladie, ont besoin d'une prolongation à titre de convalescence, afin de constater qu'ils ne sont pas transportables à l'hôpital le plus voisin.

Il est du devoir de la gendarmerie de faire connaître aux intéressés que c'est au général commandant la subdivision qu'ils doivent s'adresser tout d'abord, en joignant à leur demande un certificat de médecin et une attestation du maire de la commune établissant l'impossibilité de leur déplacement.

Les officiers de gendarmerie ne sont déplacés que lorsqu'il s'agit de constater la position des officiers.

Un certificat du médecin ou une attestation du maire doit être joint à la demande. (Art. 36 du décret du 1er mars 1890.)

Art. 351. Les officiers de gendarmerie assistent, dans les communes de leur circonscription où il n'existe pas d'hôpital militaire, à la contre-visite des militaires pour lesquels les médecins des hôpitaux civils demandent des congés ou des prolongations de congé à titre de convalescence, et ils visent les certificats de contre-visite.

Voir l'article 36 du décret du 1er mars 1890 et l'instruction du 28 mars 1890.

Art. 352. La gendarmerie doit se porter en arrière et sur les flancs de tout corps de troupe en marche ; elle arrête les traînards, ainsi que ceux qui s'écartent de leur route, et les remet au commandant du corps, ainsi que ceux qui commettent des désordres soit dans les marches, soit dans les lieux de gîte ou de séjour.

Voir la circulaire du 29 septembre 1888 à la suite de l'article 354.
La note ministérielle du 30 avril 1886 contient les dispositions à appliquer à l'égard des militaires en route isolément qui ont dissipé leur indemnité de route.

Art. 353. Elle veille à ce que les officiers, sous-officiers et soldats, voyageant en troupe ou isolément, ne surchargent pas les voitures qui leur sont données pour leur transport et celui des bagages, qu'ils n'excèdent ni ne surmènent les chevaux, qu'ils ne maltraitent pas les conducteurs, qu'ils ne menacent ni n'injurient les fonctionnaires publics, non plus que les préposés au service, qu'ils ne s'emparent, pour les ajouter aux voitures ou pour tout autre usage, d'aucun cheval travaillant dans la campagne ou passant sur la route.

Elle doit prévenir ces désordres et en signaler les auteurs aux commandants des corps ou détachements, qui sont chargés, sous leur responsabilité, de réprimer tous les excès et abus qui ont été commis.

Procès-verbal de ces faits doit être adressé immédiatement, par la voie hiérarchique, au commandant de la compagnie.

Voir la circulaire du 29 septembre 1888 à la suite de l'article 354.

L'officier chargé de précéder un régiment en route est autorisé à se faire assister pour la reconnaissance des denrées fourragères, dans les gites où il existe des brigades de gendarmerie, par un sous-officier ou brigadier de ce corps. (Circ. minist. du 15 juillet 1856.)

Art. 354. Les officiers ou commandants de brigade ne peuvent recevoir des chefs de corps ou de détachements, en marche ou en garnison, aucun militaire pour être conduit sous l'escorte de la gendarmerie sans un ordre écrit du général commandant la division ou la subdivision militaire.

Une circulaire du 8 février 1860 dispose que le commandant d'une troupe en marche pourra, dans des cas graves et sous sa responsabilité, adresser directement à la gendarmerie la réquisition écrite et motivée de recevoir un prévenu appartenant à cette troupe ; il en rendra compte sur-le-champ au général commandant le territoire en lui adressant copie de sa réquisition. (*Mémorial*, 6e vol., p. 502.)

Aux termes des articles 352 et 354 du décret du 1er mars 1854, la gendarmerie a une surveillance à exercer sur les corps de troupe en marche, et le commandant d'un détachement peut lui adresser directement des réquisitions dans les cas graves. (Circ. du 8 février 1860.)

D'un autre côté, le service intérieur des corps de troupe lui fait une obligation de diriger sur les hôpitaux les hommes malades qui lui sont remis et de recevoir, s'il n'y a pas de corps de troupe dans la localité, les chevaux éclopés.

Elle peut aussi se rendre utile en fournissant tous les renseignements qui lui sont demandés par les commandants de détachements.

Pour remplir ces différentes missions, il importe que le chef de brigade, dans une localité traversée par les troupes, ou, s'il est absent, le gendarme de planton, se présente au chef des colonnes et se mette à sa disposition. La gendarmerie témoignera, d'ailleurs, par cette démarche, même quand elle sera sans objet, de son bon esprit militaire et de la solidarité qui la rattache aux corps de l'armée. (Circ. minist. du 29 septembre 1888.)

Art. 355. Les sous-officiers, brigadiers et gendarmes se font présenter les feuilles de route des militaires marchant sans escorte ; à l'égard de ceux auxquels il est accordé des transports, ils s'assurent, par l'examen des feuilles de route et des mandats de fournitures dont les conducteurs de convoi doivent être porteurs, s'il n'a pas été donné ou reçu de l'argent en remplacement de ces fournitures.

Tout militaire auquel il a été accordé un transport en est privé s'il est rencontré faisant sa route à pied, sans être précédé ou suivi de près de la voiture ou du cheval destiné à son transport ; à cet effet, le commandant de la brigade lui retire les mandats dont il se trouve porteur et annote sur la feuille de route qu'il doit être privé du convoi.

Ces mandats sont transmis aussitôt au commandant de la compagnie et adressés par lui au sous-intendant militaire qui les lui a délivrés.

Dans le cas où un militaire ayant droit au transport ne serait porteur d'aucun coupon, il est à présumer qu'il en a fait la vente au préposé des convois; cette circonstance est mentionnée sur la feuille de route, et il en est rédigé un procès-verbal, qui est transmis par le commandant de la compagnie au sous-intendant militaire.

Voir le règlement du 27 février 1894 sur le service des convois militaires à l'intérieur.

(1) Art. 356. La gendarmerie est appelée à concourir à la surveillance des militaires appartenant à la réserve de l'armée de terre ou de mer.

Lorsqu'un militaire faisant partie de la réserve a été condamné à une peine de discipline, les mesures d'exécution sont assurées, s'il y a lieu, par les soins de la gendarmerie.

Sont compris dans la réserve : 1° les militaires de toutes armes en congé provisoire, autrement dit libérés par anticipation ; 2° les jeunes soldats non encore appelés sous les drapeaux ; 3° les substituants ou remplaçants non appelés à l'activité.

(1) Art. 357. Les commandants de compagnie reçoivent du commandant de recrutement un contrôle signalétique des hommes appartenant à la réserve, dressé par circonscription de brigade ; ils renvoient cet état, le plus promptement possible, à l'officier de recrutement avec les renseignements demandés.

(1) Art. 358. Lorsque l'arrivée d'un militaire compris dans l'état signalétique n'a pu être constatée, le commandant de la brigade en tient note, et il a soin de prévenir directement l'officier de recrutement de l'époque à laquelle chaque militaire en retard a paru dans le lieu de sa résidence.

(1) Art. 359. Les commandants de brigade tiennent chacun un état nominatif des militaires appartenant à la réserve et résidant dans les communes qui font partie de la circonscription de leur brigade ; ils informent immédiatement de toutes les mutations qui surviennent le commandant de l'arrondissement, lequel doit en prendre note.

---

(1) Les articles 356 à 365 sont modifiés par les lois et instructions sur le recrutement, sur la mobilisation et sur l'administration des hommes de tous grades de la disponibilité, de la réserve et de l'armée territoriale dans leurs foyers. (Voir *Devoirs de la gendarmerie en ce qui concerne les hommes astreints au service militaire*. En vente à la librairie Lavauzelle. Prix : broché, 0 fr. 60 ; relié toile, 1 franc.)

Le commandant de l'arrondissement informe, sans délai, l'officier de recrutement des mutations survenues parmi les jeunes soldats qui n'ont point encore été appelés à l'activité.

(1) Art. 360. Les commandants de la gendarmerie, dans les cantons, accordent aux militaires en congé provisoire de libération, les autorisations d'absence du lieu de leur résidence, pour se rendre dans une autre localité du département ou dans un autre département, si cette absence doit durer plus de quinze jours.

Dans ce cas, ils prennent note de la commune, du canton, de l'arrondissement et, s'il y a lieu, du département où le militaire se propose de résider; ils se font remettre le titre de congé en échange de l'autorisation qu'ils délivrent pour, ensuite, et sans retard, transmettre le tout au commandant de recrutement du département.

La permission demandée ne peut être refusée sans des motifs graves, dont il est rendu compte immédiatement au général commandant la subdivision militaire.

S'il s'agit d'un jeune soldat, l'autorisation d'absence lui est accordée par le maire de la commune, qui lui délivre un passeport pour être présenté par lui au commandant de la gendarmerie du canton où il arrive, qui le vise et en prend note sur le registre.

(1) Art. 361. Si le déplacement du militaire dans le même département doit durer plus de trois mois, l'autorisation d'absence ne peut être accordée que par le commandant du dépôt de recrutement.

Les permissions d'absence pour un autre département, dont la durée excède deux mois, doivent être soumises à l'approbation du général commandant la subdivision.

(1) Art. 362. Lorsqu'un changement de résidence est autorisé, la gendarmerie de l'ancienne et de la nouvelle résidence est avertie. Dès l'arrivée dans sa nouvelle résidence d'un militaire en congé provisoire, le commandant de la gendarmerie vise son congé ainsi que l'autorisation qu'il a reçue et prend note sur son registre.

(1) Art. 363. Les ordres de convocation et les congés définitifs de libération des militaires faisant partie de la réserve peuvent être transmis aux titulaires par l'intermédiaire de la gendarmerie.

(1) Art. 364. Dans l'intérêt de l'ordre public, la gendarmerie assiste toujours aux appels périodiques des militaires et jeunes soldats de la réserve qui sont faits sur les lieux par les soins des officiers attachés au dépôt de chaque département.

Ces appels ont lieu tous les six mois par commune, par canton ou par circonscription de brigade de gendarmerie, selon les localités.

---

(1) Voir la note de la page 120.

L'époque en est déterminée par un ordre spécial du Ministre de la guerre.

Le commandant de recrutement notifie l'époque où ils doivent avoir lieu au commandant de la gendarmerie du département, qui en donne connaissance à ses brigades par la voie de l'ordre, afin qu'elles concourent à en assurer l'exécution.

Un ordre de route est notifié, en France, au domicile des jeunes soldats qui, invités à rejoindre leur corps d'affectation le jour assigné par la circulaire de répartition du contingent, ne se sont pas présentés.

La notification en est faite conformément aux prescriptions de la note ministérielle du 7 août 1894. (Voir à ce sujet l'annotation de l'art. 343 du présent décret.)

(1) Art. 365. Les officiers, sous-officiers et brigadiers de gendarmerie peuvent être appelés à concourir à cette opération dans les cantons des arrondissements de leur résidence, celui du chef-lieu du département excepté.

CHAPITRE II.

DES CORRESPONDANCES ET DES TRANSFÈREMENTS DE PRISONNIERS.

SECTION PREMIÈRE.

TRANSFÈREMENT DE PRISONNIERS CIVILS.

Art. 366. L'une des fonctions habituelles et ordinaires des brigades de gendarmerie est de correspondre périodiquement entre elles à des jours et sur des points déterminés par les chefs de l'arme.

Les points de correspondance sont toujours assignés, autant que possible, à égale distance des brigades qui doivent s'y rendre et dans des lieux où les sous-officiers, brigadiers et gendarmes chargés de ce service peuvent trouver un abri momentané pour eux-mêmes et pour les individus confiés à leur garde pendant le temps nécessaire à la remise des personnes et des objets.

Les prisonniers transférés en mer par les bâtiments du commerce doivent être accompagnés des gendarmes d'escorte jusqu'au lieu de destination; mais, lorsqu'il s'agit de bâtiments de l'Etat, ces prisonniers sont remis à la garde du commandant du bord, qui est chargé de les déposer en mains sûres au lieu de débarquement. (Circ. minist. du 12 octobre 1871.)

La gendarmerie étant responsable des évasions, c'est elle qui règle le nombre d'hommes d'escorte pour le transfèrement des prisonniers. (Circ. du 19 novembre 1855). En ce qui concerne les jeunes détenus, voir la circulaire du 14 mars 1855.

---

(1) Voir la note de la page 120

Voir les annotations de l'article 332 du présent décret au sujet du transfèrement des aliénés, qui ne doit pas être demandé à la gendarmerie.

La circulaire du 29 mai 1884, qui réglemente à nouveau le service des correspondances, pose en principe que les correspondances périodiques, à dates fixes et invariables, doivent cesser d'exister et que la périodicité n'existera à l'avenir que dans la limite du temps pour lequel le service aura été réglé, d'après les circonstances locales.

Les dates, heures et lieux de réunions de brigades seront fixés par les commandants d'arrondissement de manière que le nombre des rencontrés varie, pour chaque brigade, entre trois et six par mois. Ces dates, heures et lieux de réunion seront changés, soit partiellement ou d'une manière successive, soit par des dispositions d'ensemble.

Voir les articles 53 et 117 du règlement du 10 juillet 1889.

Art. 367. Ces correspondances périodiques ont essentiellement pour objet le transfèrement des prisonniers de brigade en brigade et la remise des pièces qui les concernent.

Elles ont également pour objet, de la part des sous-officiers et gendarmes qui s'y rendent, de se communiquer réciproquement les renseignements et avis qu'ils ont pu recevoir, dans l'intervalle d'une correspondance à l'autre, sur tout ce qui intéresse la tranquillité publique ; de concerter leurs opérations relativement à la recherche des malveillants de toute espèce dont ils auront connaissance; de se remettre réciproquement les signalements des individus prévenus de crimes et délits, évadés de prison ou des bagnes, et enfin de s'éclairer mutuellement sur les moyens à prendre pour concourir à la répression de tout ce qui peut troubler l'ordre social.

A moins que le nombre, le volume ou le poids n'exigent le recours aux transports généraux de la guerre, les correspondances restent chargées de la transmission des objets de toute nature et des munitions de la gendarmerie en provenance ou à destination du chef-lieu d'arrondissement, sauf à utiliser les voitures à collier employées au transport des prisonniers voyageant sous escorte. (Art. 3 de l'instruction du 28 mai 1895 sur les transports ordinaires de la guerre.)

Art. 368. Toutes les fois qu'il s'agit de transférer des prévenus ou condamnés, de brigade en brigade, par tous moyens de transport ordinaire ou extraordinaire, les officiers de gendarmerie ont seuls le droit de donner les ordres de conduite. Dans les chefs-lieux de département, ce droit est dévolu aux commandants de compagnie; mais c'est à l'officier commandant l'arrondissement qu'il appartient de désigner et d'inscrire, en marge de ces ordres, le nom des gendarmes et le nom du sous-officier, brigadier ou gendarme qui a le commandement de l'escorte, et qui est chargé de la conduite jusqu'à la station ordinaire de la brigade. Si les prisonniers sont de différents sexes, ils doivent être transférés séparément.

Voir les annotations de l'article 366 du présent décret et l'article 53 du règlement du 10 juillet 1889.

Art. 369. Si les prévenus ou condamnés sont transférés en exécution d'un ordre de l'autorité militaire, ou en vertu d'un mandat de justice, ou par l'effet d'une réquisition émanée de l'autorité administrative, une copie certifiée de l'ordre, du mandat ou de la réquisition doit toujours être jointe à l'ordre du transfèrement, en marge duquel est inscrit le bordereau des pièces qui doivent suivre les prévenus ou les condamnés; ces pièces sont cachetées et remises au commandant de l'escorte, qui en donne son reçu sur le carnet de correspondance dans les termes suivants :

« *Reçu l'ordre et les pièces y mentionnées.* »

Les signalements des prisonniers sont inscrits à la suite de l'ordre de transfèrement.

Art. 370. Les ordres de conduite ou feuilles de route des prévenus et condamnés doivent toujours être individuels, quel qu'en soit le nombre, afin que, dans le cas où l'un deux vient à tomber malade en route, il puisse être déposé dans un hôpital sans retarder la marche des autres.

Art. 371. Dans chaque lieu de gîte, les prévenus ou condamnés sont déposés à la maison d'arrêt.

En remettant ces prévenus ou condamnés au concierge, gardien ou geôlier, le commandant de l'escorte doit faire transcrire en sa présence, sur les registres de la geôle, les ordres dont il est porteur, ainsi que l'acte de remise des prisonniers au concierge de la maison d'arrêt ou de détention, en indiquant le lieu où ils doivent être conduits.

Le tout doit être signé, tant par les gendarmes que par le geôlier; celui-ci en délivre une copie au commandant de l'escorte pour sa décharge.

Tous les détenus doivent être fouillés à leur entrée dans la prison, chaque fois qu'ils sont extraits de la prison, menés à l'instruction ou à l'audience et ramenés à la prison. Ils peuvent être également fouillés, pendant le cours de leur détention, aussi souvent que le directeur ou le gardien-chef le juge nécessaire.

Les femmes ne peuvent être fouillées que par des personnes de leur sexe. (Décret du 16 novembre 1885.)

Art. 372. Dans le cas où il n'y a pas de maisons d'arrêt ou de détention dans le lieu de résidence d'une brigade, les prévenus ou condamnés sont déposés dans une chambre de sûreté de la caserne de gendarmerie; ils y sont gardés par la gendarmerie de la résidence jusqu'au départ du lendemain ou du jour fixé pour la correspondance; mais, si les prisonniers sont de différents sexes, les femmes sont remises à la garde de l'autorité locale, qui pourvoit à leur logement.

En cas de refus du maire de pourvoir à la subsistance des prisonniers déposés dans la chambre de sûreté, la gendarmerie, après l'avoir constaté par procès-verbal, est tenue de leur fournir les ali-

ments déterminés par les règlements en vigueur, sauf rembourse-
ment par l'autorité administrative.

Généralement, les casernes de gendarmerie sont pourvues de deux chambres de sûreté : l'une pour les hommes, l'autre pour les femmes.

Les chambres de sûreté doivent être munies, conformément aux clauses
du cahier des charges, de couvertures, de paillasses, d'objets nécessaires au
balayage et au nettoyage. (Art. 34 à 49, règl. du 11 novembre 1885.)

Le blanchiment des chambres de sûreté incombe aux départements comme
toutes celles concernant l'entretien et les réparations des casernes de gendarmerie dont les chambres de sûreté font partie. (Circ. du directeur de
l'administration pénitentiaire du 27 mai 1893.)

Voir la circulaire très importante du Ministre de la guerre, en date du
7 juillet 1870, relative à la garde et à l'entretien des prisonniers conduits de
brigade en brigade, dans les localités où il n'existe pas de maison d'arrêt.

Les directeurs de prison n'ont aucun ordre, ni même aucune instruction
à donner aux commandants de brigade.

Les individus trouvés en état d'ivresse publique doivent être remis à l'autorité locale et non déposés à la chambre de sûreté. (Dép. du 3 juillet 1879.)

Art. 373. Les conduites extraordinaires ne doivent avoir lieu
qu'en vertu d'ordres ministériels, réquisitions des magistrats des
cours d'appel et sur les demandes particulières faites par les pères,
mères, tuteurs ou conseils de famille; hors les cas ci-dessus, les
conduites sont toujours faites de brigade en brigade.

Les prisonniers transférés par chemin de fer ne doivent pas être placés
dans les salles d'attente. Un endroit spécial où ils peuvent séjourner avec
l'escorte doit être désigné par le chef de gare, prévenu par la gendarmerie
deux heures à l'avance. En cas de formation d'un train dans la gare, ils mon-
tent dans le wagon qui leur est destiné. (Circ. du 15 octobre 1880.)

Voir la circulaire du 23 février 1887, relative à la translation des prévenus ou accusés et aux frais d'escorte.

Distance à parcourir : pour les prisonniers civils, le trajet maximum à
parcourir par l'escorte est de 500 kilomètres. (Circ. du Garde des sceaux
du 5 juillet 1885.)

Pour le transfèrement des militaires détenus, la distance à parcourir est
de 300 à 400 kilomètres. (Circ. du 21 septembre 1861.)

Voir les annotations de l'article 376 du présent décret.

Les militaires d'escorte doivent être dans une tenue correcte et leur
attention doit se concentrer sur leur prisonnier qui ne doit jamais être laissé
avec un seul gendarme. (Circ. du 15 décembre 1878.)

Art. 374. Lorsque la translation par voie extraordinaire est ordonnée d'office ou demandée par le prévenu ou accusé, à cause
de l'impossibilité où il se trouve de faire ou de continuer le voyage
à pied, cette impossibilité est constatée par certificat de médecin
ou de chirurgien.

A défaut de médecins et d'autorités locales, les chefs de brigade peuvent
délivrer des bons de convois s'il est reconnu que le détenu est dans l'impossibilité de marcher. (Art. 10 du cahier des charges du 17 août 1874.)

Quand le transport en voiture est jugé nécessaire, la réquisition, en l'absence de tout service médical, doit être motivée. (Circ. minist. justice, 13 février 1887.)

Les militaires de la gendarmerie requis légalement pour les conduites extraordinaires jusqu'à destination, soit dans leur département, soit hors de ce département, doivent obtempérer à ces réquisitions sans attendre les ordres de leurs supérieurs ; dans ce cas, ils rendent compte immédiatement de ce service extraordinaire, du jour de leur départ et de celui de leur retour.

Art. 375. Les prévenus ou accusés qui peuvent faire les frais de leur transport et du retour de l'escorte sont conduits directement à leur destination, en se soumettant aux mesures de précaution que prescrit le magistrat qui a autorisé la translation.

La gendarmerie reste toujours responsable des évasions. Il lui appartiendra de prendre les mesures qu'elle jugera utiles pour prévenir toutes chances d'évasion.

Cependant, elle doit veiller à ce que les moyens employés, tels que de fixer les liens qui attachent les prisonniers à une partie quelconque du véhicule, ne les exposent pas à un danger réel si quelque accident survenait à l'attelage. (Circ. du 11 juin 1835.)

Dans les conduites ordinaires, les gendarmes d'escorte ne doivent pas prendre place à côté des prisonniers transférés en voiture, d'abord parce que la réquisition ou le bon de convoi ne s'applique qu'aux prisonniers, ensuite parce que cela ne conviendrait pas à la dignité de leur uniforme.

Le droit de prendre place à côté des détenus n'existe que pour les conduites extraordinaires en poste, par chemin de fer, ou lorsqu'un détenu paye les frais du transport.

Art. 376. Les conduites qui ont lieu jusqu'à destination, en vertu d'un ordre ministériel, donnent droit, si les gendarmes sortent de leur département, à une indemnité fixée par les règlements d'administration.

Voir :

La circulaire du 9 décembre 1884 sur le service des frais de route ;

La note ministérielle du 12 décembre 1884, relative aux escortes extraordinaires de prisonniers et à l'allocation des indemnités dues pour ce service aux militaires de la gendarmerie ; une dépêche du Garde des sceaux, approuvée le 14 janvier 1885 par le Ministre de la guerre, au sujet des transfèrements extraordinaires opérés par plusieurs brigades avant d'arriver à destination ;

Une note ministérielle du 30 janvier 1885, relative au mode de décompte des indemnités acquises aux militaires de la gendarmerie appelés en témoignage devant les tribunaux civils.

Art. 377. Le commandant de l'escorte qui a effectué le dépôt des prisonniers confiés à sa garde remet l'ordre de transfèrement et les pièces au commandant de la brigade qui doit le relever. Celui-ci est tenu d'inscrire, sur le registre à ce destiné, les noms des prisonniers, le nombre des pièces qui lui ont été remises et le lieu où ils doivent être conduits ; il devient dès lors responsable du transfèrement.

L'inscription ci-dessus prescrite est toujours faite en présence du commandant de l'escorte qui a amené les prisonniers ; il signe sur le registre avec le commandant de la brigade.

Si, à défaut de maison d'arrêt ou de détention, les prévenus ou condamnés ont été déposés dans la chambre de sûreté d'une brigade, le commandant de l'escorte qui a effectué ce dépôt s'en fait donner un reçu sur la feuille de service dont il est porteur, ainsi que sur le carnet de correspondance.

Art. 378. Les mêmes dispositions ont lieu successivement dans toutes les brigades ; la dernière escorte, après la remise des prévenus ou condamnés à leur destination, se fait donner une décharge générale des prisonniers qu'elle a conduits et de toutes les pièces qui lui ont été confiées. À son retour à la résidence, le commandant de la dernière escorte fait mention de cette décharge sur son registre et la joint aux autres pièces qui concernent le service de la brigade, afin de pouvoir la présenter au besoin.

Art. 379. Lorsque les transports des prévenus ou condamnés se font par la correspondance des brigades, le commandant de l'escorte qui a été chargé de la conduite jusqu'au point de la réunion, après avoir fait vérifier par le commandant de la nouvelle escorte l'identité des individus confiés à sa garde et lui avoir remis toutes les pièces mentionnées dans l'ordre de transfèrement, se fait donner un reçu de tout sur la feuille de service et sur le carnet de correspondance.

Si le nombre des prisonniers amenés à la correspondance, ou si des circonstances particulières exigent un supplément de force, le commandant qui doit continuer l'escorte peut requérir, parmi les gendarmes présents, le nombre d'hommes nécessaires à la sûreté des prisonniers.

Art. 380. Les gendarmes chargés d'une conduite, soit qu'elle ait lieu par la correspondance, ou qu'elle soit continuée jusqu'à la station de la première brigade, doivent rentrer le même jour à la résidence, à moins d'empêchement résultant du service ou de la distance des lieux ; dans aucun cas, ils ne peuvent outrepasser la résidence de cette première brigade sans un ordre positif du commandant de la compagnie.

Art. 381. Il est expressément recommandé aux gendarmes sous l'escorte desquels marchent des prévenus ou condamnés, civils ou militaires, d'empêcher qu'ils fassent un usage immodéré de vin, cidre et autres boissons enivrantes ; ils doivent surtout leur interdire absolument l'usage des liqueurs spiritueuses. Ils peuvent aussi interdire l'emploi du tabac à fumer, lorsque cette précaution leur paraît nécessaire.

La fermeté et l'exactitude que la gendarmerie met à l'exécution de cet ordre préviennent le retour de circonstances fâcheuses et ôtent aux prévenus l'occasion de nouvelles fautes, qui ne peuvent qu'aggraver leur position.

Ces dispositions sont mentionnées sur les ordres de conduite.

Art. 382. La mendicité étant un délit prévu par le Code pénal, et qui doit être réprimé partout où il se produit, la gendarmerie s'oppose, par tous les moyens en son pouvoir, à ce que les individus, civils ou militaires, confiés à sa garde sollicitent ou reçoivent des secours de la charité publique.

Les chefs d'escorte sont personnellement responsables des infractions qui peuvent être commises.

Art. 383. Les sous-officiers, brigadiers et gendarmes employés au service de conduite ou de correspondance qui ne ramènent pas de prisonniers ne reviennent pas par la même route ; il leur est enjoint de se porter dans l'intérieur des terres, de visiter les hameaux, de fouiller les bois et les lieux suspects, et de prendre dans les fermes et maisons isolées toutes les informations qui peuvent leur être utiles.

Voir l'article 118 du règlement du 10 juillet 1889.

Art. 384. Les sous-officiers et gendarmes montés qui sont chargés de conduire des prévenus ou condamnés marchent toujours à cheval, dans une bonne tenue militaire et complètement armés ; les sous-officiers, brigadiers et gendarmes à pied sont pareillement armés et équipés complètement. Dans le cas où les prisonniers doivent être conduits en poste, en vertu d'ordres supérieurs, l'escorte prend place dans les voitures avec les prisonniers.

Voir les annotations de l'article 375 du présent décret.

Art. 385. Les prévenus ou condamnés sont généralement conduits à pied de brigade en brigade ou par les voies de fer ; néanmoins, ils peuvent, si des circonstances extraordinaires l'exigent, être transférés, soit en voiture, soit à cheval, sur les réquisitions motivées des officiers de justice.

Quel que soit le nombre des prisonniers, ils sont placés dans un compartiment de 2ᵉ classe, jusqu'à concurrence de dix, y compris l'escorte, et complètement séparés du public. (Instr. du 5 mai 1865.)

Voir l'article 374 du présent décret.

Art. 386. Avant d'extraire des prisons les individus dont le transfèrement est ordonné de brigade en brigade, les sous-officiers, brigadiers et gendarmes s'assurent de leur identité et vérifient s'ils n'ont pas sur eux des objets tranchants ou quelque instrument qui puisse servir à leur évasion. Ces militaires exigent des prisonniers le dépôt de l'argent ou des valeurs qu'ils possèdent. Il en est fait mention sur les feuilles de route, et ces objets sont restitués par la gendarmerie à l'arrivée à destination.

La circulaire du 25 septembre 1866 rappelle à la stricte exécution des articles 275 et 386, et prescrit de ne pas négliger de fouiller les individus arrêtés ou détenus, afin de s'assurer qu'ils n'ont rien sur eux pouvant favoriser leur évasion. (Circ. du 25 septembre 1866.)

Se reporter à l'article 371 du présent décret.

Art. 387. Pendant le trajet, les gendarmes ne doivent pas perdre de vue un seul des mouvements des prisonniers; ils doivent observer s'ils ne tentent pas de s'évader par ruse ; ils les surveillent de très près, surtout dans les passages qui peuvent favoriser leur évasion, tels que bois, ravins, fossés, rivières, chemins encaissés, montagnes ou autres lieux accidentés dont le site rendrait la poursuite difficile, et lorsqu'il y a affluence de monde sur la route qu'ils ont à parcourir.

Art. 388. Si un prisonnier tombe malade ou arrive malade dans une résidence de brigade où il n'y a ni prison ni hôpital, il reste déposé dans la chambre de sûreté de la caserne ; les secours nécessaires lui sont administrés par les soins du maire ou de l'adjoint, mais jusqu'au moment seulement où il peut être transféré sans danger dans la maison de détention ou dans l'hôpital le plus à proximité.

Art. 389. Si le prisonnier meurt entre les mains des gendarmes de l'escorte, ou à la chambre de sûreté, ils doivent en prévenir immédiatement le maire de la commune dans laquelle ce prisonnier est décédé, et l'inviter à faire procéder à son inhumation, après les délais voulus par la loi ; ils signent l'acte de décès, dont ils se font délivrer une copie, et la joignent au procès-verbal qu'ils dressent pour constater cet événement ; ils y joignent également l'ordre de conduite et les pièces concernant le prisonnier ; ils font l'envoi du tout au commandant de l'arrondissement, lequel se conforme à ce qui est prescrit ci-après pour les prisonniers morts dans les hôpitaux civils ou militaires.

Art. 390. Lorsqu'un prévenu ou condamné conduit à pied par la gendarmerie tombe malade en route, le maire ou l'adjoint du lieu le plus voisin, sur la réquisition des sous-officiers, brigadiers ou gendarmes chargés de la conduite, est tenu de pourvoir aux moyens de transport jusqu'à la résidence de la brigade, la maison de détention ou l'hôpital le plus à proximité dans la direction de la conduite du prisonnier. Si c'est une maison de détention, le prisonnier y est placé à l'infirmerie et remis à la garde du concierge, qui en donne reçu ; si c'est un hôpital civil, il y est soigné dans un lieu sûr, sous la surveillance des autorités locales.

Dans ce cas, les papiers, objets et pièces de conviction, s'il y en a, restent entre les mains du commandant de la gendarmerie du canton ; et, après le rétablissement de ce prisonnier, ils sont joints à l'ordre de conduite, avec un certificat constatant l'entrée et la sortie de l'hôpital, ou les motifs du séjour prolongé, soit dans la maison de détention, soit dans la chambre de sûreté de la caserne.

Les commandants de brigade doivent veiller à ce que les prisonniers entrés aux hôpitaux civils n'y restent pas au delà du temps nécessaire pour leur rétablissement.

Cet article est également applicable au cas où le prévenu ou condamné refuse de marcher.

Art. 391. Si les pièces jointes à l'ordre de transfèrement concernent plusieurs individus dont l'un est resté malade en route, la conduite de ceux qui sont en état de marcher n'est pas interrompue, et les pièces ne sont pas retenues : il est fait mention, sur l'ordre de transfèrement qui suit les autres prisonniers, des causes qui ont fait suspendre la translation de l'un ou de quelques-uns d'entre eux.

Art. 392. En cas d'évasion d'un prévenu ou condamné déposé à l'infirmerie d'une maison de détention ou soigné dans un hôpital, le commandant de la brigade de gendarmerie, au premier avis qu'il en reçoit, le fait rechercher et poursuivre ; il se rend au lieu de l'évasion pour reconnaître s'il y a eu connivence ou seulement défaut de surveillance de la part des gardiens ; il rédige le procès-verbal de ses recherches, et l'adresse sur-le-champ, avec les autres pièces qui concernent l'évadé, au commandant de l'arrondissement : celui-ci les transmet au commandant de la compagnie, qui en rend compte à l'autorité compétente.

Art. 393. En cas de mort dans les hôpitaux civils d'un prévenu ou condamné, le commandant de la brigade se fait délivrer une expédition de l'acte de décès pour être réunie aux autres pièces qui peuvent concerner le décédé, et il fait l'envoi du tout, dans les vingt-quatre heures, au commandant de la gendarmerie de l'arrondissement; cet officier transmet ces pièces au commandant de la compagnie.

Art. 394. Le commandant de la compagnie, après avoir rassemblé toutes les pièces relatives au prisonnier décédé, les fait parvenir, sans délai, au Ministre de l'intérieur, si le prisonnier était condamné aux fers, à la réclusion ou à l'emprisonnement pour plus d'un an.

Si le prisonnier était simplement prévenu d'un délit de la compétence des cours d'appel ou des tribunaux de première instance, il les adresse à l'officier de police judiciaire qui a décerné le mandat d'amener, de dépôt, d'arrêt, ou qui a requis le transfèrement, et, si c'était un condamné, au procureur de la République près la cour ou le tribunal qui a prononcé la condamnation.

Il est également donné connaissance de l'évasion ou du décès d'un prisonnier à l'autorité devant laquelle il devait être conduit.

SECTION II.

TRANSFÈREMENT DES PRISONNIERS MILITAIRES.

Art. 395. Il est défendu à la gendarmerie d'escorter des prisonniers militaires marchant isolément ou en détachement s'ils ne sont pas munis de feuilles de route individuelles portant indication des fournitures qu'ils doivent recevoir en route.

En conséquence, toutes les fois que les commandants de brigade ont à faire de ces sortes d'escortes, le sous-intendant militaire, ou, à son défaut, le sous-préfet du lieu de départ, doit préalablement délivrer aux militaires des feuilles de route portant les indications ci-dessus.

Le signalement des militaires transférés doit toujours être inscrit sur la feuille de route. (Note minist. du 8 avril 1891.)

Lorsque les militaires condamnés sont transférés, l'ordre de conduite doit être accompagné d'un extrait de jugement conforme aux articles 3 et 4 du règlement du 23 juillet 1856 sur les établissements pénitentiaires.

Les militaires sortant de prison et rejoignant leur corps sont conduits sous l'escorte de la gendarmerie jusqu'à la gare de départ. (Voir, pour les mesures à prendre à ce sujet, la circulaire ministérielle du 16 juillet 1861.)

Voir les circulaires des 7 et 29 juin 1861 au sujet des militaires escortés. Le transport par chemin de fer doit être opéré toutes les fois qu'il est possible d'y avoir recours. Aucun homme n'est mis en route sans avoir été visité par un médecin et reconnu apte à supporter le voyage. (Art. 1er du règlement du 23 juillet 1856.)

Pour le transfèrement des militaires détenus, la distance maxima à parcourir par l'escorte est de 300 à 400 kilomètres. (Circ. du 27 septembre 1861.)

Les gendarmes ne doivent pas aller prendre dans les casernes les militaires à transférer. (Note minist. du 14 janvier 1885.)

La feuille de route délivrée aux gendarmes pour l'aller doit être visée pour le retour. (Circ. minist. du 27 septembre 1861.)

Pour les dispositions concernant les prisonniers militaires dirigés sur Paris, voir les circulaires des 8 juillet 1875 et 19 novembre 1878.

Voir aussi l'article 55 du règlement du 10 juillet 1889.

Les détenus militaires sont transférés en 3° classe et il ne peut être réservé, dans le même train et sur un même parcours, plus de deux compartiments de 3° classe fermés et à deux banquettes pour les détenus et leurs gardiens.

Si l'embarquement doit avoir lieu dans une gare de formation de trains de voyageurs, avis du transport est donné à cette gare vingt-quatre heures à l'avance; lorsque l'embarquement a lieu dans toute autre gare, ce délai est porté à quarante-huit heures. (Circ. des 2 février, 27 mars et 19 octobre 1893.)

Les militaires voyageant sous escorte de la gendarmerie doivent, en principe, être transportés en compartiments de 3° classe fermés, la 2° classe ne devant être employée que lorsque les deux compartiments de 3° classe réservés au transport de détenus dans le même train et sur le même parcours sont occupés.

On doit indiquer l'emploi de la 3° classe sur les bons de chemin de fer ou réquisitions en tenant lieu, sauf au commandant de l'escorte à inscrire

une mention explicative au verso du bon, dans le cas où le transport aurai
dû être effectué en 2e classe. (Note minist. du 19 octobre 1893.)

Dans un but d'économie et afin de simplifier le mode de transport pa
voies de fer des militaires envoyés sous escorte en Algérie, le Ministre
décidé, le 25 juillet 1893, qu'il serait créé, pour cet usage, des envois pério
diques circulant sur les grandes lignes et aboutissant, selon le cas, à Mar
seille et à Port-Vendres. Cette circulaire trace les itinéraires et détermine l
nombre de gendarmes d'escorte.

Les prisonniers militaires envoyés en France et embarqués sur les paque
bots ou bâtiments de commerce peuvent, en cas de nécessité absolue, êtr
escortés par des gendarmes coloniaux se rendant en France comme con
valescents ou rapatriés par suite de nouvelle affectation. (Circulaire du Mi
nistre des colonies en date du 30 avril 1895.)

Art. 396. Les mesures ordonnées pour le transfèrement des pri
sonniers civils sont les mêmes pour le transfèrement des prison
niers militaires, sauf les modifications ci-après.

Art. 397. Les militaires escortés doivent être conduits régulière
ment le même jour d'un gîte d'étape à l'autre, sans pouvoir êtr
déposés dans les communes intermédiaires.

Voir les annotations de l'article 395 ci-dessus. — Les transfèrements on
lieu par les voies ferrées.

Dans les cas où le trajet a lieu en dehors des voies ferrées et qu'il es
nécessaire de requérir un convoi, il y a lieu de se reporter au règlement d
27 février 1894 sur le service des convois militaires à l'intérieur.

Art. 398. La levée d'écrou d'un militaire détenu en vertu d'ur
jugement ou d'un ordre militaire ne peut être ordonnée que pa
l'autorité militaire.

Art. 399. Tout militaire ou individu appartenant à l'armée qui es
arrêté par une brigade de gendarmerie dont la résidence n'est pa
gîte d'étape, peut être déposé, le jour de son arrestation, dans l
maison d'arrêt de cette résidence.

Tout militaire ainsi déposé dans une commune non gîte d'étape
ne peut y rester plus de deux jours, celui de l'arrestation compris

Art. 400. Dans le cas où les militaires arrêtés sont déposés dans
la chambre de sûreté de la caserne de gendarmerie, ou dans tou
autre local à défaut de prison, les commandants de brigade, su
le refus du maire, qui est constaté par le procès-verbal, pourvoien
à la nourriture de ces prisonniers; ils sont remboursés, par l'auto
rité administrative, des avances qu'ils ont faites.

Voir la circulaire du 7 juillet 1870 et l'article 173 du décret du 4 octo
bre 1891, sur le service des places.

Art. 401. La conduite des militaires envoyés aux compagnies de
discipline doit se faire, sans interruption, de brigade en brigade,
et sans attendre les jours de correspondance.

Le corps doit les faire déposer dans la prison de la ville la veille du jour
du départ. (Note minist. du 14 janvier 1885.)

Les militaires dirigés sur les compagnies de discipline sont conduits sans fers; l'usage des menottes est interdit. Les autres instruments de sûreté ne doivent être employés qu'à l'égard : 1° des militaires signalés par les corps comme étant particulièrement dangereux ; 2° de ceux dont l'attitude en route serait de nature à causer du scandale ; 3° de ceux qui chercheraient à s'évader. (Instr. du 9 juillet 1890.)

Art. 402. Les condamnés militaires font route à pied, à moins que, d'après un certificat des officiers de santé, ils ne soient reconnus hors d'état de marcher; alors, il leur est fourni des voitures par les entrepreneurs des convois militaires, sur le pied fixé pour les militaires isolés.

La maladie est constatée par le certificat d'un médecin militaire, ou, à défaut, d'un médecin civil désigné par le maire ; cependant, en cas d'urgence, le commandant de l'escorte est autorisé à passer outre à cette formalité en signant d'office le certificat de visite. Il n'est alloué de voiture suspendue que si la gravité de la maladie l'exige ; cette nécessité doit être mentionnée au certificat. (Art. 9 du règlement du 27 février 1894 sur le service des convois militaires à l'intérieur.)

Les instructions ministérielles prescrivent de faire voyager les militaires par les voies ferrées, de préférence, toutes les fois que cela est possible.

Voir les annotations de l'article 395 du présent décret.

Art. 403. Si un prévenu ou condamné militaire tombe malade en route, il est déposé et consigné à l'hôpital le plus proche, sous la surveillance spéciale de la gendarmerie et des autorités locales.

Art. 404. Lorsque des prisonniers militaires sont entrés aux hôpitaux, la gendarmerie, à défaut du sous-intendant militaire, est autorisée à faire des visites dans ces établissements, afin de s'assurer si leur séjour n'y est pas abusif et prolongé sans motif.

Voir le règlement sur le service de santé.

Art. 405. Les billets d'entrée aux hôpitaux des militaires isolés reconnus malades par les officiers de santé qui les ont visités, ainsi que ceux des militaires, condamnés ou prévenus, conduits par la gendarmerie, sont signés par les commandants de place, et, dans les lieux où il n'y a pas de commandant de place, par le commandant de la gendarmerie de la localité.

Art. 406. Lorsqu'un militaire transféré s'évade d'un hôpital militaire, le sous-intendant qui reçoit le rapport en dresse procès-verbal et en donne immédiatement avis au commandant de la place et à celui de la gendarmerie.

Dans les lieux où il n'y a pas de résidence de sous-intendant militaire, il est suppléé par la gendarmerie, qui procède comme il vient d'être dit.

Art. 407. En cas d'évasion d'un militaire confié à la garde de la gendarmerie, son signalement, extrait de la feuille de route ou du jugement, est sur-le-champ envoyé par le chef de l'escorte aux brigades voisines.

Si l'évasion a lieu pendant la marche, le commandant de l'escorte rédige, en outre, un procès-verbal indiquant exactement les nom et prénoms du prisonnier évadé, le corps auquel il appartient, la date du jugement, la peine prononcée, le lieu et les circonstances de l'évasion.

Le procès-verbal est immédiatement transmis au commandant de la gendarmerie du département, par la voie hiérarchique.

Si, dans les cinq jours qui ont suivi l'évasion, l'arrestation n'a pas eu lieu, le commandant de la gendarmerie transmet le procès-verbal au Ministre de la guerre (bureau de la justice militaire), et lui fait connaître en même temps s'il a été fait des poursuites contre les fauteurs de l'évasion, et quel en a été le résultat.

Aussitôt après qu'un condamné évadé en route a été repris, le commandant de gendarmerie du département où l'arrestation a été effectuée en rend compte au Ministre de la guerre (bureau de la justice militaire).

Les commandants de gendarmerie rendent également compte de cet événement au général commandant la division, par l'entremise du général de brigade commandant le département.

Voir les annotations de l'article 417 du présent décret.

Art. 408. Si le militaire évadé appartient à l'armée de mer, les mêmes formalités sont remplies, et les pièces sont transmises au ministère de la marine.

Dans ce cas, les commandants de compagnie rendent compte de cet événement au préfet maritime de l'arrondissement auquel le militaire appartient et au général commandant la division dans laquelle l'évasion a eu lieu, par l'intermédiaire du général de brigade commandant le département.

Art. 409. Lorsqu'un militaire est décédé dans une maison de détention ou qu'il s'en est évadé, le commandant de la gendarmerie du canton dresse un inventaire exact de l'argent et des effets qu'il a laissés ; il indique avec soin les nom et prénoms de ce militaire, le lieu de sa naissance, son département et le corps dans lequel il servait.

L'inventaire est fait en triple expédition et signé par le concierge de la maison de détention, qui garde par devers lui une des expéditions.

Les effets et l'argent sont transportés sans délai, par la voie de la correspondance des brigades, jusqu'à l'hôpital militaire le plus voisin, et remis, avec la seconde expédition de l'inventaire, au comptable de l'hôpital, qui, après vérification, donne son reçu au bas de la troisième expédition, laquelle reste entre les mains du commandant de la brigade de l'arrondissement où l'hôpital est situé, pour servir à la décharge de ce militaire. Il est fait inscription de l'inventaire sur le registre d'ordre de la brigade.

A défaut d'hôpital militaire dans le département, les objets ci-dessus sont déposés, en suivant les mêmes formalités, dans les mains des administrateurs de l'hôpital civil le plus voisin, pourvu, toutefois, que cet établissement soit du nombre de ceux qui reçoivent des militaires malades.

Aux termes de la circulaire du 4 mai 1866, le Ministre de la guerre doit être informé de tout décès survenu hors des hôpitaux, que le militaire soit mort à son corps, à sa résidence ou en congé, et l'acte du décès doit lui parvenir par l'intermédiaire des généraux, avec les rapports relatifs aux morts par circonstances exceptionnelles.

Les effets et objets dont les détenteurs décèdent à l'hôpital du lieu ou s'en évadent sont compris dans un état dressé par l'officier comptable ou l'économe de l'établissement et réintégrés, suivant leur nature, soit au magasin de l'unité administrative, soit au magasin du corps.

Les effets et objets laissés dans un hôpital externe et ceux provenant des hommes décédés ou maintenus définitivement dans leurs foyers sont renvoyés, aux frais de l'Etat ou sans frais si c'est possible, au corps d'origine, sur l'ordre qui en est donné au comptable ou à la gendarmerie par le sous-intendant militaire.

S'il ne s'agit que d'effets d'habillement et si leur valeur ne dépasse pas le prix du transport, le sous-intendant militaire en prescrit le versement, à titre gratuit, dans les magasins d'un corps ou établissement voisin et prévient le corps d'origine.

Quelle que soit leur valeur, les effets d'habillement des militaires décédés dans leurs foyers par suite de maladies contagieuses ou épidémiques sont incinérés sur place par les soins de la gendarmerie, qui dresse un procès-verbal et en envoie une copie au corps par l'intermédiaire du sous-intendant militaire. (Art. 170 du décret du 14 janvier 1889 sur la comptabilité des corps de troupe et art. 63 du règlement du 16 novembre 1887 sur le service de l'habillement.)

Formalités à remplir par le commandant de brigade pour un militaire de l'armée active décédé dans ses foyers :

Etablir quatre procès-verbaux constatant le décès, deux actes de décès et trois inventaires des effets.

Ces pièces reçoivent les destinations ci-après :

1º Au chef de corps : un procès-verbal et une copie de l'acte de décès ;

2º Au sous-intendant militaire : un procès-verbal avec l'inventaire des effets ;

3º Au général de la subdivision : un procès-verbal avec copie de l'acte de décès et les pièces militaires :

4º Au commandant d'arrondissement : un procès-verbal.

La gendarmerie doit rendre compte du décès des officiers et des adjudants retraités pourvus d'emploi dans la réserve de l'armée active ou dans l'armée territoriale. (Circ. minist. du 14 février 1879 et du 20 juillet 1882.)

Les maires signalent de même à la gendarmerie ou au général commandant la subdivision ceux de leurs administrés décorés de la Légion d'honneur ou médaillés qui viennent à décéder. (Circ. minist. du 9 janvier 1873.)

Deux fois par an, à des époques indéterminées et à l'occasion des tournées habituelles, la gendarmerie vérifie dans les mairies des communes externes, à l'aide des registres de l'état civil et du registre à souche spécial, si les décès des hommes qui ne sont pas entièrement dégagés des obligations imposées par la loi sur le recrutement ont été notifiés, et signale les irrégularités au préfet. (Note minist. du 5 juin 1889, modifiant l'article 25 de l'instr. du 28 décembre 1879.)

Art. 410. Si le concierge de la maison de détention déclare que le militaire mort ou évadé n'a laissé ni effets ni argent, le commandant de la gendarmerie dresse procès-verbal de cette déclaration, qu'il fait signer au concierge, et il en inscrit le contenu sur le registre d'écrou. Ce procès-verbal est pareillement transmis au commandant de la compagnie.

Art. 411. Le concierge de la prison ou le comptable de l'hôpital où le condamné est déposé s'assure de même, avant de le recevoir, si le condamné est porteur de tous les effets mentionnés sur la feuille de route ; il en est ainsi responsable pendant tout le temps que le condamné séjourne tant à l'hôpital qu'à la prison.

Art. 412. Si le militaire est décédé entre les mains de la gendarmerie lorsqu'il marche sous escorte, il y a lieu de remplir les mêmes formalités que dans le cas de décès dans une maison de détention. Mais le procès-verbal n'est dressé qu'en deux expéditions signées par l'autorité locale.

Cet inventaire est toujours indépendant du procès-verbal qui doit constater cet événement, et qui doit être envoyé au commandant de la compagnie avec toutes les pièces concernant le militaire décédé.

Art. 413. Il est expressément défendu à la gendarmerie de faire la conduite des militaires condamnés à la peine des travaux publics avant d'avoir reçu une expédition individuelle et certifiée des jugements, et de s'être assuré si les condamnés sont pourvus de tous les effets d'habillement et de petit équipement prescrits par les règlements et dont le détail doit être inscrit sur la feuille de route de chaque homme.

La gendarmerie veille avec la plus grande attention à ce qu'il ne soit détérioré ni détourné aucune partie de ces effets par les condamnés pendant la route, et principalement dans les lieux de gîte. Si elle remarque qu'il leur manque quelques-uns de ces effets à la sortie des prisons, elle en dresse procès-verbal, que le concierge est tenu de signer. Ce procès-verbal est joint à l'ordre de conduite des militaires condamnés pour servir à la décharge des gendarmes.

Art. 414. Dans le cas où un condamné arrive à l'atelier sans être pourvu de la totalité des effets mentionnés sur la feuille de route, le sous-intendant constate, par un procès-verbal, l'absence de ces effets, et le Ministre de la guerre fait exercer une retenue égale à la valeur des objets manquants sur la solde des gendarmes, si ce fait provient de leur faute.

Ces dispositions sont applicables à tout militaire conduit par la gendarmerie à une destination quelconque.

SECTION III.

RESPONSABILITÉ DE LA GENDARMERIE DANS LE TRANSFÈREMENT DES PRISONNIERS.

Art. 415. Les sous-officiers et gendarmes doivent prendre toutes les mesures de précaution pour mettre les prisonniers confiés à leur garde dans l'impossibilité de s'évader ; toute rigueur inutile pour s'assurer de leur personne est expressément interdite. La loi défend à tous, et spécialement aux dépositaires de la force armée, de faire aux personnes arrêtées aucun mauvais traitement ni outrage, même d'employer contre elles aucune violence, à moins qu'il n'y ait résistance ou rebellion, auquel cas seulement ils sont autorisés à repousser par la force les voies de fait commises contre eux dans l'exercice de leurs fonctions.

Art. 416. Toutefois, les gendarmes ayant, en cas d'évasion, une responsabilité qu'il importe essentiellement de ne pas leur ôter, il y a lieu de leur laisser quelque latitude dans l'emploi des moyens qui, selon les circonstances, peuvent être indispensables pour prévenir les évasions ; il leur est recommandé de préférence l'emploi de chainettes en corde de fil de fer ou de gourmettes fermant à cadenas comme réunissant les conditions de solidité, de légèreté et de flexibilité.

Cependant, dans les cas rares, et lorsqu'il s'agit de la conduite d'un grand criminel, ou s'il y a mutinerie ou tentative d'évasion, on peut recourir aux poucettes.

Mais il est interdit de se servir de grosses chaînes ou de menottes à vis, ou colliers de chien, qui sont susceptibles de blesser les prisonniers et d'occasionner des accidents graves ; il est également formellement défendu de fixer à l'une des parties du harnachement le bout du lien qui retient un prisonnier.

Il importe d'indiquer, sur l'ordre de conduite, les tentatives d'évasion qui ont eu lieu pendant la route, et de veiller à ce que les prisonniers ne s'enivrent pas.

Art. 417. Dans le cas où il y a rébellion de la part des prisonniers et tentative violente d'évasion, le commandant de l'escorte, dont les armes doivent être toujours chargées, leur enjoint, au nom de la loi, de rentrer dans l'ordre en leur déclarant que, s'ils n'obéissent pas, ils vont y être contraints par la force des armes. Si cette injonction n'est pas écoutée et si la résistance continue, la force des armes est déployée à l'instant même pour contenir les fuyards rebelles et révoltés.

Voir les articles 297 et 638 du présent décret.
Les gendarmes n'ont pas le droit de faire feu sur un prisonnier qui prend la fuite ; c'est à eux de se conformer aux articles 387 et 415 du décret du 1er mars 1854.

1er mars 1854 et aux circulaires des 25 septembre 1866 et 14 août 1871 en prenant toutes les mesures de précaution pour mettre les prisonniers confiés à leur garde dans l'impossibilité de s'évader. Les gendarmes encourraient une punition rigoureuse s'ils cherchaient à réprimer par l'usage des armes une tentative d'évasion, alors surtout qu'elle a lieu sans rébellion et qu'elle a été provoquée par le manque de vigilance ou le laisser-aller des gendarmes d'escorte.

Voir l'arrêt de la Cour de cassation du 23 juin 1887 (*Bulletin officiel*, page 186.)

Art. 418. Si, par suite de l'emploi des armes, un ou plusieurs prisonniers transférés sont restés sur place, le commandant de l'escorte fait prévenir immédiatement le juge de paix du canton ou tout autre officier de police judiciaire, le plus à proximité, afin qu'il se rende sur les lieux.

Il dresse procès-verbal de cet événement et de toutes les circonstances dont il a été précédé, accompagné ou suivi.

Il fait prévenir également le commandant de la gendarmerie de l'arrondissement, qui doit se transporter immédiatement sur les lieux.

Art. 419. Le procès-verbal, signé de tous les gendarmes faisant partie de l'escorte, est remis à l'officier de police judiciaire; une copie est envoyée immédiatement aux chefs de l'arme, afin que les diverses autorités compétentes en soient informées.

Le chef de l'escorte doit requérir le maire de la commune, afin qu'il dresse l'acte de décès et pourvoie à l'inhumation, toutefois après en avoir reçu l'autorisation du procureur de la République.

Art. 420. La conduite n'est pas retardée, à moins qu'il n'y ait décision contraire de l'autorité civile ou judiciaire, prise à l'occasion de cet événement.

Art. 421. Compte est rendu immédiatement par le commandant de la gendarmerie de l'arrondissement aux Ministres de la guerre, de la justice, de l'intérieur et au chef de légion, indépendamment du procès-verbal transmis par lui au commandant de la compagnie.

Art. 422. Dans le cas où des prisonniers en route, sous l'escorte de la gendarmerie, viennent à s'évader, ceux qui restent sont toujours conduits à destination avec les pièces qui les concernent. Autant que possible, le chef d'escorte se met aussitôt sur les traces des individus évadés, et requiert les agents de l'autorité et les citoyens de lui prêter aide et assistance pour les rechercher et les arrêter. Il en donne partout le signalement et ne cesse la poursuite que lorsqu'il a la certitude qu'elle est sans résultat; il dresse procès-verbal et rend compte au commandant de l'arrondissement, qui prend tous les renseignements nécessaires pour savoir s'il y a eu connivence ou seulement négligence de la part des gendarmes. Cet officier ordonne de son côté les recherches et les poursuites qu'il juge convenables pour atteindre les évadés, transmet le procès-verbal au procureur de la République et informe le commandant de la compagnie. Il est rendu compte sans délai au Ministre de la guerre. Le signalement des évadés est envoyé suivant l'ordre prescrit par l'article 407.

Si tous les prisonniers sont parvenus à s'évader, les pièces sont adressées sur-le-champ avec le procès-verbal de l'évasion au commandant de l'arrondissement.

Art. 423. En cas d'évasion de détenus par suite de négligence, les gendarmes chargés de la conduite sont passibles de peines proportionnées à la nature des crimes ou délits dont sont accusés les prévenus, ou des peines auxquelles ils sont condamnés; il est donc indispensable, dans l'espèce, de rédiger les procès-verbaux avec exactitude et d'entrer dans tous les détails pour préciser la responsabilité attachée à ces évasions.

Art. 424. Le commandant de la brigade qui a fourni l'escorte des prisonniers fait mention sur sa feuille de service des évasions qui ont eu lieu et des noms des gendarmes qui étaient chargés de la conduite.

Art. 425. Tout sous-officier, brigadier ou gendarme convaincu d'avoir emprunté ou reçu, à quelque titre que ce soit, de l'argent ou des effets des prévenus ou condamnés dont le transfèrement lui a été confié est réformé, sans préjudice des peines qui peuvent être prononcées contre lui, et qui sont déterminées par les lois.

Art. 426. Les sous-officiers, brigadiers ou gendarmes sont tenus de veiller à ce que les prisonniers reçoivent exactement les subsistances qui doivent leur être fournies pendant la route.

Il préviennent les maires ou adjoints des infractions et négligences qu'ils remarqueraient sur la fourniture de la subsistance et du couchage; ils se refusent, dans ce cas, à signer et à certifier l'état relevé du registre d'écrou, qui doit être présenté tous les trois mois au commandant de la brigade.

Ils s'assurent, la veille du départ, que les prévenus ou condamnés qu'ils doivent transférer ne sont point malades et qu'ils sont munis des chaussures et vêtements nécessaires pour faire la route.

En l'absence de médecin, et même quand il est parfaitement reconnu que le détenu ne peut faire la route à pied, le maire, et même le chef de brigade, peuvent accorder les moyens de transport, pour éviter des frais de visite que réclament généralement les médecins qui ne sont pas attachés aux prisons. Dans ce cas, une attestation explicative des causes nécessitant le transport en voiture ou en chemin de fer est inscrite dans la réquisition remise au convoyeur ou au chef de gare. (Circ. du min. de la justice des 17 août 1860 et 23 février 1887.)

Voir aussi la circulaire du Ministre de la justice en date du 29 novembre 1884.

Il est interdit au gardien-chef de laisser partir tout condamné en état de maladie grave. (Art. 9 du décret du 11 novembre 1885.)

Art. 427. La même surveillance est exercée par les commandants de brigade, lorsque des militaires sont détenus dans les maisons d'arrêt ou de détention; ils s'assurent également si les concierges de ces prisons leur fournissent exactement les denrées prescrites par les règlements, si la paille est renouvelée aux époques fixées et dans les quantités voulues, et si les chambres sont munies des ustensiles nécessaires.

En cas de plaintes de la part des détenus, les commandants de brigade en vérifient l'exactitude et rendent compte à leurs chefs, par la voie hiérarchique, des abus qu'ils ont découverts.

Les commandants de compagnie donnent aussitôt connaissance de ces abus, soit au préfet, soit au commandant de place, soit au sous-intendant militaire.

Art. 428. La gendarmerie dresse également procès-verbal contre tout gardien ou geôlier qui lui refuse l'ouverture des portes des prisons, des chambres des détenus à transférer, l'exhibition des registres d'écrou militaire, et qui n'opère pas immédiatement la transcription des ordres de justice pour écrouer, mettre en liberté ou transférer des prisonniers.

SECTION IV.

TRANSFÈREMENT DES PRISONNIERS PAR LES VOITURES CELLULAIRES.

Le service est fait actuellement par des agents spéciaux du service des prisons.

Art. 429. La gendarmerie est appelée à exercer une surveillance sur le transport des condamnés par les voitures cellulaires.

Art. 430. Lors du départ de chaque voiture cellulaire, il est fourni pour le service de surveillance, sur réquisition des préfets, et d'après les ordres ou instructions du Ministre de l'intérieur, par la gendarmerie sur les lieux, un brigadier ou, au besoin, un sous-officier pour accompagner la voiture depuis le point du départ jusqu'à la destination définitive, quel que soit d'ailleurs le nombre des voyages qu'elle doit effectuer dans les maisons centrales en allant chercher les forçats pour les conduire aux bagnes.

Art. 431. Si le brigadier préposé à la conduite au moment du départ se trouve, dans le trajet, hors d'état de continuer sa route, il est pourvu immédiatement à son remplacement, au moyen d'une réquisition de l'autorité administrative, par la gendarmerie locale.

Art. 432. Les réquisitions, soit primitives, soit subsidiaires, doivent indiquer avec soin le lieu du départ de chaque voiture, ceux de passage et celui de sa destination définitive.

Les brigadiers, après avoir rempli la mission qui a été précisée dans les réquisitions, sont renvoyés immédiatement à leur résidence.

Art. 433. Les avances à faire par les compagnies auxquelles

appartiennent ces brigadiers, ainsi que le chiffre des indemnités auxquelles ils ont droit, sont fixées par le règlement d'adminis-tration.

Art. 434. Le brigadier a la police de la voiture ; il s'assure, avant le départ, si elle est en bon état, tant à l'intérieur qu'à l'extérieur; il veille à ce que les gardiens remettent au fondé de pouvoir des entrepreneurs les extraits d'arrêts ou de condamnations des indi-vidus qui lui sont livrés ; il constate leur identité en les interro-geant et en consultant leurs signalements; il défère à toutes ins-tructions écrites qui lui sont données par les préfets ou sous-préfets pour le transport des prévenus, accusés et autres person-nes ; il transmet ces instructions, avec son rapport, au Ministre de l'intérieur.

Art. 435. Tout condamné malade ou en état d'ivresse est refusé par le brigadier, qui, dans ce cas, dresse un procès-verbal pour être transmis au Ministre de l'intérieur.

Il lui est également interdit de recevoir toute femme allaitant son enfant, ou se trouvant dans un état de grossesse apparente, à moins que, dans ce dernier cas, il ne lui soit remis un certificat du médecin de la prison portant que le transfèrement peut avoir lieu sans danger.

Art. 436. Le brigadier veille à l'exécution des mesures de précau-tion et de sûreté à prendre à l'égard des condamnés, conformé-ment à l'arrêté du 12 mars 1839 pour le ferrement; il transmet au Ministre de l'intérieur les autorisations qui lui ont été délivrées à l'effet d'excepter des condamnés de la mesure du ferrement.

Art. 437. Avant le départ de la voiture et, en route, toutes les fois que le fondé de pouvoir des entrepreneurs reçoit des condamnés, le brigadier veille à ce que les effets d'habillement qui leur sont dus, suivant la saison, d'après le marché passé avec les entrepreneurs, leur soient fournis propres et en bon état.

Art. 438. Le brigadier veille également à ce que les condamnés reçoivent les aliments déterminés par le règlement dont il lui est donné copie, et à ce qu'ils soient de bonne qualité ; en cas de contestation, il en réfère au maire, qui prononce définitivement.

Art. 439. Il est expressément recommandé au brigadier d'empê-cher qu'il ne soit vendu ou donné aux condamnés, par qui que ce soit, ni eau-de-vie, ni vin, ni toute autre boisson fermentée, ni tabac, ni aucune sorte d'aliments; en cas de contravention à ces prohibitions, il en rend compte au Ministre de l'intérieur.

Art. 440. Le brigadier tient un journal à l'effet de constater, jour par jour, de quelle manière il est satisfait par l'entreprise aux prescriptions du marché passé pour la nourriture et l'habillement des condamnés ; il donne connaissance de son journal aux fondés de pouvoir des entrepreneurs, afin que ceux-ci puissent fournir leurs observations ou explications.

Le journal est envoyé par le brigadier au Ministre de l'intérieur aussitôt après l'accomplissement de sa mission.

En cas d'événements graves, il en rend compte immédiatement au Ministre.

Art. 441. Le brigadier vise et certifie à chaque article le bordereau des sommes reçues par les fondés de pouvoir des entrepreneurs, pour le compte des condamnés transférés.

Il s'assure que ces sommes sont exactement remises sur reçu au commissaire du bagne, au gardien de la prison ou à toute autre personne autorisée à recevoir l'argent des condamnés arrivés à leur destination.

Les agents de l'entreprise ne peuvent recevoir en dépôt au delà de 20 francs pour le compte de chaque condamné; les bijoux sont refusés.

Art. 442. Le brigadier, sur la demande des gardiens, prononce les punitions à infliger aux condamnés qui se rendent coupables d'infractions au règlement qui les concerne; il leur est donné lecture de ce règlement, qui, de plus, reste affiché dans chaque cellule.

Art. 443. Au besoin, le brigadier prête main-forte aux gardiens pour maintenir les condamnés dans l'obéissance, réprimer les tentatives d'évasion et repousser toute attaque du dehors.

Art. 444. Le brigadier veille : 1° à ce que les gardiens s'abstiennent de toute injure et de toute menace envers les condamnés (toute infraction à ces dispositions est consignée dans son journal); 2° à ce que les condamnés n'aient aucune communication avec le public.

Si les gardiens se servent de leurs armes contre les condamnés, il dresse procès-verbal.

Art. 445. Le brigadier constate également par procès-verbal :

1° Le cas où, pour un motif quelconque, il a été nécessaire de s'écarter de l'itinéraire tracé ;

2° Les retards de force majeure provenant de bris de voiture ou de tout autre accident qui a exigé le dépôt des condamnés entre les mains de l'autorité locale ;

3° Les cas où, à raison de la longueur du trajet, il a été jugé indispensable de s'arrêter pour faire reposer les condamnés ;

4° Les faits d'évasion ;

5° Les bris et dégradations qui peuvent être faits méchamment par les condamnés à la voiture et au mobilier de l'entreprise ;

6° Les cas où la voiture renfermant les condamnés est abandonnée par les deux gardiens à la fois.

Les procès-verbaux seront toujours communiqués au fondé de pouvoir des entrepreneurs, lequel peut en prendre copie.

Art. 446. Le brigadier certifie véritables les payements faits par l'entreprise pour chevaux de renfort extraordinaire, c'est-à-dire attelés à la voiture en sus du nombre déterminé par le livre de poste, pour droits de péage de ponts et de bacs ainsi que tous autres frais extraordinaires de locomotion.

Aucun pourboire aux postillons n'est admis comme dépense extraordinaire.

Il certifie, en même temps, qu'il y a eu nécessité d'employer des chevaux de renfort extraordinaire.

Art. 447. Le cas arrivant où il est absolument nécessaire de s'arrêter pour donner du repos aux condamnés, le brigadier choisit pour lieu de repos un chef-lieu de préfecture ou de sous-préfecture. Les condamnés sont déposés provisoirement dans la maison d'arrêt ou de justice, où il est pourvu à leur nourriture et aux frais du coucher par les soins du préposé de l'entreprise.

Avant d'en effectuer le dépôt, le brigadier donne avis de leur arrivée au maire, ainsi qu'au préfet ou au sous-préfet, afin qu'il soit pris par eux telles mesures qu'il appartient, pour leur garde, jusqu'au moment du départ.

Le repos n'est jamais de plus de six heures et a lieu pendant le jour.

Art. 448. Si, par suite d'accident survenu à la voiture sur un point éloigné de toute population agglomérée, il devient nécessaire de s'arrêter et de mettre à pied les condamnés, le brigadier donne l'ordre au postillon de se rendre à cheval et en toute hâte à la gendarmerie la plus voisine, pour y porter avis de l'accident et demander main-forte.

Il prescrit également, d'accord avec le fondé de pouvoir des entrepreneurs, toutes les mesures extraordinaires qu'il juge nécessaires pour prévenir l'évasion des condamnés.

Si des condamnés ont été blessés, il pourvoit, par le même moyen, ou par tout autre plus prompt s'il est possible, à leur soulagement et fait appeler un médecin.

Si l'accident est survenu non loin de l'habitation du maire, il en donne avis à ce magistrat, afin qu'il ait à requérir, s'il en est besoin, la garde nationale, ou à prescrire toute autre mesure d'urgence pour le logement et la garde des condamnés, jusqu'à ce qu'il soit possible de se mettre en route.

Dans le cas prévu par cet article, l'entrepreneur pourvoit à toutes les dépenses faites par les condamnés.

Art. 449. Si, pendant le voyage, des condamnés sont reconnus, par les médecins appelés à les visiter, hors d'état d'être transportés plus loin, ils sont remis, suivant les localités, à la disposition soit du préfet, soit du sous-préfet ou du maire, qui prescrivent à leur égard telle mesure qu'il appartient.

Ce cas arrivant, il est donné au préposé de l'entreprise, par l'autorité qui les a reçus, une décharge des condamnés laissés en route pour cause de maladie.

Il en est de même si le transfèrement de quelque condamné

se trouve arrêté par ordre supérieur ou par mandat de l'autorité judiciaire.

Hors les cas prévus par le présent article, aucun condamné ne peut quitter sa cellule, même momentanément.

Art. 450. Lorsque, pour des motifs quelconques, des condamnés restent en route, le brigadier veille à ce qu'ils soient remplacés sans retard par d'autres condamnés en nombre égal, en exécution des clauses du marché et conformément aux ordres de service délivrés aux entrepreneurs.

Art. 451. En cas de décès d'un condamné pendant le trajet, il est pourvu à sa sépulture par les soins du maire de la commune et aux frais de l'entreprise ; il en est fait mention sur le journal du brigadier.

Une déclaration de décès est remise au préposé de l'entreprise pour lui servir de décharge.

Art. 452. En cas d'évasion, le brigadier remet au préfet, au sous-préfet ou au maire, suivant les localités, le signalement du condamné évadé et tous autres renseignements pouvant servir à son arrestation.

Il transmet, sans délai, au Ministre de l'intérieur, les mêmes renseignements.

Art. 453. En arrivant au bagne et au moment de la remise des forçats à l'administration de la marine, le brigadier communique son journal au commissaire chargé de leur réception, et lui donne sommairement des renseignements sur la conduite de chaque forçat pendant le trajet.

Les bagnes sont supprimés.

Art. 454. Le brigadier, sur la demande des entrepreneurs, vise et certifie les états de dépenses faites par leurs préposés pour le service du transport.

En cas de malversation, il en donne avis sur-le-champ aux entrepreneurs.

Art. 455. Afin d'écarter les soupçons que peut faire naître, sous le rapport des mœurs, les relations obligées des agents de l'entreprise avec les femmes dont le transport est effectué par voie cellulaire, chaque cellule a une seconde serrure dont la clef est remise au brigadier par le fondé de pouvoir des entrepreneurs.

De cette manière, le concours simultané de ce militaire et des préposés de l'entreprise devient indispensable pour faire sortir une détenue de sa cellule.

Art. 456. Dans les rapports que les brigadiers ont à adresser au Ministre de l'intérieur après chaque voyage, et lorsque des femmes ont été transférées, ils ont à certifier d'abord que la clef particulière qui leur est destinée leur a été remise, ensuite qu'aucune cellule occupée par une femme n'a été ouverte qu'en leur présence et avec leur concours.

Il leur est recommandé de remettre la clef, après l'accomplissement de leur mission, soit aux brigadiers qui ont été désignés pour les remplacer, soit aux agents de l'entreprise lorsque la voiture, voyageant à vide, n'a plus besoin d'être accompagnée par un agent de la force publique.

Art. 457. Lorsque des voitures cellulaires sont affectées au transport des prévenus, accusés, et des autres détenus appartenant à la population légale ou réglementaire des prisons, les mêmes sous-officiers, brigadiers ou gendarmes peuvent être préposés à la garde et à la conduite de ces détenus. Pendant tout le trajet, ils reçoivent, sur les frais de la justice criminelle, une indemnité spéciale qui est déterminée par des règlements d'administration.

Art. 458. Les mesures de précaution et de surveillance ordonnées pour le transport des condamnés aux bagnes sont les mêmes pour le transport des accusés ou détenus conduits d'une prison à l'autre dans chaque département.

CHAPITRE III.

SERVICE EXTRAORDINAIRE DES BRIGADES.

SECTION UNIQUE.

SERVICE LÉGALEMENT REQUIS.

Art. 459. Le service extraordinaire des brigades consiste à prêter main-forte :

1° Aux préposés des douanes pour la perception des droits d'importation et d'exportation, pour la répression de la contrebande ou de l'introduction sur le territoire français de marchandises prohibées ;

2° Aux administrateurs et agents forestiers, pour la répression du maraudage dans les forêts et sur les fleuves, lacs ou rivières ;

3° Aux inspecteurs, receveurs des deniers de l'Etat et autres préposés, pour la rentrée des contributions directes et indirectes.

Les commandants de brigades ne doivent pas acquiescer aux demandes d'escorte que leur font directement les percepteurs des communes ; mais, dans le cas où ces fonctionnaires ont de justes raisons de craindre une attaque sur les fonds existant entre leurs mains, ils s'adressent au maire et le prient de requérir cette escorte ;

4° Aux huissiers et autres exécuteurs de mandements de justice, porteurs de réquisitions ou de jugements spéciaux dont ils doivent justifier ;

5° Aux commissaires et sous-commissaires, gardes-barrières et autres agents préposés à la surveillance des chemins de fer.

Les gendarmes chargés de mettre une contrainte par corps à exécution peuvent y surseoir en en rendant compte ; mais il leur est interdit de payer pour les condamnés. (Circ. du 13 décembre 1858.)

Voir aussi l'article 215 de l'instruction du Ministre des finances en date du 20 septembre 1875 et la circulaire du 25 avril 1888.

Voir la circulaire du 12 septembre 1877 et celle du 1er juillet 1884, au sujet de l'extraction des détenus par les huissiers ou par la gendarmerie.

Les huissiers et la gendarmerie ne doivent jamais être employés simultanément pour ce service.

Cette main-forte, qui rentre dans les services extraordinaires, ne doit être prêtée par la gendarmerie que lorsqu'il y a eu commencement de résistance et rébellion ; toutefois, s'il existe de très graves présomptions que la résistance doit avoir lieu, l'huissier peut se faire autoriser, par le président, à requérir la force armée. (Loi du 26 mars 1855.) Si l'ouverture des portes est refusée, l'huissier ne peut entrer qu'avec l'assistance du juge de paix, du maire ou de l'adjoint. (Code de procédure, art. 587.)

On ne saurait trop recommander aux commandants des brigades de refuser toute rémunération offerte habituellement par les huissiers à l'occasion du service de la gendarmerie (art. 157 du règlement du 10 juillet 1889) et de rester en dehors des détails d'exécution.

Art. 460. La gendarmerie fournit les escortes légalement demandées, notamment celles pour la sûreté des recettes générales, convois de poudre de guerre, courriers des malles, voitures et messageries publiques chargées des fonds du gouvernement.

Le chef d'escorte qui accompagne les convois de poudre doit certifier que la voie de terre a été suivie entre tel ou tel point et adresser ce certificat au service local de l'intendance. (Note minist. du 15 septembre 1890.)

Voir l'article 467 du présent décret.

Art. 461. Les réquisitions pour l'exécution du service extraordinaire sont adressées, savoir : dans les chefs-lieux de département, au commandant de la compagnie ; dans les sous-préfectures, au commandant de l'arrondissement, et, sur les autres points, aux commandants des brigades.

Art. 462. Lorsque la gendarmerie doit pourvoir à la sûreté des diligences et malles chargées de fonds de l'Etat, les officiers ont à se concerter avec les autorités qui font la réquisition pour remplacer par des patrouilles ou embuscades, dans l'intérêt de la conservation des chevaux, les escortes qui ne sont pas indispensables et qui dérangent le service habituel des brigades.

Ces patrouilles ou embuscades, qui ont lieu plus particulièrement la nuit, sont combinées suivant la longueur du trajet que parcourent les diligences ou malles, et suivant les dangers prévus.

Art. 463. Lorsque l'escorte est reconnue indispensable par les préfets ou sous-préfets, elle ne peut être refusée par les officiers de gendarmerie; dans ce cas, si les gendarmes ne trouvent pas place à côté du conducteur sur la voiture, ils la suivent sans pouvoir l'abandonner avant l'arrivée à destination ou avant d'avoir été relevés.

Ils ne doivent se placer ni en avant ni sur les côtés de la voiture, mais se tenir en arrière à une distance de 100 mètres environ, afin de ne pas la perdre de vue et d'être à même d'arriver subitement en cas d'attaque.

Pour ces escortes, les gendarmes doivent toujours avoir les armes chargées.

Art. 464. Dans le cas où l'escorte n'a pas été jugée nécessaire au moment du départ, la réquisition est remise au conducteur de la voiture, lequel peut en faire usage, au besoin, dans toute l'étendue de la route à parcourir.

Art. 465. La gendarmerie est également chargée de fournir des escortes pour la surveillance des transports et mouvements d'espèces entre les départements et les hôtels des monnaies, lorsque des réquisitions lui en sont faites par les autorités.

Mais cette surveillance ne doit s'exercer, en général, qu'au moyen de patrouilles et embuscades; elle n'a lieu que dans les circonstances et sur les points des grandes routes où il y a quelque danger à craindre.

Il n'est fourni d'escorte que dans le très petit nombre de cas où ce service est le seul qui offre une garantie réelle. Ce service doit être combiné avec les autorités, pour le temps et les moyens, de manière à n'occasionner à la gendarmerie que le moins de dérangement possible.

Voir la note ministérielle du 19 août 1887 au sujet de l'indemnité à payer aux habitants requis pour la garde des convois de poudre.

Art. 466. Lorsque la gendarmerie se trouve dans l'impossibilité absolue d'escorter, elle en mentionne les causes sur la réquisition même.

Art. 467. La gendarmerie fournit les escortes aux convois de poudre, et, en cas d'insuffisance, le chef d'escorte requiert de la municipalité la garde nécessaire; cette garde est aux ordres du commandant du convoi.

La surveillance des expéditions de dynamite, de poudres et de matières assimilées s'effectue conformément aux règlements du 10 janvier 1879 pour le transport de la dynamite (art. 12) et du 9 janvier 1888 pour le transport des poudres et des munitions de guerre (art. 8, 9 et 10). (Art. 53 du règlement du 28 mai 1895 sur les transports ordinaires de la guerre.)

L'instruction du 28 mai 1895 indique le mode de paiement des frais d'escorte et de garde des convois de dynamite de l'industrie privée.

Aucune indemnité n'est allouée aux militaires qui gardent un convoi de poudre ou de dynamite de l'Etat; mais lorsqu'ils sont désignés pour garder un convoi de poudre du commerce ou de dynamite provenant de l'industrie privée, ils ont droit à une indemnité fixée, par jour ou fraction de jour, à 1 fr. 25 pour les brigadiers ou caporaux et gendarmes et à 1 franc pour les soldats. (Instr. du 28 mai 1895, art. 53, sur les transports ordinaires de la guerre.)

Art. 468. Le commandant de l'escorte affecte un homme de sa troupe à chaque voiture et visite fréquemment toutes les voitures, pour s'assurer si tout est en bon état, s'il n'y a aucun accident à craindre, et si l'on prend toutes les précautions nécessaires pour les éviter.

Art. 469. Il fait marcher, autant que possible, le convoi sur la terre, jamais plus vite que le pas et sur une seule file de voitures.

Il ne souffre près du convoi aucun fumeur, soit de la troupe d'escorte, soit étranger. Il est responsable des accidents qui peuvent provenir de cette cause, et de tous autres qui peuvent être attribués à sa négligence.

Art. 470. Le commandant de l'escorte empêche que rien d'étranger aux poudres ne soit sur les voitures, particulièrement des métaux et des pierres qui, par leur choc, peuvent produire du feu ; que personne n'y monte qu'en cas de dérangement ou de réparations indispensables à faire à un baril (ce qui doit avoir lieu très rarement et avec les plus grandes précautions, en descendant à cet effet le baril de la voiture et se servant du maillet en bois); que toutes les voitures étrangères à celles du convoi n'approchent pas de celui-ci : il les fait au besoin détourner et arrêter.

Art. 471. Il ne laisse approcher personne du convoi et veille à ce qu'il ne soit pas fait de feu dans les environs.

Il fait passer les convois en dehors des communes, lorsqu'il y a possibilité, et, quand on est forcé de les faire entrer dans les villes, bourgs et villages, il requiert la municipalité de faire fermer les ateliers et les boutiques d'ouvriers dont les travaux exigent le feu, et de faire arroser, si la route est sèche, les rues par où l'on doit passer.

Art. 472. Le convoi n'est jamais arrêté ni stationné dans les villes, bourgs ni villages, et on le fait parquer, au dehors, dans un lieu isolé des habitations, sûr, convenable et reconnu à l'avance.

Art. 473. Le commandant de l'escorte requiert le maire, à défaut de troupe de ligne, de fournir un poste suffisant de garde nationale, pour veiller à la sûreté du convoi jusqu'au moment du départ.

A défaut de troupe de ligne, le maire requiert quelques habitants pour garder le convoi.

Dans le cas seulement où le convoi n'est pas gardé par la troupe de ligne, le commandant de l'escorte est tenu de s'assurer par lui-même, pendant la nuit, si ce service se fait avec exactitude.

La gendarmerie ne doit fournir d'escortes, par terre et par eau, que lorsqu'elle ne doit pas découcher. Dans le cas contraire, la troupe de ligne garde le convoi, et, à défaut de militaires, ce soin est confié à des habitants désignés par le maire.

Il est alloué à chaque individu une rémunération, aux frais du ministère de la guerre. (Circ. du 11 avril 1873.)

Cette indemnité est calculée d'après le prix moyen d'une journée de travail dans la localité. (Instr. du 12 février 1890.)

Les personnes que le maire désigne pour garder la poudre ne peuvent s'y refuser sans s'exposer à une peine judiciaire. (Arrêt de Cassation du 25 janvier 1811 et circ. du 27 janvier 1882.)

Art. 474. La gendarmerie chargée de fournir les escortes de poudre a le droit d'empêcher la circulation des convois pendant la nuit.

Art. 475. La réquisition pour l'escorte, faite par l'agent chargé d'expédier les poudres, est adressée au commandant de la gendarmerie du lieu de départ, qui ne peut refuser d'obtempérer, et donnera à cet agent un reçu de la réquisition.

Cette réquisition est remise par le commandant de l'escorte à celui qui le relève, et il en tire reçu, et ainsi de suite de brigade en brigade, jusqu'à l'arrivée à sa destination, où cette réquisition est remise à l'agent en chef chargé de recevoir les poudres, lequel l'adresse au Ministre ou à l'administration dont il dépend, avec tous les renseignements qui sont mentionnés.

Art. 476. Tout transport de poudre dont le poids excède 500 kilogrammes doit être escorté.

Tout individu chargé de faire un transport pour le compte du département de la guerre doit être porteur d'une lettre de voiture revêtue du visa soit du fonctionnaire qui a signé l'ordre d'exécution, soit du maire ou adjoint de la commune où s'opère le chargement de la voiture, afin qu'il soit toujours facile de reconnaître en route l'origine et la destination du matériel. Le cachet du signataire de l'ordre ou le cachet de la mairie doit être joint au visa.

Les circulaires ministérielles des 22 octobre et 2 novembre 1882 fixent les poids à partir desquels les transports de poudres, dynamites, cartouches, pièces d'artifices, etc., devront être escortées :

100 kilogrammes pour la poudre ou les munitions.

Pour la dynamite, quels que soient le poids et la provenance de cette dynamite.

200 kilogrammes de cartouches de tir ordinaire, non amorcées.

100 kilogrammes de cartouches de tir ordinaire, amorcées.

500 kilogrammes de cartouches de tir dites de sûreté.

200 kilogrammes de pièces d'artillerie, non amorcées, chargées de poudres nitratées.

500 kilogrammes de mèches de sûreté pour mineurs.

10 kilogrammes de poudres fulminantes.

50 kilogrammes de capsules fulminantes pour armes portatives.

20 kilogrammes d'amorces fulminantes ou détonateurs.

Art. 477. Cette disposition est applicable aux transports de poudres d'un poids inférieur à ceux ci-dessus, bien qu'ils soient dispensés de marcher habituellement sous escorte. L'escorte doit être requise et accordée partout où la nécessité est reconnue, lors même que le transport a déjà été mis en route sans escorte.

Art. 478. Les gendarmes chargés de ces escortes ne peuvent abandonner les voitures confiées à leur garde avant d'avoir été relevés.

Art. 479. La gendarmerie est également chargée de la surveillance du transport des convois de poudres par eau ; elle exige que les barils soient arrangés et empilés d'une manière convenable sur les bateaux, et qu'ils soient entièrement isolés de tout autre objet transporté à bord du même bateau, enfin qu'ils soient entourés de tous côtés par de la paille et recouverts partout d'une toile bien serrée ou goudronnée.

Art. 480. Le commandant de l'escorte affecte un ou plusieurs gendarmes à chaque bateau, suivant la force dont il peut disposer ; il ne souffre pas qu'on fasse du feu à bord ni qu'on y fume ; il est responsable des accidents qui proviennent par suite de contravention à ces instructions.

Art. 481. Il veille à ce qu'on jette exactement l'eau que le bateau est dans le cas de faire, et même à ce que l'on bouche ou diminue la voie. S'il faut travailler au bateau avec quelques outils, on ne se sert que de maillets de bois, comme il a été prescrit pour réparer les barils, et on ôte avec précaution les barils de poudre des endroits où l'on travaille et des parties qui les environnent.

Art. 482. Lorsqu'un convoi par eau traverse une ville, un bourg ou un village, le commandant de l'escorte requiert la municipalité de faire fermer les ateliers et les boutiques des ouvriers dont les travaux exigent du feu, ainsi qu'il a été prescrit pour les convois par terre.

Art. 483. Les bateaux chargés de poudre doivent toujours être isolés, soit dans la marche, soit lorsqu'ils sont amarrés. En conséquence, le commandant de l'escorte fait éloigner tous les autres bateaux qui veulent s'en approcher.

Art. 484. Il ne laisse pas amarrer les bateaux chargés de poudre près des communes ou habitations ; il veille à ce qu'aucun étranger n'approche du convoi et à ce qu'on ne fasse pas de feu dans les environs des endroits où ils sont amarrés.

Lorsqu'un bateau est amarré, il doit rester, le jour et la nuit, au moins un gendarme à bord, et le commandant de l'escorte exige qu'il y reste un marinier pour parer aux événements qui pourraient arriver.

Art. 485. Dans le cas où des événements extraordinaires, tels qu'inondations, glaces et fermetures de canaux, empêchent des poudres de suivre leur destination, le commandant de l'escorte en prévient de suite le commandant de la place, ou, à son défaut, le maire, qui les fait emmagasiner dans un lieu sec et sûr, jusqu'à ce qu'elles puissent repartir ; le chef de l'escorte remet la réquisition et les instructions qui l'accompagnent à ces autorités ; il en tire reçu, prévient la brigade la plus voisine, rend compte immédiatement à ses chefs, et l'escorte rentre à sa résidence.

Lorsque les poudres peuvent suivre leur destination, l'une ou l'autre de ces autorités requiert l'escorte d'usage, lui remet les pièces et en tire un reçu.

Art. 486. Les dispositions à prendre pour la surveillance des transports de poudres par chemins de fer sont déterminées par un règlement spécial en date du 10 novembre 1852. Les gendarmes chargés de l'escorte veillent scrupuleusement à l'exécution des mesures de précaution prescrites par ce règlement.

Les escortes de poudres par les voies ferrées sont supprimées, mais les gendarmes sont tenus d'accompagner les convois de l'arsenal à la gare, et, s'ils devaient séjourner plus de trois heures dans cet endroit, il serait pourvu à leur garde par l'autorité locale. (30 mars 1877.)

Dans le cas où, par une circonstance exceptionnelle, et par ordre supérieur, la gendarmerie aurait à accompagner un convoi de poudres en chemin de fer, elle prendrait place avec le conducteur du train. (Décis. du 30 mars 1877.)

Les compagnies de chemins de fer sont tenues de faire garder à leurs frais les convois de poudres qui stationnent dans les gares. (Instr. minist. du 28 mai 1895.)

Voir les annotations de l'article 476 du présent décret.

Le transport par chemin de fer de la dynamite est actuellement exécuté en vertu du règlement du 10 janvier 1879. Celui des poudres et munitions est exécuté en vertu du règlement du 9 janvier 1888.

Les règlements pour le transport des poudres et de la dynamite ne prévoient d'escorte que pour les gares de départ et d'arrivée. L'escorte a été supprimée en cours de route (sauf l'exception prévue à l'article 9 du règlement du 9 janvier 1888. — Poudres).

Les chefs de gare qui reçoivent des convois de poudre, de munitions de guerre, de dynamite ou autres explosifs, doivent demander à l'autorité militaire une garde si le chargement n'est pas enlevé dans le délai de trois heures. Lorsque les gares sont éloignées des villes de garnison, les agents des compagnies s'adressent à la gendarmerie. Si la commune n'a pas de gendarmerie, le chef de gare s'adresse au maire. En attendant l'arrivée de la gendarmerie, le maire assure la garde du convoi au moyen de deux habitants de la localité, auxquels il est accordé une indemnité calculée d'après le prix moyen de la journée de travail.

Aucune indemnité n'est due aux militaires qui gardent un convoi de poudre ou de dynamite de l'Etat. Lorsqu'ils sont désignés pour garder un convoi de poudre du commerce ou de dynamite provenant de l'industrie privée, ils ont droit à une indemnité fixée, par jour ou fraction de jour, à 1 fr. 25 pour les caporaux, brigadiers et gendarmes et à 1 franc pour les soldats. Cette indemnité est payée directement par la compagnie de chemin de fer. (Règl. du 9 janvier 1888 et instr. du 28 mai 1895.)

Le transport de l'escorte, s'il y a lieu, est assuré gratuitement par les compagnies de chemin de fer, conformément à l'art. 53 du traité du 28 mai 1895. Il n'est donc pas délivré de bons de chemins de fer.

CHAPITRE IV.

DES PROCÈS-VERBAUX ET FEUILLES DE SERVICE.

SECTION PREMIÈRE.

DES PROCÈS-VERBAUX.

Pour la rédaction des procès-verbaux, consulter le *Manuel du gendarme* (Edition Henri Charles-Lavauzelle).

Art. 487. Toutes les fois que la gendarmerie est requise pour une opération quelconque, elle en dresse procès-verbal, même en cas de non-réussite, pour constater son transport et ses recherches.

La gendarmerie doit constater par procès-verbaux et non par lettres ou notes.

Art. 488. Elle dresse également procès-verbal des crimes, délits et contraventions de toute nature qu'elle découvre, des crimes et délits qui lui sont dénoncés, de tous les événements importants dont elle a été témoin, de tous ceux qui laissent des traces après eux et dont elle va s'enquérir sur les lieux, de toutes les déclarations qui peuvent lui être faites par les fonctionnaires publics et les citoyens qui sont en état de fournir des indices sur les crimes ou délits qui ont été commis, enfin de toutes les arrestations qu'elle opère dans son service.

Des abus existent dans la rédaction des procès-verbaux; ils doivent contenir les faits dégagés de toute interprétation étrangère à leur but, qui est d'éclairer la justice sans chercher à l'influencer. Les procès-verbaux doivent être envoyés dans les vingt-quatre heures aux autorités compétentes. (Circ. du 15 septembre 1862.) Voir art. 495 du décret.

Les chefs de brigade ne sont pas tenus de reproduire en tête des procès-verbaux les instructions données par les magistrats, et ils doivent conserver dans leurs archives les demandes de renseignements émanées des parquets, au lieu de les leur envoyer avec leurs réponses. (Instr. pour les inspections générales de la gendarmerie.)

Art. 489. Un gendarme peut verbaliser seul, et son procès-verbal est toujours valable : mais il n'en est pas moins à désirer que tous les actes de la gendarmerie soient constatés par deux gendarmes au moins, afin de leur donner toute la force possible en opposant en justice leurs témoignages aux dénégations des délinquants.

Art. 490. Les sous-officiers, brigadiers et gendarmes requis de prêter main-forte aux fonctionnaires et aux agents de l'autorité administrative ou judiciaire peuvent signer les procès-verbaux dressés par ces fonctionnaires et agents, après en avoir pris connaissance ; mais ils ne dressent pas de procès-verbaux de ces opérations ; ils en font seulement mention sur les feuilles et rapports de service.

Art. 491. Les procès-verbaux des sous-officiers, brigadiers et gendarmes sont faits sur papier libre ; ceux de ces actes qui sont de nature à donner lieu à des poursuites judiciaires sont visés pour timbre et enregistrés en débet ou gratis, suivant les distinctions établies par les lois de finances ou règlements spéciaux.

Ils sont présentés à cette formalité par les gendarmes dans le délai de quatre jours lorsqu'il se trouve un bureau d'enregistrement dans le lieu de leur résidence ; dans le cas contraire, l'enregistrement a lieu à la diligence du ministère public chargé des poursuites.

En matière de roulage, l'enregistrement doit avoir lieu dans le délai de trois jours. (Loi du 30 mai 1851.)

Les circulaires des 16 janvier et 2 mars 1857 indiquent la manière de procéder pour l'enregistrement des procès-verbaux des brigades où il n'y a pas de bureau d'enregistrement. Si cette formalité n'est pas remplie, les rédacteurs ne peuvent en être rendus responsables. Il n'en est pas de même s'il y a un bureau dans la résidence, car, dans ce cas, ils peuvent être condamnés à 5 francs d'amende par procès-verbal non enregistré.

En Corse, les procès-verbaux ne sont pas enregistrés. (Cassation, 23 janvier 1875.)

En matière de douane et de contributions indirectes, l'enregistrement a lieu par les soins des receveurs de l'enregistrement, auxquels les procès-verbaux sont remis ou envoyés par la poste. Avis du dépôt ou de l'envoi de ces procès-verbaux est donné au receveur des contributions indirectes sur une formule imprimée à cet effet. (Circ. du 20 janvier 1877.)

Art. 492. Les procès-verbaux constatant des contraventions du ressort des tribunaux de simple police sont essentiellement soumis à la double formalité du timbre et de l'enregistrement en débet.

Il en est de même de ceux constatant des faits intéressant l'Etat, les communes et les établissements publics, enfin de ceux rédigés pour mort violente lorsqu'ils contiennent l'inventaire des effets trouvés sur le décédé ou près de lui.

Sont également soumis aux droits de timbre et d'enregistrement les procès-verbaux de contravention en matière de douanes et de contributions indirectes.

Ces procès-verbaux sont envoyés directement au receveur de l'enregistrement en même temps que le chef de brigade prévient le directeur des contributions indirectes par l'envoi d'un bulletin d'avis, ainsi qu'il vient d'être dit à l'article précédent.

Art. 493 et 494 *supprimés*. — Ces articles étaient relatifs à la formalité de l'affirmation, supprimée en vertu de la loi du 17 juillet 1856. Mais les procès-verbaux des gendarmes de la marine, en ce qui concerne les contraventions à la police de la pêche et de la navigation, restent soumis, comme par le passé, à la formalité de l'affirmation. (Circ. minist. du 17 mars 1857.)

Art. 495. Tous les procès-verbaux dressés par les brigades sont généralement établis en double expédition, dont l'une est remise, dans les vingt-quatre heures, à l'autorité compétente, et l'autre est adressée au commandant de l'arrondissement. Cet officier, après avoir examiné ce qui peut se trouver de défectueux ou d'omis dans la rédaction de ces procès-verbaux, les transmet avec ses observations au commandant de la compagnie.

Les procès-verbaux d'arrestation des forçats évadés et des déserteurs de l'armée de terre ou de mer sont en quadruple expédition.

Le signalement des individus arrêtés doit toujours être inscrit au bas du procès-verbal.

Les procès-verbaux en matière de roulage et de grande voirie doivent être faits en triple expédition ; deux expéditions sont remises au préfet ou sous-préfet, et la troisième est adressée au commandant de la compagnie, avec indication que cette formalité a été remplie (1).

Les procès-verbaux relatifs à la contrebande sont en triple expédition, dont deux sont adressées au directeur des douanes et des contributions indirectes.

Toutes les fois que c'est possible, les procès-verbaux doivent mentionner les prénoms, le lieu de naissance, l'âge, le domicile et la profession des inculpés non arrêtés. (Circ. du 12 août 1859.) Y ajouter également, après les signatures, les renseignements pour l'application de la loi du recrutement lorsqu'il s'agit d'un crime ou d'un délit grave (classe à laquelle il appartient canton dans lequel il a tiré au sort, numéro de tirage). (Circ. du Ministre de la justice en date du 31 mai 1883.)

Les procès-verbaux rédigés à la charge d'individus mineurs ou non civilement responsables doivent contenir les renseignements nécessaires pour faire citer les personnes qui sont appelées comme civilement responsables, conformément à l'article 1384 du Code civil. (Père ou mère, en cas du décès du premier, pour un enfant mineur habitant sous le toit paternel. — Maître ou commettant lorsque les domestiques ou préposés ont causé le dommage pendant les fonctions auxquelles ils étaient employés. — Instituteurs et patrons lorsque le dommage causé par leurs élèves ou apprentis a eu lieu pendant qu'ils étaient sous leur surveillance.)

Une circulaire du Garde des sceaux, en date du 31 mai 1883, prescrivant aux parquets de faire figurer le signalement des condamnés sur tous les extraits de jugements portant condamnation à des peines corporelles, quelle qu'en soit la durée, il importe, pour que cette mesure puisse être exécutée, que les rédacteurs des procès-verbaux consignent toujours à la suite de leurs constatations les signalements des prévenus.

Art. 496. Dans les résidences où il n'y a pas d'officiers de gendarmerie, les procès-verbaux rédigés par les militaires de cette arme sont adressés directement aux autorités compétentes pour accélérer la transmission des dépêches ; mais les commandants

---

(1) En triple expédition s'il s'agit d'une contravention de la compétence des conseils de préfecture. et en deux expéditions seulement s'il s'agit d'une contravention de la compétence des tribunaux.

le brigade n'en sont pas moins tenus d'en adresser immédiatement
ine expédition au commandant de l'arrondissement.

Les procès-verbaux doivent être transmis directement aux autorités judiciaires par les chefs de brigade, même lorsqu'il y a un officier dans la résidence.

Les magistrats peuvent, *dans les cas urgents*, adresser les mandats et des
demandes de renseignements aux chefs de brigade, qui doivent en informer
leur commandant d'arrondissement en lui envoyant une copie de ces mandats et des réponses. (Circ. du 26 novembre 1855.)

Lorsque l'autorité requiert la gendarmerie par le télégraphe, elle doit
mentionner dans cette dépêche qu'elle va être suivie d'une réquisition
écrite. (Circ. du 30 octobre 1880.)

Les chefs de brigade sont admis à correspondre en franchise par la voie
télégraphique, pour les correspondances judiciaires urgentes adressées aux
parquets (dans les localités où il y a une brigade de gendarmerie et pas de
justice de paix). (Voir le *Manuel des franchises postales*, par Roger Barbaud,
en vente à la librairie militaire Henri Charles-Lavauzelle au prix de 2 fr.

Ils sont également autorisés à correspondre de la même manière avec les
maires pour les affaires de service urgentes, lorsqu'ils résident dans une
localité autre qu'un chef-lieu de département ou d'arrondissement. (Note
ministérielle du 9 mai 1894.)

Art. 497. L'une des deux expéditions des procès-verbaux dressés
par la gendarmerie, en matière de simple police, est transmise par le
commandant de brigade au commissaire de police, ou au maire
remplissant les fonctions du ministère public près le tribunal de
simple police de la localité ; l'autre expédition est transmise au
commandant de l'arrondissement, qui doit adresser, les 1er et 15
de chaque mois, au procureur de la République, un état sommaire
de ces contraventions, avec la date des procès-verbaux qui les ont
constatées, ainsi que les noms des contrevenants et celui du fonctionnaire auquel la remise en a été faite.

Art. 498. Les procès-verbaux de la gendarmerie font foi en justice
jusqu'à preuve contraire ; ils ne peuvent être annulés sous prétexte
de vice de forme, ou pour défaut d'enregistrement, les droits pouvant être perçus avant ou après le jugement.

Il y a exception pour les procès-verbaux en matière de roulage, qui,
d'après l'article 19 de la loi du 30 mai 1851, sont nuls de plein droit lorsque la formalité de l'enregistrement n'a pas été remplie dans le délai de
trois jours.

Art. 499. Les gendarmes, étant chargés par les lois et règlements
de police de constater, dans la circonscription de leurs brigades respectives, les contraventions qui peuvent être commises, doivent,
comme tous les officiers de police judiciaire, être entendus à
l'appui de leurs procès-verbaux.

SECTION II.

FEUILLES DE SERVICE.

Art. 500. Les journaux ou feuilles de service, dont l'usage est prescrit par l'article 234 du présent décret, sont adressés aux compagnies par le Ministre de la guerre, en nombre suffisant; les commandants de brigade sont tenus d'indiquer sur ces feuilles les jours où les commandants d'arrondissement se sont présentés soit dans la résidence, soit aux lieux de correspondance, pour leurs tournées et autres objets de service.

La feuille de service ne doit plus être établie qu'en une expédition, qui est déposée dans les archives de la compagnie. (Circ. du 29 juillet 1879.)

Voir les annotations de l'article 234 du présent décret.

Aux termes de l'article 197 du présent décret, la présence des commandants d'arrondissement sur les points de rencontre est constatée par leur signature sur la feuille de service et sur le carnet n° 7.

Art. 501. La feuille de service doit être constamment au courant; les commandants de brigade y indiquent succinctement avec ordre, précision et clarté, le service de toute nature fait chaque jour par les hommes de la brigade, désignés nominativement, au dehors et dans la résidence; ils y font mention des crimes, délits, contraventions et événements graves qui y ont été constatés, des arrestations qui y ont été opérées soit en flagrant délit, soit en vertu de réquisitoires de l'autorité, des notifications qui en ont été faites aux électeurs, témoins et jurés, et enfin de tout le service exécuté par la brigade dans les vingt-quatre heures.

Les exercices à pied et à cheval doivent être inscrits dans la deuxième colonne de la feuille de service, les jonctions de nuit dans la troisième colonne. (Circ. minist. du 24 novembre 1855.)

Art. 502. Les commandants de brigade inscrivent également sur la feuille de service, les correspondances qui ont été faites les noms des gendarmes chargés des escortes, les noms des prisonniers transférés, les destinations assignées et le nombre de pièces jointes aux ordres de conduite.

Dans le cas où le nombre des prisonniers est trop considérable et dépasse quatre, ils sont indiqués numériquement.

Art. 503. La gendarmerie fait certifier par la signature des maires, adjoints ou personnes notables, le service qu'elle fait dans les communes; il lui est interdit de demander cette signature ailleurs que sur le lieu où le service qu'elle constate a été exécuté.

Si, pour une cause quelconque, un sous-officier, brigadier ou gendarme se trouve dans la nécessité d'opérer seul, il doit faire constater cette circonstance par le maire, l'adjoint ou le notable pour qu'à son tour son chef puisse apprécier les raisons de cette dérogation à la règle générale.

Le cachet de la mairie doit être apposé au bas de la signature du fonctionnaire, à moins d'impossibilité constatée et dont il est rendu compte.

Art. 504. Lorsque, dans une même journée, il y a deux services, ce qui arrive fréquemment, la feuille est donnée de préférence aux hommes qui vont en tournée de communes, le service de correspondance étant toujours constaté par les signatures données sur le carnet.

CHAPITRE V.

SERVICE DE LA GENDARMERIE AUX ARMÉES.

Pour cet important service, se reporter à l'instruction ministérielle du 18 avril 1890, sur le service prévôtal de la gendarmerie aux armées.

Voir également les articles 122 et suivants du décret du 28 mai 1895, sur le service des armées en campagne, dont nous indiquons ci-après les principales dispositions.

SECTION PREMIÈRE.

ORGANISATION.

Art. 505. Lorsqu'une armée est constituée et mobilisée, le commandant supérieur de la gendarmerie y reçoit le titre de grand-prévôt, et le commandant de la gendarmerie de chaque corps d'armée s'appelle prévôt.

Les divers éléments qui constituent la prévôté ont été fixés par l'article 2 de l'instruction ministérielle du 18 avril 1890.

Le commandant de la gendarmerie d'une armée est appelé grand prévôt. Le commandant de la gendarmerie du quartier général d'un groupe d'armées, celui d'un corps d'armée ou d'une direction d'étapes, est appelé prévôt.

Les commandants de la gendarmerie affectée aux unités ci-après : division d'infanterie, division de cavalerie, brigade de cavalerie de corps d'armée, brigade opérant isolément, commandement d'étapes, prennent le titre de commandant de la force publique, suivi de la désignation de l'unité à laquelle ils sont attachés.

Dans une division, c'est le commandant de la force publique qui remplit les fonctions de vaguemestre (art. 123 du décret du 28 mai 1895 sur le service des armées en campagne).

Art. 506. Un détachement est affecté au service du grand quartier général et à l'escorte du grand-prévôt.

Un autre détachement est placé près de chaque prévôt de corps d'armée.

Voir l'article 3 de l'instruction ministérielle du 18 avril 1890.

Art. 507. Le service de la gendarmerie aux armées comprend le service prévôtal proprement dit, le service des convois, la garde des prisonniers; mais les gendarmes de ces diverses forces publi-

ques pourront, sur la proposition du prévôt et sur l'ordre du général commandant le corps d'armée, être employés à l'un ou à l'autre de ces services, suivant que les circonstances l'exigeront.

Voir l'article 122 du décret du 28 mai 1895 ainsi que les articles 1 et 3
de l'instruction ministérielle du 18 avril 1890.

Art. 508. Dans chaque corps d'armée, un capitaine de gendarmerie vaguemestre est chargé de réunir et de former les convois
et équipages d'après les ordres du chef d'état-major, et d'en assurer la police.

Il lui est adjoint deux maréchaux des logis de gendarmerie à
cheval, qui prennent le titre de maréchaux des logis vaguemestres adjoints.

Le capitaine vaguemestre et ses adjoints sont subordonnés au
prévôt du corps d'armée.

Quand les ordres pour la réunion et la formation des convois
auront été donnés directement au vaguemestre par le chef d'état-
major, ce dernier devra informer le prévôt des ordres donnés.

Voir l'article 16 de l'instruction ministérielle du 18 avril 1890, et l'article
123 du décret du 28 mai 1895 portant règlement sur le service des armées
en campagne.

Art. 509. Un détachement est affecté, sous les ordres du vaguemestre, au service de la force publique des équipages du corps
d'armée.

Dans le cas où les voitures régimentaires ou auxiliaires s'élève-
raient à un chiffre très considérable, le vaguemestre pourra, s'il
le juge nécessaire, demander au chef d'état-major, par l'intermédiaire du prévôt du corps d'armée, que des cavaliers soient mis
à sa disposition en nombre suffisant pour assurer le service du
convoi.

Art. 510. Lorsqu'une escorte de troupe de ligne est employée
conjointement avec la gendarmerie pour le service des équipages
et convois, le commandement appartient, à grade égal, à l'officier
vaguemestre. Si le chef de l'escorte est d'un grade supérieur à
celui du vaguemestre, il prend le commandement et prescrit, sous
sa responsabilité, toutes les mesures propres à assurer la marche
et la défense du convoi.

Voir à ce sujet l'article 4 du décret du 28 mai 1895, sur le service des
armées en campagne (Droits au commandement), et l'article 120 du décret
du 4 octobre 1891 sur le service des places.

Dans une colonne de division, l'ensemble des trains régimentaires est
commandé par l'officier de gendarmerie vaguemestre de la division.

Dans une colonne de corps d'armée, l'ensemble des trains régimentaires
est commandé par le prévôt du corps d'armée qui a sous ses ordres les
officiers de gendarmerie vaguemestres des divisions et du quartier général
du corps d'armée. (Art. 68 du décret du 28 mai 1895 sur le service des
armées en campagne.)

L'officier vaguemestre d'une division a toujours, à grade égal, le commandement du train régimentaire de la division sur les officiers d'approvisionnement des corps. (Art. 123 du décret précité et art. 16 de l'instr. minist. du 18 avril 1890.)

Art. 511. Dans l'intérêt du service, le grand-prévôt nomme aux emplois de sous-officier et brigadier devenus vacants pendant la campagne. Il choisit parmi les candidats à l'avancement qui font partie des forces publiques et parmi les militaires de l'arme qui auront été l'objet de propositions spéciales.

Article 17 de l'instruction du 18 avril 1890.

SECTION II.
COMPTABILITÉ.

Art. 512. Dans chaque prévôté, un maréchal des logis comptable est chargé, sous la direction du prévôt, des détails d'administration et de comptabilité ; il remplit en même temps les fonctions de greffier.

Un sous-officier est placé au même titre près du capitaine vaguemestre.

Les fonctions de greffier près du grand-prévôt seront remplies par un capitaine-trésorier qui est également chargé de la comptabilité du détachement attaché au grand quartier général et de la centralisation de l'administration de toute la prévôté de l'armée.

Au point de vue administratif, toute la gendarmerie d'un corps d'armée est considérée comme faisant corps, pour toute la durée de la campagne.

La solde est touchée, par corps d'armée, chez le payeur du corps.

Quand une division se trouve détachée, elle s'administre séparément et touche sa solde chez le payeur de la division.

Cet article est complètement modifié par le décret du 19 octobre 1887 et par l'instruction ministérielle de la même date, sur la comptabilité des prévôtés en campagne.

Le premier jour de la mobilisation, il est formé, au titre de chaque corps d'armée, et auprès de la compagnie du chef-lieu de corps d'armée à l'intérieur, un bureau spécial de comptabilité qui est chargé de l'établissement et de la centralisation des comptes des détachements constituant l'ensemble de la prévôté du corps d'armée. L'officier trésorier est chef du bureau spécial de comptabilité ; il est substitué aux comptables des diverses unités prévôtales s'administrant séparément, pour tout ce qui concerne l'établissement des feuilles de journées et autres documents de comptabilité.

Dans une armée, chaque unité prévôtale s'administre séparément ; elle est pourvue d'un carnet de comptabilité destiné à recevoir l'inscription des diverses opérations ainsi que des recettes et dépenses. Ce carnet est renouvelé tous les trimestres et envoyé au bureau spécial du corps d'armée de l'intérieur.

Le bureau spécial de comptabilité cesse de fonctionner aussitôt après la clôture des comptes afférents à la période de mobilisation.

SECTION III.

JURIDICTION.

Art. 513. Le grand-prévôt exerce sa juridiction sur toute l'armée, et les prévôts sur les corps d'armée auxquels ils sont attachés.

Cette juridiction embrasse tout ce qui est relatif aux crimes, délits et contraventions commis sur le territoire occupé par l'armée et sur les flancs et derrières de l'armée, dans les limites fixées par les articles 51, 52, 75, 173, 174 et 271 du Code de justice militaire.

Le devoir des prévôts est surtout de protéger les habitants du pays contre le pillage ou toute autre violence.

Les officiers de gendarmerie commandant les forces publiques près des divisions ont les mêmes attributions que le prévôt, chacun dans l'arrondissement de la division à laquelle il est attaché.

(Dispositions reproduites et complétées par l'article 125 du décret du 28 mai 1895 et par l'article 13 de l'instruction du 18 avril 1890.)

SECTION IV.

RAPPORTS DE LA GENDARMERIE AVEC L'AUTORITÉ MILITAIRE.

Art. 514. La gendarmerie ne relève que de ses chefs directs, ainsi que des généraux et chefs d'état-major près desquels elle est placée. Les réquisitions adressées à la gendarmerie doivent, à moins de circonstances exceptionnelles, passer par l'intermédiaire des officiers de l'arme dans les divisions et corps d'armée.

(Art. 18 et 19 de l'instr. minist. du 18 avril 1890 et art. 122 du décret du 28 mai 1895.)

Art. 515. Indépendamment des rapports que les commandants de détachements doivent aux prévôts des corps d'armée, et ceux-ci au grand-prévôt, sur tous les objets de leur service, ils en font journellement un aux généraux commandant les corps de troupe près desquels ils sont placés; ils les informent surtout des ordres du commandant en chef, en ce qui concerne la police.

Les capitaines vaguemestres doivent les mêmes rapports au prévôt de leur corps d'armée. Ils reçoivent des ordres des généraux et chefs d'état-major pour leur service journalier; ils rendent compte de leur exécution.

Dans une brigade détachée, le commandant de la gendarmerie remplit les mêmes devoirs envers le général de brigade.

(Art. 24 et 25 de l'instr. minist. du 18 avril 1890 et art. 122 du décret du 28 mai 1895.)

Art. 516. Le grand-prévôt transmet aux prévôts des corps d'armée, en y joignant ses propres instructions, les ordres qu'il reçoit du commandant en chef ou du chef d'état-major général ; les prévôts de corps d'armée les transmettent aux commandants de détachement.

Les uns et les autres sont tenus de les exécuter et d'en informer leurs chefs d'état-major respectifs.

Le grand-prévôt rend compte, chaque jour, au commandant en chef et prend ses ordres. Tous les huit jours, et plus souvent s'il est nécessaire, il présente un rapport général sur son service au chef d'état-major général, qui le soumet au commandant en chef.

Le grand-prévôt et les prévôts adressent un rapport journalier aux généraux dont ils relèvent, et sont convoqués par eux, comme les autres chefs de service, quand cela paraît nécessaire.

(Art. 24 et 25 de l'instr. minist. du 18 avril 1890.)

Art. 517. Les militaires de la gendarmerie ne peuvent être punis que par leurs chefs directs et par les généraux et chefs d'état-major des corps auxquels ils appartiennent. Toute faute méritant répression, commise par l'un d'eux, est signalée au prévôt et au grand-prévôt.

Il est donné connaissance à l'autorité qui a porté la plainte de la punition infligée.

Au grand-prévôt, au général, au chef d'état-major des corps dont ils relèvent appartient le droit de diminuer, de changer la nature et même de faire cesser les punitions prononcées.

(Art. 20 de l'instr. minist. du 18 avril 1890.)

SECTION V.

DEVOIRS GÉNÉRAUX.

Art. 518. La gendarmerie remplit à l'armée des fonctions analogues à celles qu'elle exerce dans l'intérieur : la constatation des crimes, délits et contraventions, la rédaction des procès-verbaux, la poursuite et l'arrestation des coupables, la police, le maintien de l'ordre, sont de sa compétence et constituent ses devoirs.

(Art. 12 de l'instr. minist. du 18 avril 1890 et 122 du décret du 28 mai 1895 sur le service des armées en campagne.)

Art 519. La gendarmerie des prévôtés ne sert jamais comme escorte en dehors de ce qui est prévu par le présent règlement, et elle ne peut être employée au service d'estafette que dans le cas de la plus absolue nécessité. Elle ne peut non plus fournir d'ordonnances aux officiers, quel que soit leur grade.

(Dispositions reproduites par l'article 21 de l'instruction ministérielle du 18 avril 1890.)

Art. 520. L'état des emplacements occupés par les différents corps et les divers services est, autant que possible, porté chaque jour, par le grand-prévôt, à la connaissance des prévôts de corps d'armée.

Ceux-ci transmettent cet état aux commandants de détachement sous leurs ordres, en y joignant l'emplacement des divisions, détachements et services de leurs corps respectifs.

(Art. 28 de l'instr. du 18 avril 1890.)

Art. 521. Le campement ou cantonnement des prévôtés est assigné à proximité des quartiers généraux dont elles dépendent.

Pour faciliter l'exécution de leur service, les sous-officiers, brigadiers et gendarmes sont autorisés à pénétrer à toute heure de jour et de nuit dans l'intérieur des camps. A cet effet, ils seront munis du mot. Il est rendu compte au commandant d'armée et au grand-prévôt, par la voie hiérarchique, des obstacles ou empêchements qu'ils pourraient rencontrer à cet égard.

(Dispositions complétées par les articles 27 et 29 de l'instruction ministérielle du 18 avril 1890. Voir aussi les art. 39 et 127 du décret du 28 mai 1995 portant règlement sur le service des armées en campagne.)

Art. 522. Les officiers et les sous-officiers des troupes sont tenus de déférer aux réquisitions de la gendarmerie, lorsqu'elle croit avoir besoin d'appui. Dans le cas où la main-forte lui est refusée, il en est rendu compte, par la voie hiérarchique, au chef d'état-major de la division à laquelle appartient l'officier ou le sous-officier qui n'a pas obtempéré à la réquisition.

Toutes les fois que les officiers, sous-officiers et gendarmes interviennent en leur qualité d'agents de la force publique, au nom de la loi, personne n'a le droit d'entraver leur autorité, et tout le monde doit se soumettre à leurs réquisitions ou à leurs injonctions.

Il est bien entendu, toutefois, que la gendarmerie n'aura pas le droit de s'opposer à des mesures militaires de quelque nature qu'elles soient, quand elles auront été ordonnées par le commandement.

Dispositions reproduites et complétées par les articles 127 du décret du 28 mai 1895 et 30 de l'instruction ministérielle du 18 avril 1890.

Dans aucun cas, les chefs de poste ne marchent eux-mêmes et ne dégarnissent leur poste de plus de la moitié de leur force.

Dans toutes ses relations avec les corps de troupe, la gendarmerie doit agir avec la mesure et le discernement indispensables au légitime exercice de ses droits, mais elle ne doit pas hésiter à signaler le mauvais vouloir et les résistances qui entraveraient l'exécution de son service.

Art. 523. Tout militaire ou employé à l'armée qui a connaissance d'un crime ou délit, doit en donner sur-le-champ avis au grand-prévôt, au prévôt ou à tout autre officier, sous-officier ou brigadier de la gendarmerie. Il est tenu de répondre catégoriquement à toutes les questions qui lui sont adressées par eux.

(Dispositions reproduites dans l'article 125 du décret du 28 mai 1895 et dans l'article 13 de l'instruction ministérielle du 18 avril 1890.)

Art. 524. Le grand-prévôt ou le prévôt, ou les militaires de la gendarmerie faisant fonctions d'officier de police judiciaire, dès qu'ils ont connaissance d'un crime ou d'un délit, font les informations nécessaires, conformément aux prescriptions des articles 83 et suivants du Code de justice militaire.

(Dispositions reproduites dans l'article 125 du décret du 28 mai 1895 et dans l'article 13 de l'instruction ministérielle du 18 avril 1890.)

Art. 525. Le grand-prévôt ou le prévôt fait procéder à la recherche et à l'arrestation des prévenus, et les fait conduire devant le général commandant la fraction de l'armée à laquelle ils appartiennent, à moins que l'infraction ne soit de sa compétence.

Il donne aux commissaires du gouvernement et aux rapporteurs près les conseils de guerre tous les documents que ceux-ci lui demandent et qu'il est en son pouvoir de leur procurer.

Il est tenu de déférer à la réquisition de comparaître comme témoin, quand elle lui est faite régulièrement.

Voir l'art. 125 du décret du 28 mai 1895 sur le service des armées en campagne et l'art. 13 de l'instruction ministérielle du 18 avril 1890. Les commandants des forces publiques ont les mêmes devoirs. Assistés d'un sous-officier remplissant les fonctions de greffier, les officiers de gendarmerie rendent des jugements contre certaines catégories d'individus dans les cas d'infractions déterminés au titre II de l'instruction ministérielle du 18 avril 1890.

Art. 526. Il visite fréquemment les lieux qu'il juge avoir plus spécialement besoin de sa surveillance.

Art. 527. Le grand-prévôt a une garde à son logement : dans les marches et dans ses tournées, il est escorté par deux brigades de gendarmerie.

Dans les mêmes cas, le prévôt de corps d'armée, le commandant de détachement et le capitaine vaguemestre sont accompagnés d'une brigade, si cela est possible sans nuire au service.

L'article 15 de l'instruction ministérielle du 18 avril 1890 prévoit la garde au logement du grand-prévôt Dans les marches et dans leurs tournées, les grands-prévôts, les prévôts, les capitaines vaguemestres et les commandants des forces publiques sont accompagnés du nombre de gendarmes nécessaires pour assurer l'exécution de leur service ; aucune escorte n'est plus déterminée.

Art. 528. La gendarmerie a dans ses attributions spéciales la police relative aux individus non militaires, aux marchands, aux vivandiers et aux domestiques qui suivent l'armée.

En conséquence, le grand-prévôt, le prévôt et le commandant de détachement inscrivent sur un registre les noms et les signalements des secrétaires, interprètes et employés que les généraux et les fonctionnaires de l'armée ont à leur suite.

Un second registre sert à inscrire les noms, signalements et professions des vivandiers, cantiniers et marchands, avec indication du numéro de la patente qui leur a été délivrée.

Le chapitre VI de l'instruction ministérielle du 18 avril 1890 définit, avec les plus grands détails, les attributions de la gendarmerie à cet égard. (Voir aussi l'article 126 du décret du 28 mai 1895.) Les généraux et les fonctionnaires de l'armée qui ont avec eux des secrétaires, interprètes, etc., sont tenus d'en faire la déclaration aux prévôts ou aux commandants des forces publiques.

Art. 529. Le grand-prévôt et les prévôts de corps d'armée n'accordent de patentes que pour le quartier général de l'armée et les quartiers généraux de corps d'armée.

Ces patentes sont soumises au visa des chefs d'état-major, qui les font inscrire sur un registre.

Article 35 de l'instruction ministérielle du 18 avril 1890 pour le modèle du registre à souche des patentes. Voir aussi l'article 126 du décret du 28 mai 1895 sur le service des armées en campagne.

Art. 530. Les commandants de détachement délivrent, sous l'approbation du chef d'état-major et avec son visa, des patentes aux vivandiers, marchands et industriels des divisions ou des brigades ; mais ils les font viser, autant que possible, par le grand-prévôt de l'armée et le prévôt du corps d'armée, au visa desquels sont également soumises celles qui sont délivrées par les conseils d'administration aux cantiniers des corps.

Même annotation que pour le précédent article.

Art. 531. Ces permissions et patentes doivent être l'objet d'un examen sévère de la part de la gendarmerie qui se les fait représenter fréquemment, afin de constater en même temps l'identité des individus qui en sont détenteurs. Cette mesure est de la plus haute importance pour empêcher ou réprimer l'espionnage.

Art. 532. Dans chaque division, un médecin ou pharmacien militaire, assisté d'un maréchal des logis ou brigadier de gendarmerie et de deux gendarmes, est chargé de faire inopinément des tournées générales ou partielles pour apprécier la qualité des liquides et des comestibles débités par les marchands vivandiers et cantiniers.

Il fait répandre ou enfouir ceux qui sont reconnus susceptibles de porter atteinte à la santé des troupes.

Voir l'article 39 de l'instruction ministérielle du 18 avril 1890.

Art. 533. La gendarmerie veille à l'exécution des ordres des généraux concernant les vivandiers et cantiniers, qui, indépendamment d'une plaque indiquant leur profession et qu'ils portent d'une manière ostensible, sont forcés d'en avoir une à leur voiture, indiquant leur nom, le numéro de leur patente et le quartier général ou corps de troupe auquel ils appartiennent.

Elle exige que les comestibles et les liquides dont ils doivent être pourvus soient de bonne qualité, en quantité suffisante et au moindre prix possible.

Elle fait souvent des perquisitions dans les voitures des marchands, vivandiers et cantiniers, pour empêcher qu'elles ne servent à transporter d'autres objets que ceux qu'elles doivent contenir.

Elle dresse procès-verbal des infractions qu'elle remarque ; elle en prévient les corps auxquels les délinquants appartiennent, et rend compte, par la voie hiérarchique, au chef d'état-major général ou de la division.

La plaque des marchands autorisés et des vivandiers doit porter l'exergue : *marchand* ou *vivandier* et le numéro de leur patente, indépendamment de la plaque qu'ils sont forcés d'avoir à leur voiture.

Les *chefs d'état-major* exigent que les comestibles et les liquides dont les marchands et vivandiers doivent être pourvus soient toujours de bonne qualité et en quantité suffisante. Ils en fixent le prix. La gendarmerie s'assure que ces prescriptions sont exécutées. (Art. 38 de l'instr. minist. du 18 avril 1890 et 126 du décret du 28 mai 1895 sur le service des armées en campagne.)

Art. 534. Les officiers et les sous-officiers de gendarmerie vérifient souvent les poids et mesures ; ils confisquent, conformément aux lois, ceux qui ne sont pas étalonnés ; le grand-prévôt ou le prévôt inflige aux contrevenants les peines édictées par la loi ; il les prive pour un temps de leur patente, et il peut, en cas de récidive, les renvoyer de l'armée ; le tout, sans préjudice des restitutions auxquelles ils peuvent être obligés, ni des autres châtiments qu'ils peuvent avoir encourus pour fraude.

Dispositions reproduites en partie par l'article 41 de l'instruction ministérielle du 18 avril 1890.

Art. 535. Les dispositions précédentes concernant les cantiniers des corps sont plus spécialement laissées à la surveillance des chefs de bataillon, adjudants-majors et adjudants de ces corps.

La gendarmerie doit, en général, s'abstenir de toute ingérence superflue dans l'intérieur des corps de troupe qui ont tout intérêt à faire bonne police par eux-mêmes.

Les contrevenants militaires sont punis disciplinairement ou traduits devant le conseil de guerre. (Art. 42 et 43 de l'instr. minist. du 18 avril 1890 et 126 du décret du 28 mai 1895.)

Art. 536. Le grand-prévôt et les prévôts fixent les prix des boissons et des denrées alimentaires ; ils infligent des amendes aux personnes qui suivent l'armée sans permission, aux vivandiers, cantiniers et marchands qui enfreignent les tarifs fixés par les prévôts ou qui contreviennent aux règlements de police de l'armée.

Ils prononcent sur les demandes de dommages-intérêts n'excédant pas 150 francs.

Le produit des amendes (dont aucune ne peut excéder 200 francs) est versé par le grand-prévôt au Trésor.

Le grand-prévôt reçoit du commandement les sommes qui lui seraient nécessaires pour les besoins de son service, sauf à rendre compte au général en chef de l'emploi des sommes touchées.

Ce sont les chefs d'état-major qui fixent le prix des comestibles et des liquides. (Art. 38 de l'instr. minist. du 18 avril 1890.)

Le titre II de l'instruction ministérielle du 18 avril 1890 donne les plus grands détails sur les attributions de la gendarmerie aux armées (service judiciaire et juridiction prévôtale) : la compétence du tribunal de la prévôté, sa composition, les individus qui en sont justiciables, le fonctionnement du tribunal, les principales infractions à poursuivre, etc., etc.

Art. 537. Les domestiques des officiers et des employés de l'armée sont tenus d'avoir une attestation signée de leur maître constatant qu'ils sont à son service. Cette attestation est visée dans les corps par les colonels, dans les états-majors et les administrations par les prévôts. S'ils obtiennent des permissions, elles devront être visées de la même manière.

La gendarmerie arrête les domestiques des officiers et des fonctionnaires de l'armée qui, sur sa réquisition, ne lui présentent pas l'attestation signée de leur maître, constatant qu'ils sont à son service, et, s'il y a lieu, leur permission.

Elle arrête également, comme vagabond, tout domestique qui abandonne son maître pendant la campagne.

(Voir les articles 33, 44 et 45 de l'instruction ministérielle du 18 avril 1890 et l'art. 126 du décret du 28 mai 1895 sur le service des armées en campagne.)

Art. 538. Des prisons destinées à recevoir les militaires de tous grades, les gens sans aveu ou suspects, etc., sont établies dans les quartiers généraux de corps d'armée et dans les quartiers de division par les soins des prévôts et commandants de détachement. Elles sont sous l'autorité de ces officiers et sous la surveillance des commandants des quartiers.

(Voir les articles 76 et suivants de l'instruction du 18 avril 1890 et l'art. 124 du décret du 28 mai 1895 sur le service des armées en campagne.)

Si la troupe est logée chez l'habitant, un local spacieux, solidement construit, facile à garder et présentant toutes les garanties contre les évasions, est choisi par le prévôt ou le commandant de détachement et mis à sa disposition par l'autorité locale.

Dans le cas où la troupe est campée loin des habitations, une grande tente, fournie par l'administration du campement, reçoit la même destination.

Il est pourvu à la nourriture des prisonniers au moyen de rations perçues en même temps que celle de la prévôté, sur des bons établis au titre de la justice militaire. Ces rations sont les mêmes que celles de la troupe, à l'exception du vin et des autres liquides.

Le registre d'écrou des prisonniers, visé chaque jour par le sous-intendant de la division, sert de pièce justificative pour ses allocations et perceptions.

Le chapitre XI de l'instruction ministérielle du 18 avril 1890 donne des prescriptions de détail sur l'installation et le fonctionnement de ces prisons.

Art. 539. La gendarmerie reçoit dans les prisons les individus qu'elle arrête et ceux qui lui sont envoyés par les chefs d'état-major.

Afin d'éviter l'encombrement des prisons, les prévôts procèdent sans désemparer au jugement de tous les autres individus qui leur sont amenés et sur lesquels s'étend leur juridiction.

Voir l'article 79 de l'instruction du 18 avril 1890 et l'article 124 du décret du 28 mai 1895 sur le service des armées en campagne.

Art. 540. La gendarmerie reconduit à leur corps les militaires qu'elle arrête, à moins que l'inculpation élevée contre eux ne soit de la compétence des conseils de guerre; dans ce dernier cas, les pièces de conviction sont remises au chef d'état-major de la division, qui prend les ordres du général pour faire informer.

Le signalement des déserteurs et des prisonniers évadés est envoyé, dans les vingt-quatre heures au plus tard, à l'officier commandant le détachement de gendarmerie de la division, lequel prend les mesures nécessaires pour leur arrestation.

Dispositions reproduites dans les articles 53, 54 et 55 de l'instruction ministérielle du 18 avril 1890.
Les pièces de conviction comprennent :
1° Le procès-verbal d'arrestation ;
2° Tous les documents recueillis dans l'instruction que l'officier de police judiciaire de la gendarmerie aura dû faire, au moins d'une façon sommaire, avant de conduire l'inculpé en prison.

Art. 541. Les commandants de la gendarmerie, après avoir reçu du chef d'état-major général l'état des officiers et des fonctionnaires de l'armée ayant droit à des voitures ou fourgons, s'assurent dans les quartiers généraux que les voitures particulières des officiers généraux, celles des fonctionnaires de l'armée, portent le chiffre de leurs propriétaires ; que leurs fourgons, ainsi que les fourgons et les voitures des régiments, portent les indications prévues par l'instruction ministérielle du 27 mai 1875 ; enfin, que les voitures des marchands, des vivandiers et cantiniers ont une plaque, comme il a été prescrit à l'article 533.

Art. 542. Dans les marches, la gendarmerie suit les colonnes, arrête les pillards et fait rejoindre les traînards.

Si la troupe marche en avant, la prévôté est répartie sur les flancs et en arrière des colonnes.

En cas de retraite, elle est placée également sur les flancs et entre les troupes et les équipages. Son devoir est surtout de faire dégager rapidement les routes et d'arrêter les mouvements précipités qui peuvent dégénérer en panique.

Voir le chapitre XV de l'instruction ministérielle du 18 avril 1890 et l'art. 127 du décret du 28 mai 1895 sur le service des armées en campagne.

Art. 543. Quand les troupes sont engagées, la gendarmerie est échelonnée en arrière des corps qui sont aux prises avec l'ennemi. Elle ramène au feu les soldats qui se débandent et ceux qui se détachent sans nécessité pour accompagner les blessés. Elle désigne à ces derniers l'emplacement des ambulances, et, aux officiers, les dépôts de munitions.

En cas de panique, toute la prévôté est réunie pour opposer une digue aux fuyards.

Voir les prescriptions de détail des articles 51 et 52 de l'instruction ministérielle du 18 avril 1890.

Art. 544. Les capitaines vaguemestres se conforment en tous points, pour la conduite des équipages et convois, ainsi que pour la police à y maintenir, à toutes les prescriptions des titres XIV et XVI du règlement de 1832, sur le service en campagne, qui ne sont pas contraires à ce qui est dit au présent règlement.

Le règlement de 1832 est abrogé.

Les chapitres XIII, XIV et XV de l'instruction ministérielle du 18 avril 1890 et l'annexe à cette instruction indiquent les éléments constitutifs des colonnes, les ordres de marche des différents trains, ainsi que les mesures de police et de surveillance qui incombent à la gendarmerie.

Art. 545. Aucun officier ou fonctionnaire de l'armée ne devant, en dehors des autorisations régulières ou légales, requérir ni voitures, ni chevaux, la gendarmerie dresse procès-verbal contre tout officier ou fonctionnaire de l'armée qui a commis un acte de cette nature. Elle est chargée de recevoir les plaintes des propriétaires, tant sur cet objet que sur tout autre, et, au besoin, d'y donner suite.

Voir le chapitre IX de l'instruction ministérielle du 18 avril 1890 et le titre IX du décret du 28 mai 1895 sur le service des armées en campagne.

Art. 546. Elle signale les militaires de tout grade qui, à la guerre, sont trouvés chassant, ainsi que les officiers qui, dans les cantonnements, chassent sans la permission du propriétaire et l'autorisation du général commandant sur les lieux.

Article 58 de l'instruction ministérielle du 18 avril 1890. La chasse est défendue en campagne aux militaires de tout grade. (Décret du 28 mai 1895 sur le service des armées en campagne.)

Les prévôts ou autres officiers de gendarmerie sont spécialement chargés d'empêcher les jeux de hasard, qui sont formellement défendus. Les individus qui se livrent à ces jeux sont sévèrement punis; ceux qui les tiennent, s'ils ne sont pas militaires, sont chassés de l'armée.

Article 47 de l'instruction ministérielle du 18 avril 1890.

La gendarmerie écarte de l'armée les femmes de mauvaise vie.

Article 48 de l'instruction ministérielle du 18 avril 1890.

Art. 547. La gendarmerie veille à ce qu'il ne soit pas acheté de chevaux à des personnes inconnues. Ceux qui ont été volés ou trouvés sans maître sont conduits à la prévôté, qui les fait rendre à leur propriétaire, dès qu'il est connu. Dans le cas contraire, ils sont remis, d'après l'ordre du chef d'état-major, à l'arme à laquelle ils conviennent.

Les chevaux pris sur l'ennemi ne sont jamais amenés à la gendarmerie; ils sont laissés à la garde des corps qui les ont capturés, conformément à l'article 182 du règlement sur le service en campagne.

Voir l'article 59 de l'instruction ministérielle du 18 avril 1890.

Art. 548. Pendant le temps qu'ils restent à la disposition de la prévôté, les chevaux volés ou trouvés sans maître sont mis en subsistance dans un régiment du corps d'armée désigné par la voie de l'ordre.

La gendarmerie conserve leur signalement pour faciliter les recherches ultérieures.

Il est défendu d'acheter des chevaux de personnes inconnues.
Les chevaux que l'on trouve sont conduits au prévôt, qui les verse au service de la remonte. Ils peuvent être rendus à leur propriétaire, s'il les réclame.
Voir l'article 109 du décret du 28 mai 1895 sur les prises.
Les chevaux amenés par les déserteurs sont également remis au service de la remonte. (Art. 59 de l'instr. minist. du 18 avril 1890.)

Art. 549. Le grand-prévôt est chargé de la surveillance et de la police générale des sauvegardes, qu'elles soient prises dans la gendarmerie de l'armée, ou qu'elles soient tirées des régiments: ces sauvegardes lui obéissent, ainsi qu'aux officiers et sous-officiers de gendarmerie.

Ces officiers et sous-officiers s'assurent que les sauvegardes suivent exactement les instructions qu'elles ont reçues des généraux; ils rendent compte des difficultés qu'elles rencontrent dans l'exécution de leur mission et des violences qu'elles peuvent éprouver.

Les sauvegardes sont des militaires pris dans la gendarmerie ou dans les régiments et auxquels on confie la garde de maisons particulières, d'établissements publics ou de magasins.

Il est aussi donné des sauvegardes écrites ou imprimées signées du commandant de l'armée. Ces écrits présentés aux troupes doivent être considérés comme une sentinelle. (Voir l'art. 87 du décret du 28 mai 1895 sur les sauvegardes, et le chapitre X de l'instruction ministérielle du 18 avril 1890.)

Art. 550. La propreté des abords des camps est sous la surveillance spéciale de la gendarmerie. Elle requiert les corps de troupe de faire enfouir les détritus des abatages qu'ils font pour leur compte.

En cas de départ précipité d'une troupe, celle qui la remplace est tenue de s'acquitter de ce soin.

Les animaux morts trouvés à proximité des camps sont signalés aux chefs d'état-major, qui font commander les corvées nécessaires pour procéder à leur enfouissement.

En un mot, la gendarmerie porte une attention constante à tout ce qui concerne la salubrité publique.

A défaut de troupes, la gendarmerie requiert l'autorité locale.

Elle dresse procès-verbal contre les marchands et vivandiers qui laissent séjourner dans le voisinage de leur installation des débris à exhalaisons insalubres.

Dans les cantonnements, elle veille à l'exécution stricte, par les habitants, des règlements édictés par l'autorité militaire pour le balayage des rues, le nettoyage des égouts et l'enlèvement des immondices.

Elle rend compte au chef d'état-major des épizooties qui viennent à se produire.

Enfin, elle veille à ce que les animaux morts de maladies contagieuses soient enfouis profondément avec leur cuir. (Art. 57 de l'instr. minist. du 18 avril 1890.)

Art. 551. Des patrouilles de jour et de nuit sont faites par la gendarmerie, dans toute l'étendue du pays occupé par la fraction de l'armée à laquelle elle est attachée.

Ces patrouilles ont pour objet d'empêcher tout désordre, de faire fermer les cabarets ou tous autres lieux publics aux heures fixées ; de conduire à leurs corps les soldats avinés, d'arrêter les espions, d'empêcher la maraude, etc.

Quand la troupe est logée chez l'habitant, des patrouilles mixtes, composées de quelques soldats dirigés par un ou deux gendarmes, peuvent être formées pour aider la gendarmerie à protéger les populations et les propriétés.

L'article 60 de l'instruction ministérielle du 18 avril 1890 complète ces dispositions. La gendarmerie est munie du mot d'ordre. (Art. 127 du décret du 28 mai 1895 sur le service des armées en campagne.)

Art. 552. Le grand-prévôt informe le chef d'état-major des dispositions qu'il croit nécessaire de faire adopter par la commission militaire de campagne pour faciliter la surveillance dans les gares.

Tous les voyageurs dont l'identité demeure douteuse ou dont les intentions peuvent sembler suspectes sont conduits à la prévôté pour y être interrogés.

Dans les gares de chemins de fer situées au delà de la base d'opérations, un poste de gendarmerie, placé sous les ordres des commandants militaires de garde, est chargé de surveiller les voyageurs, d'arrêter les fuyards et de maintenir l'ordre dans la gare lors du passage ou de l'arrivée des trains militaires. (Art. 69 de l'instr. minist. du 4 avril 1890.)

L'article 63 de la même instruction définit le rôle de la gendarmerie du service des étapes dont la composition est déterminée au chapitre Ier.

Art. 553. Indépendamment du service qu'elle est appelée à faire aux armées, comme force publique, la gendarmerie peut être organisée en bataillons, escadrons, régiments ou légions, pour faire partie des brigades de l'armée active, tant à l'intérieur qu'à l'extérieur.

Toutes ces modifications ont été rendues applicables à la gendarmerie maritime par la circulaire du 27 novembre 1875 du Ministre de la marine et des colonies.

TITRE V.

ORDRE INTÉRIEUR, POLICE ET DISCIPLINE DES CORPS ET COMPAGNIES DE GENDARMERIE.

CHAPITRE PREMIER.

ORDRE ET DISCIPLINE.

SECTION PREMIÈRE.

ORDRE INTÉRIEUR.

Art. 554. Les officiers de tout grade de la gendarmerie ne peuvent se marier sans en avoir préalablement l'autorisation du Ministre de la guerre.

Pour obtenir la permission de se marier, les officiers doivent se conformer aux dispositions des circulaires des 3 et 24 juillet 1840, 17 décembre

1843, 7 et 23 janvier 1844, 19 avril même année et 21 août 1852 ; aux arrêtés des 18 février et 14 avril 1875, et à la solution ministérielle du 13 juillet
suivant, fixant la nature des titres apportés en dot et adoptant un nouveau
modèle de certificat d'apport en mariage, etc., etc.

Les officiers en instance de retraite ne peuvent pas se marier sans y avoir
été autorisés par le Ministre. (Circ. du 20 août 1872.)

L'extrait du contrat et le certificat de mariage des officiers doivent parvenir au Ministre dans le délai d'un mois à partir du jour de la célébration.
(Circ. du 19 avril 1844.)

L'extrait du contrat de mariage n'est pas nécessaire pour la justification
de l'apport dotal, lorsque l'officier jouit d'une solde supérieure à 5,000
francs. (26 juin 1888 et 28 mai 1889.)

Toute permission doit être renouvelée si le mariage n'a pas été célébré
dans le délai de six mois. (Circ. du 17 décembre 1843.)

Les renseignements demandés au sujet des mariages des officiers ne doivent être pris que par les officiers ou les sous-officiers, jamais par les gendarmes. (Circ. du 25 juin 1863.)

Une circulaire ministérielle du 18 juillet 1887 décide que les gouverneurs
militaires et commandants de corps d'armée accorderont aux officiers et
assimilés les autorisations de mariage demandées ; celles formées par les
officiers généraux continueront à être adressées au Ministre.

Art. 555. Toute demande d'un officier de gendarmerie tendant à
obtenir l'autorisation de se marier doit être transmise au Ministre
avec les pièces à l'appui, par le chef de légion, qui fait connaître
son avis motivé sur la moralité de la personne que l'officier se
propose d'épouser, sur la constitution de la dot et sur la convenance de l'union projetée.

Si la future n'habite pas dans la circonscription de la légion, le
colonel prend ces renseignements près du chef de la légion où
elle réside.

Les conditions de dot sont les mêmes que celles qui sont exigées
pour les officiers de l'armée.

Voir les annotations de l'article précédent.

Art. 556. Les sous-officiers, brigadiers et gendarmes ne peuvent également se marier sans en avoir obtenu la permission
du conseil d'administration de la compagnie à laquelle ils appartiennent, approuvée par le chef de légion. Indépendamment des
garanties de moralité exigées en pareil cas, le conseil d'administration doit s'assurer que la future possède des ressources suffisantes pour ne pas être à la charge du militaire qui désire l'é-
pouser.

Dans le cas où le conseil d'administration croit devoir refuser
son consentement, il est tenu de faire connaître les motifs de son
refus au chef de légion ou de corps, qui en réfère au Ministre.

Si le chef de légion ou de corps refuse son approbation, il est
tenu d'en rendre compte au Ministre.

Le refus d'autorisation doit toujours être soumis au Ministre et non au général commandant le corps d'armée, lorsqu'il s'agit d'un officier. (8 décembre 1888.)

La date de la célébration du mariage doit être inscrite sur les contrôles annuels, et les certificats constatant cette célébration doivent être transmis au Ministre du 1er au 5 de chaque mois. (Circ. du 16 août 1878 et art. 39 du règlem¹ du 10 juillet 1889, qui prescrit l'inscription au folio mobile individuel et au livret de l'homme.)

La note ministérielle du 30 août 1860 rappelle aux conseils d'administration le soin de s'assurer que la future possède des ressources suffisantes pour ne pas être à la charge du militaire qui désire l'épouser. Les conditions à exiger peuvent varier suivant les localités, suivant la profession de la future et suivant les avantages ou les espérances que sa position de famille lui assure. Dans ces différents cas, la réalisation d'une somme d'argent déterminée ne doit pas être exigée comme condition absolue de la permission de mariage. Il importe, avant tout, de voir si l'alliance projetée n'est pas de nature à nuire à la considération personnelle du militaire ou à augmenter ses charges de manière à le mettre dans l'obligation de contracter des dettes. (Voir la lettre minist. du 13 janvier 1889.)

La date de la célébration du mariage doit être inscrite sur les contrôles annuels (circ. du 2 juin 1860), et le certificat constatant cette célébration doit être transmis au Ministre du 1er au 5 de chaque mois, conformément à la circulaire du 19 août 1878.

Lorsqu'il s'agit du mariage d'un gendarme dans sa circonscription, le commandant de brigade fournit au commandant d'arrondissement, sous sa responsabilité, tous les renseignements qu'il a pu recueillir sur la moralité et la position de fortune de la personne que le gendarme se propose d'épouser, ainsi que sur la convenance de l'union projetée. (Art. 129 du règlem¹ du 10 juillet 1889.)

Toute permission doit être renouvelée si le mariage n'a pas été célébré dans le délai de six mois. (Circ. du 17 décembre 1843.)

Voir la circulaire ministérielle du 28 mars 1883 en ce qui concerne les demandes en autorisation de mariage des gendarmes coloniaux. (Annotations de l'art. 89 du présent décret.)

Art. 557. Les sous-officiers, brigadiers et gendarmes logent dans les casernes ou maisons qui en tiennent lieu ; ils ne peuvent découcher que pour objet de service. A moins que les circonstances n'exigent l'emploi de la brigade tout entière, il y a toujours un gendarme de garde à la caserne.

Voir les articles 164, 177, 178 et 271 du règlement du 10 juillet 1889, et l'article 120 du même règlement pour l'entrée des étrangers dans les casernes.

Les facteurs peuvent entrer dans les casernes pour présenter et recevoir des effets de commerce, factures, etc. (Note du 25 juillet 1879.)

Art. 558. Les femmes et les enfants des sous-officiers, brigadiers et gendarmes peuvent habiter les casernes ; ils doivent y tenir une conduite régulière, sous peine d'en être renvoyés d'après les ordres du chef de légion.

Un père infirme, une mère ou une sœur, peuvent y être admis exceptionnellement, avec l'autorisation du chef de la légion.

Aucun parent ne peut coucher dans la caserne sans y avoir été autorisé. (Art. 120 du règlem^t du 10 juillet 1889.)

Art. 559. Aucun sous-officier, brigadier ou gendarme ne peut faire commerce, tenir cabaret, ni exercer aucun métier ou profession ; les femmes ne peuvent également, dans la résidence de leur mari, tenir cabaret, billard, café ou tabagie, ni faire aucun commerce apparent dans l'intérieur de la caserne.

L'article 149 du règlement du 10 juillet 1889 prescrit de ne plus autoriser, à l'avenir, les femmes des militaires de la gendarmerie à tenir un commerce dans la circonscription de brigade de leur mari.

Art. 560. Hors le cas de service, les maréchaux des logis, brigadiers et gendarmes sont tenus de rentrer à la caserne à 9 heures du soir en hiver et à 11 heures en été.

L'article 231 du règlement du 10 juillet 1889 autorise, en toute saison, les commandants de brigade et les gendarmes décorés ou médaillés à ne rentrer à la caserne qu'à 10 heures en hiver et minuit en été.

Art. 561. Les gendarmes ne peuvent s'absenter de la caserne sans en prévenir le commandant de la brigade et sans lui dire où ils vont, afin qu'on puisse les trouver au besoin ; il leur est enjoint d'être constamment dans une bonne tenue militaire.

Même dans l'intérieur des casernes. (Circ. du 18 février 1873.)
Voir l'article 150 du règlement du 10 juillet 1889.

Art. 562. Les officiers doivent tenir sévèrement la main à ce que les sous-officiers, brigadiers et gendarmes sous leurs ordres ne se livrent point à des dépenses qui les mettraient dans le cas de contracter des dettes ; celles qui ont pour objet leur subsistance ou des fournitures relatives au service sont payées au moyen d'une retenue ordonnée par les chefs de légion, et donnent lieu, en outre, à des punitions disciplinaires.

Art. 563. Les officiers de gendarmerie qui contractent des dettes sont sévèrement punis ; il est fait mention de leur inconduite, sous ce rapport, au registre du personnel.

Le chef de légion, sur le compte qui lui en est rendu par le commandant de la compagnie, donne des ordres pour que le payement soit fait dans le plus bref délai possible, et provoque au besoin une retenue sur la solde des officiers.

Voir le chapitre XXIV du règlement du 10 juillet 1889 et les articles 60 et suivants du décret du 30 décembre 1892.

Art. 564. L'habitude de s'enivrer, quand bien même elle n'est pas accompagnée de circonstances aggravantes, suffit pour motiver l'exclusion du corps de la gendarmerie ; en conséquence, cette exclusion peut être prononcée contre tout sous-officier, brigadier et gendarme qui, en peu d'années, a subi trois punitions pour cause d'ivrognerie.

La circulaire du 22 mai 1878 prescrit de mettre en liberté provisoire les militaires arrêtés pour ivresse dès que cet état cesse.

Voir l'article 148 du règlement du 10 juillet 1889.

SECTION II.

INSTRUCTION SPÉCIALE ET MILITAIRE.

Voir les articles 5, 35, 187, 188 à 192 du règlement du 10 juillet 1889.

Art. 565. L'instruction spéciale des officiers de gendarmerie doit embrasser tout ce que renferme le présent décret, ainsi que les dispositions réglementaires dont la connaissance leur est indispensable pour se bien pénétrer de leurs obligations personnelles et se mettre en état d'exercer régulièrement leurs fonctions, soit comme commandants de la force publique, soit comme officiers de police judiciaire.

Art. 566. L'instruction théorique des sous-officiers et brigadiers doit comprendre particulièrement les titres III, IV et V du même décret, et spécialement la connaissance approfondie des fonctions qu'ils sont journellement appelés à remplir, soit comme chefs de brigade, soit comme commandants de la force publique.

Art. 567. L'instruction spéciale des gendarmes doit avoir pour objet l'exposé sommaire des devoirs imposés aux militaires de l'arme par le titre IV du même décret, et notamment la connaissance du service ordinaire et extraordinaire des brigades. Il est fréquemment donné lecture à chaque brigade assemblée des prescriptions du présent décret, concernant la discipline de l'arme, les règles particulières qui la régissent et les dispositions générales qui sont d'une application journalière dans l'exécution du service.

Art. 568. Les officiers de tout grade et les commandants de brigade ne doivent négliger aucun moyen de fortifier et d'entretenir l'instruction militaire de l'arme. A cet effet, les chefs de légion donnent des ordres pour que, deux fois par mois, pendant la saison d'été, et lorsque les exigences du service ne s'y opposent point, des réunions de plusieurs brigades aient lieu sur des points intermédiaires, où elles sont exercées à cheval sous les ordres du commandant d'arrondissement.

Les commandants de compagnie doivent déterminer les points de réunion de manière à ce que les brigades n'aient pas, autant que possible, plus de 10 kilomètres à parcourir pour se rendre sur le terrain d'exercice.

Ces réunions de brigades ne doivent, sous aucun prétexte, motiver la suspension ou l'interruption du service habituel.

Les brigades à pied sont toujours exercées dans leur résidence.
Tout commandant de compagnie ou d'arrondissement doit pouvoir commander l'école d'escadron, et tout sous-officier l'école de peloton.

Voir l'article 189 du règlement du 10 juillet 1889.

Art. 569. Chaque année, à l'époque des inspections générales, des gratifications sont accordées, dans chaque compagnie, par le Ministre de la guerre, aux sous-officiers, brigadiers et gendarmes qui ont le plus contribué aux progrès des diverses parties de l'instruction spéciale et militaire.

SECTION III.

FAUTES CONTRE LA DISCIPLINE ET DROIT DE PUNIR.

Voir le chapitre XVIII du règlement du 10 juillet 1889.

Art. 570. Sont réputés fautes contre la discipline,
De la part des supérieurs :
Tout propos injurieux ou humiliant envers un subordonné ; toute punition injustement infligée ou tout abus d'autorité à son égard ;
Toute négligence de leur part à punir les fautes de leurs subordonnés et à rendre compte à leurs chefs.
De la part de l'inférieur :
Tout défaut d'obéissance, tant qu'il n'a pas le caractère d'un délit ; tout murmure, mauvais propos, signe de mécontentement envers des supérieurs ; tout manquement au respect qui leur est dû ; toute violation des punitions de discipline ; tout dérèglement de conduite ; la passion du jeu et l'habitude de contracter des dettes ; les querelles, soit entre les hommes de la gendarmerie, soit avec d'autres militaires, soit avec les habitants des villes et des campagnes ;
L'ivresse, lors même qu'elle ne trouble point l'ordre public ou militaire, le manquement aux appels et toute absence non autorisée, toute contravention aux règlements sur la police, la discipline et sur les différentes parties du service ;
Enfin, tout ce qui, dans la conduite ou dans la vie habituelle du militaire, s'écarte de la règle, de l'ordre, de l'esprit d'obéissance et de la déférence que le subordonné doit à ses chefs.
Les fautes deviennent plus graves quand elles se réitèrent, et surtout quand elles ont lieu pendant la durée du service, ou lorsqu'il s'y joint quelque circonstance qui peut porter atteinte à l'honneur ou entraîner du désordre.

Voir l'article 236 du règlement du 10 juillet 1889, annoté.

Art. 571. Les officiers, sous-officiers, brigadiers et gendarmes sont soumis, chacun en ce qui le concerne, aux règlements de discipline militaire et aux peines que les supérieurs sont autorisés à infliger à leurs inférieurs pour les fautes et négligences dans le service.

Art. 572. En ce qui concerne le service et l'ordre public, tout officier, sous-officier, brigadier ou gendarme peut être puni par un militaire de l'arme du grade supérieur au sien, ou qui en exerce temporairement les fonctions.

Art. 573. Les chefs de légion de gendarmerie peuvent, d'après le compte qui leur est rendu, restreindre ou augmenter les punitions prononcées par les officiers et chefs de brigade sous leurs ordres, sans s'écarter, dans aucun cas, des règles qui sont prescrites ci-après pour la nature et la durée des punitions.

Ils peuvent en changer la nature et même les faire cesser ; dans ce cas, ils font apprécier, à celui qui a puni, l'erreur qu'il a commise, et le chargent de lever la punition. Ils le punissent lui-même, s'ils reconnaissent qu'il y ait eu de sa part un abus d'autorité.

Art. 574. Les punitions infligées par leurs chefs aux militaires de la gendarmerie devant être examinées chaque année par les inspecteurs généraux de l'arme et pouvant motiver de leur part une répression nouvelle sont inscrites sur les registres à ce destinés, avec des détails suffisants pour faire apprécier la nature et la gravité des fautes qui les ont provoquées.

Les sous-officiers, brigadiers et gendarmes, quoique assujettis aux règlements de discipline militaire et aux peines que les supérieurs sont autorisés à infliger à leurs inférieurs, ne peuvent être punis que par leurs chefs directs. En campagne, ils peuvent être punis par leurs chefs directs et par les généraux et chefs d'état-major des corps auxquels ils appartiennent.

Les circulaires ministérielles des 6 avril 1873 et 8 février 1876 attribuent aux généraux commandant les corps d'armée le droit de punir les militaires de la gendarmerie et d'augmenter leurs punitions ; ce privilège a été accordé exclusivement à ces officiers généraux.

Le recours à l'autorité supérieure du commandant de corps d'armée, tout en donnant les moyens suffisants pour permettre de réprimer, lorsqu'il y a lieu, les infractions d'ordre général commises par des militaires de la gendarmerie, sauvegarde cependant l'indépendance relative qu'il est nécessaire de laisser à ces militaires au point de vue de l'exécution du service spécial dont ils sont chargés. (Note minist. du 15 juin 1881.)

L'article 239 du règlement du 10 juillet 1889 reconnaît ces dispositions.

SECTION IV.

PUNITIONS DES OFFICIERS.

Voir les articles 241 et suivants du règlement du 10 juillet 1889.

Art. 575. Les punitions disciplinaires sont, pour les officiers de gendarmerie :

Les arrêts simples ;
La réprimande du chef de légion ;

Les arrêts de rigueur;

La prison (1).

La réprimande a lieu en présence d'un ou plusieurs officiers du grade supérieur ou du même grade, réunis à cet effet.

La durée des arrêts simples, des arrêts de rigueur et de la prison ne peut excéder quinze jours; cette dernière punition est toujours mise à l'ordre de la légion.

Les arrêts simples peuvent être ordonnés à chaque officier par son supérieur en grade ou par celui qui en exerce l'autorité. Ils n'exemptent d'aucun service.

Les arrêts de rigueur et la prison ne sont ordonnés que par le chef de légion. Ces punitions suspendent tout service.

Art. 576. Dans les chefs-lieux de légion, l'épée d'un officier supérieur aux arrêts de rigueur ou en prison est portée chez le chef de légion par le capitaine commandant de l'arrondissement du chef-lieu, ou celle d'un officier inférieur par l'adjudant.

Dans les chefs-lieux de compagnie, l'épée de l'officier aux arrêts de rigueur ou en prison est portée chez le commandant de la compagnie par le maréchal des logis chef.

Elle lui est renvoyée par la même voie à l'expiration de sa punition.

Ces dispositions ne sont plus en vigueur.

Art. 577. Les arrêts simples et de rigueur peuvent être ordonnés de vive voix ou par un billet cacheté qui indique le jour de l'expiration des arrêts. Dans un chef-lieu de légion, ce billet est porté par un capitaine commandant l'arrondissement aux officiers supérieurs, et par l'adjudant aux autres officiers. Dans les chefs-lieux de compagnie, il est porté par le maréchal des logis chef.

Les arrêts sont mis à l'ordre de la légion, lorsque l'intérêt de la discipline l'exige.

Voir l'article 244 du règlement du 10 juillet 1889.

Art. 578. Lorsqu'un intendant ou sous-intendant militaire, pour des faits particuliers à l'administration, a sujet de se plaindre des officiers ou sous-officiers comptables, il en informe le chef de la légion, et, s'il y a lieu, demande une punition.

Cet officier supérieur ne peut refuser de l'infliger que par des considérations majeures dont il rend compte immédiatement au Ministre de la guerre, et il avise le fonctionnaire qui a demandé la punition de la détermination qu'il a cru devoir prendre.

Ces dispositions sont applicables au major de la garde républicaine.

(1) Les arrêts de forteresse et la réprimande du général commandant le corps d'armée. (Art. 241 du service intérieur de la gendarmerie.)

Art. 579. Tout officier, lors même qu'il se croit injustement puni, doit d'abord se soumettre à la punition disciplinaire prononcée contre lui ; mais il peut, après avoir obéi, faire des réclamations auprès de l'officier immédiatement supérieur à celui qui a puni.

Les punitions contre lesquelles on a réclamé sans de justes motifs peuvent être augmentées par les chefs de légion.

Voir l'article 262 du service intérieur de la gendarmerie.

Art. 580. Il est rendu compte hiérarchiquement aux chefs de légion, par les rapports journaliers, de toutes les punitions infligées aux officiers, de leurs motifs et des réclamations auxquelles elles ont pu donner lieu.

De leur côté, les chefs de légion rendent compte directement et immédiatement au Ministre de toutes les punitions d'arrêts de rigueur et de prison qu'ils ont été dans le cas d'infliger.

Ce rapport ne les dispense pas de celui qu'ils doivent adresser sans délai aux généraux commandant les divisions militaires, dans les cas prévus par l'article 132 du présent décret.

Voir les articles 245 et 250 du règlement du 10 juillet 1889, et la note ministérielle du 5 novembre 1890.

SECTION V.

PUNITIONS DES SOUS-OFFICIERS, BRIGADIERS ET GENDARMES.

Voir les articles 248 et 253 du règlement du 10 juillet 1889.

Art. 581. Les punitions de discipline à infliger aux sous-officiers, brigadiers et gendarmes sont :

La consigne à la caserne ;
La salle de police ;
La prison de corps ou de la place.

Ces punitions ne peuvent être infligées pour plus de quinze jours.

La prison de la place est supprimée par le décret du 10 août 1872.

Le règlement du 10 juillet 1889 supprime pour les sous-officiers, brigadiers et gendarmes, élèves gendarmes, les punitions de salle de police et la suspension pour les gradés.

Aux termes de l'article 248 du règlement sur le service intérieur, les punitions à infliger aux sous-officiers, brigadiers et gendarmes sont :

1° La consigne à la caserne ;
2° La consigne à la chambre ;
3° La réprimande des commandants de compagnie pour les chefs de brigade ;
4° La prison ;

5° La réprimande des chefs de légion pour les chefs de brigade ;
6° La rétrogradation ;
7° La cassation ;
8° La réforme.

La consigne à la chambre ou au quartier ne dispense d'aucun service. Les militaires punis de prison ne font aucun service.

Le changement de résidence peut aussi être demandé et prononcé par mesure disciplinaire, à l'exclusion de toute autre peine, quand les faits qui le motivent sont isolés. (Note minist. du 5 novembre 1890.)

Art. 582. Les punitions sont infligées de la manière suivante :
Par les sous-officiers et brigadiers :
Huit jours de consigne et quatre jours de salle de police ;
Par les commandants d'arrondissement :
Dix jours de consigne, huit jours de salle de police et quatre jours de prison ;
Par les commandants de compagnie :
Quinze jours de consigne, quinze jours de salle de police et huit jours de prison.

Le chef de légion peut ordonner jusqu'à quinze jours de salle de police et quinze jours de prison.

Dans les corps de gendarmerie ayant une organisation régimentaire, les punitions infligées par les sous-officiers et brigadiers sont les mêmes que celles déterminées par l'ordonnance du 2 novembre 1833 sur le service intérieur des corps.

Voir les annotations de l'article 581 ci-dessus et l'article 249 du règlement du 10 juillet 1889. L'ordonnance du 2 novembre 1833 est remplacée par le décret du 20 octobre 1892.

Art. 583. Cependant, si un sous-officier, brigadier ou gendarme commet contre la discipline une faute de nature à mériter une plus forte punition, les chefs de légion sont autorisés à prolonger la peine de la prison jusqu'à ce que le Ministre de la guerre ait prononcé. Ils sont tenus de lui adresser leur rapport, à cet effet, dans les trois jours à compter de celui où ils ont cru devoir prolonger la durée de cette peine.

Les punitions de salle de police et de prison, pour les commandants de brigade, sont toujours subies au chef-lieu de l'arrondissement ou de la compagnie.

Les punitions à infliger aux maréchaux des logis adjoints aux trésoriers sont prononcées, pour ce qui concerne leur service spécial, par l'officier qui en a la direction, ou par le commandant de la compagnie ; pour tout autre objet, elles le sont par tout supérieur en grade.

Les chefs de légion qui ont à adresser des demandes d'aggravation de punition devront les envoyer aux généraux commandant les corps d'armée, qui ont le pouvoir d'augmenter ces punitions et de punir eux-mêmes.
Voir les annotations de l'article 574 du présent décret.

Art. 584. Les sous-officiers, brigadiers et gendarmes consignés ne sont dispensés d'aucun service ; les sous-officiers, brigadiers et gendarmes punis de salle de police ou de prison ne font aucun service.

La salle de police est supprimée. (Voir les annotations de l'article 581.)

Art. 585. Les commandants de compagnie peuvent augmenter les punitions infligées par leurs inférieurs dans les limites déterminées par l'article 582 ci-dessus ; lorsqu'il y a lieu de diminuer une punition, ils en font la demande au chef de légion par la voie du rapport journalier.

Art. 586. Les dispositions de l'article 579 ci-dessus sont applicables aux réclamations que les sous-officiers, brigadiers et gendarmes peuvent élever contre les punitions qui leur ont été infligées par leurs supérieurs.

Ces réclamations sont transmises au chef de légion par la voie hiérarchique, avec l'avis des commandants de compagnie.

Voir l'article 262 du service intérieur de la gendarmerie.

SECTION VI.

SUSPENSION, RÉTROGRADATION ET CASSATION DES SOUS-OFFICIERS ET BRIGADIERS

Voir les articles 252 et 253 du règlement du 10 juillet 1889.

Art. 587. Les adjudants, maréchaux des logis chefs et maréchaux des logis adjoints aux trésoriers, maréchaux des logis et brigadiers commandants de brigade, peuvent être suspendus de leurs fonctions pendant un temps qui n'excède pas deux mois. Les premiers sont astreints, pendant ce temps, au service du grade inférieur ; les commandants de brigade sont appelés au chef-lieu de l'arrondissement ou de la compagnie, à la disposition des officiers commandants.

La suspension est supprimée. (Voir les annotations de l'article 581 du présent décret.)

Art. 588. Les suspensions sont prononcées par le Ministre de la guerre, sur la proposition du chef de légion.

Dans ce cas, les rapports adressés au Ministre doivent être appuyés de la plainte du commandant de l'arrondissement et de l'avis motivé du commandant de la compagnie.

Si la plainte concerne un adjoint au trésorier, pour des faits relatifs à ses fonctions spéciales, le rapport est rédigé par le trésorier et transmis au chef de légion par le commandant de la compagnie, avec l'avis motivé du sous-intendant militaire.

La suspension est mise à l'ordre du jour de la légion.

La suspension est supprimée. (Voir les annotations de l'article 581 du présent décret.)

Art. 589. Les commandants de brigade suspendus de leurs fonctions sont remplacés temporairement dans le commandement de leur brigade comme le détermine l'article 236 ci-dessus.

Les adjudants et les maréchaux des logis chefs sont remplacés conformément au principe posé par le même article.

Les maréchaux des logis adjoints au trésorier sont remplacés par un brigadier, ou, à défaut, par un gendarme délégué par le commandant de la compagnie.

La suspension est supprimée. (Voir les annotations de l'article 581 du présent décret.)

Art. 590. La rétrogradation s'applique ainsi qu'il suit :
Les adjudants descendent au grade de maréchal des logis chef ;
Les maréchaux des logis chefs, au grade de maréchal des logis ;
Les maréchaux des logis adjoints aux trésoriers, à celui de brigadier ; ils conservent leurs fonctions spéciales.

Les maréchaux des logis commandants de brigade descendent à l'emploi de brigadier, pour être envoyés dans une résidence affectée à ce grade.

La plainte doit être formulée comme il est indiqué à l'article 588 et appuyée des mêmes pièces.

La rétrogradation ne peut être prononcée que par le Ministre après avis d'un conseil de discipline ; elle est mise à l'ordre de la légion.

Décision présidentielle du 27 mars 1890.

Art. 591. La cassation d'un sous-officier ou brigadier de gendarmerie ne peut être prononcée que par le Ministre et après avis d'un conseil de discipline soit sur la proposition de l'inspecteur général, soit, dans l'intervalle des inspections, sur celle du chef de la légion.

Toute proposition de cette nature doit être accompagnée des mêmes pièces que pour la suspension et la rétrogradation, et, en outre, d'un relevé de punitions, d'un extrait du compte ouvert et d'un état de services du sous-officier ou brigadier.

Le sous-officier ou le brigadier de gendarmerie cassé de son grade est envoyé comme simple gendarme dans une compagnie de la légion autre que celle à laquelle il appartenait.

La cassation est mise à l'ordre de la légion.

Art. 592. Pour les corps de gendarmerie ayant une organisation régimentaire, les suspensions, rétrogradations et cassations s'effectuent comme dans les corps de troupe, sauf, toutefois, que ces peines ne peuvent être prononcées que par le Ministre, après avis d'un conseil de discipline.

Le conseil de discipline appelé à formuler son avis sur les propositions de cassation et de rétrogradation a la même composition que celui institué par l'article 600 du présent décret pour les réformes. (Décis. présid. du 27 mars 1890.)

SECTION VII.

CRIMES ET DÉLITS COMMIS PAR LA GENDARMERIE.

Art. 593. Les officiers, sous-officiers, brigadiers et gendarmes sont, comme les autres militaires de l'armée, justiciables des conseils de guerre, si ce n'est pour les crimes et délits commis dans l'exercice de leurs fonctions relatives à la police judiciaire et à la constatation des contraventions en matière administrative. (Art. 59 du Code de justice militaire.)

Art. 594. Si l'officier, sous-officier, brigadier ou gendarme est accusé tout à la fois d'un délit ou crime militaire et de tout autre délit ou crime de la compétence des tribunaux ordinaires et des cours d'assises, il est procédé à son égard conformément à l'article 60 du Code de justice militaire.

L'article 60 est ainsi conçu : « Lorsqu'un justiciable des conseils de guerre est poursuivi en même temps pour un crime ou un délit de la compétence des conseils de guerre et pour tout autre crime ou délit de la compétence des tribunaux ordinaires, il est traduit d'abord devant le tribunal auquel appartient la connaissance du fait emportant la peine la plus grave, et renvoyé ensuite, s'il y a lieu, pour l'autre fait, devant le tribunal compétent.

» En cas de double condamnation, la peine la plus forte est seule subie.

» Si les deux crimes ou délits emportent la même peine, le prévenu est d'abord jugé pour le fait de la compétence des tribunaux militaires. »

Art. 595. Les militaires de la gendarmerie qui n'ont pas rejoint leur poste dans les quinze jours qui suivent l'expiration soit de leurs congés ou permissions, soit des délais fixés par leur feuille de route, sont réputés déserteurs et poursuivis comme tels, lors même qu'ils ont accompli le temps de service voulu par la loi du recrutement.

CHAPITRE II.

CONSEILS D'ENQUÊTE ET DE DISCIPLINE.

SECTION PREMIÈRE.

CONSEIL D'ENQUÊTE POUR LES OFFICIERS.

Art. 596. Les officiers de gendarmerie, pouvant être envoyés comme les autres officiers de l'armée devant un conseil d'enquête, sont toujours appelés devant un conseil d'enquête de division.

Deux membres de ce conseil sont toujours des officiers de gendarmerie du même grade et plus anciens que l'officier qui est l'objet de l'enquête.

Un officier qui connaît déjà l'affaire comme ayant fait partie d'un conseil d'enquête ne peut, à aucun titre, siéger dans un autre conseil de guerre appelé à examiner de nouveau la même affaire. (Note du 1ᵉʳ novembre 1876.)

La composition et les règles des conseils d'enquête dont les officiers sont l'objet sont tracées par les décrets des 29 juin 1878 et 8 juin 1879.

Voir le chapitre XIX du règlement du 10 juillet 1889.

Art. 597. Les causes qui, par mesure de discipline, peuvent amener un officier devant un conseil d'enquête et qui sont spécifiées par la loi du 19 mai 1834, sont :

L'inconduite habituelle ;
Les fautes graves dans le service ou contre la discipline ;
Les fautes contre l'honneur ;
La condamnation à un emprisonnement de plus de six mois.

Art. 598. Les formes de l'enquête sont réglées par l'ordonnance du 21 mai 1836.

Voir les annotations de l'article 596 du présent décret et la note minist. du 15 mai 1895 pour la rédaction des procès-verbaux de séances de conseils d'enquête.

SECTION II.

CONSEIL DE DISCIPLINE POUR LES GENDARMES.

Voir le chapitre XX du règlement du 10 juillet 1889.

Art. 599. Tout militaire de la gendarmerie encore lié au service, et qui, sans avoir commis de délits justiciables des conseils de guerre, porte habituellement le trouble et le mauvais exemple dans sa brigade par des fautes et contraventions pour lesquelles les peines de simple discipline sont insuffisantes peut être envoyé, d'après l'avis d'un conseil convoqué à cet effet, et sur l'ordre du Ministre de la guerre, dans une compagnie de discipline.

Les militaires de la gendarmerie ayant quinze ans de service sont traduits devant le conseil de discipline lorsque leur conduite est de nature à motiver une demande de renvoi de l'arme. (Circ. du 16 mars 1876)

Les gendarmes coloniaux déclarés indignes de servir, n'étant plus liés, sont envoyés devant le conseil de discipline de la compagnie départementale du port où ils débarquent. (Décis. du 14 juin 1876 et lettres minist. des 14 avril 1877 et 14 mars 1878.)

Les hommes réformés après quinze ans de services et ceux qui comptent dans l'armée territoriale reçoivent un congé de réforme ; ceux qui sont encore liés au service dans la réserve sont versés pour ordre dans un corps de troupe et ne reçoivent aucune pièce.

Les militaires réformés après plus de quinze ans de services sont proposés pour la retraite proportionnelle. (Loi du 15 mars 1875.)

Quand un militaire de la gendarmerie est condamné à une peine n'entraînant pas exclusion de l'arme, le conseil de discipline doit toujours être convoqué, sans attendre l'ordre du Ministre, pour statuer sur la question du maintien dans la gendarmerie, conformément aux dispositions de la loi du 13 mars 1875, modifiée par celle du 15 décembre de la même année. (Instr. sur les inspections générales.)

Art. 600. Dans la gendarmerie départementale, le conseil de discipline de chaque compagnie ne peut être convoqué que par le chef de légion.

Il est composé ainsi qu'il suit :

Le chef d'escadron, commandant, président;

Le capitaine commandant l'arrondissement du chef-lieu,
Le trésorier ayant voix délibérative, } à défaut, les plus anciens officiers du grade correspondant.

Deux sous-officiers pris parmi les plus anciens de la compagnie. (11 mai 1876.)

Les deux brigadiers qui assistaient comme membres sont supprimés. (23 mai 1876.)
Voir l'article 257 du service intérieur.

Art. 601. Lorsqu'un commandant d'arrondissement juge qu'un gendarme se trouve dans le cas prévu par l'article 599 ci-dessus, il en fait son rapport par écrit au commandant de la compagnie, en précisant les fautes et les contraventions du militaire signalé, les punitions qui lui ont été infligées et les récidives qui donnent à sa conduite un caractère de persévérance dangereux pour l'ordre et nuisible à la considération morale de l'arme.

Cet officier ne peut, en conséquence, faire partie du conseil qui a à statuer sur sa plainte, et il doit être remplacé par un officier du même grade, s'il y est appelé par son ancienneté.

Voir les annotations importantes qui accompagnent l'article 257 du service intérieur de la gendarmerie.

Art. 602. Ce rapport, accompagné de l'état signalétique et des services du militaire et du relevé de ses punitions, est visé par le chef d'escadron et transmis au chef de légion qui, s'il le juge à propos, convoque le conseil de discipline de la compagnie. Si le fait se passe au moment où l'inspecteur général est présent dans la légion, il doit lui en être rendu compte.

Voir les instructions sur les inspections générales de gendarmerie et l'article 257 du service intérieur de la gendarmerie.

Art. 603. Le commandant d'arrondissement qui rédige la plainte est entendu devant le conseil assemblé ; et, lorsqu'il s'est retiré, l'inculpé est appelé à son tour et entendu dans ses défenses. Le conseil rédige ensuite, hors de la présence de l'inculpé, un avis motivé qu'il adresse au chef de légion, en y joignant la plainte du commandant de l'arrondissement, l'ordre de convocation du conseil, l'état signalétique de l'inculpé, le relevé de ses punitions et l'extrait de son compte ouvert.

Art. 604. Si l'avis du conseil est défavorable à l'inculpé, le chef de légion l'adresse sans retard, avec son opinion et les pièces à l'appui, au général commandant la division militaire, qui le transmet immédiatement, avec ses observations et son avis particulier, au Ministre de la guerre.

Lorsque l'inspecteur général est présent dans la légion, c'est à lui qu'il appartient de recevoir et de transmettre au Ministre l'avis du conseil avec le dossier à l'appui.

Le militaire inculpé attend dans la prison de la place la décision à intervenir à son égard.

La prison de la place est supprimée par décision du 30 août 1872.
C'est à la prison militaire que le militaire attend la décision à intervenir à son égard.

Art. 605. Les dispositions réglementaires sur la formation et le mode de procéder des conseils de discipline dans les corps de troupe de toutes armes sont applicables à la garde républicaine et aux forces publiques détachées aux armées ; mais, en conformité de l'article 601 ci-dessus, la plainte à dresser contre le militaire inculpé doit toujours être rédigée par le commandant de la compagnie ou du détachement pour être transmise hiérarchiquement au chef de corps, qui seul peut ordonner la réunion d'un conseil de discipline.

Si l'avis du conseil est défavorable à l'inculpé, le chef de corps l'adresse, par l'intermédiaire du général de brigade, au général de division, qui le transmet au Ministre, seul appelé à prononcer.

TITRE VI.

CHAPITRE UNIQUE.

REMONTE DES OFFICIERS, SOUS-OFFICIERS ET GENDARMES.

SECTION PREMIÈRE.

REMONTE DES OFFICIERS.

Art. 606. Les officiers de gendarmerie, à l'exception des trésoriers, dont le service est purement sédentaire, doivent être constamment pourvus du nombre de chevaux fixé, pour chaque grade, par les tarifs de solde et accessoires.

Une décision présidentielle du 31 avril 1878 alloue aux chefs d'escadron de gendarmerie, y compris ceux de la cavalerie de la garde républicaine, une deuxième ration de fourrage pour le deuxième cheval qu'ils sont autorisés à posséder.

Cette décision, qui autorise les chefs d'escadron de gendarmerie à l'intérieur à se pourvoir de deux montures à titre onéreux, a un caractère purement facultatif, l'indemnité de monture ne leur étant, d'ailleurs, attribuée qu'en raison du nombre de chevaux qu'ils possèdent effectivement.

Les officiers peuvent prendre, à titre remboursable, une ration de fourrage pour un cheval, en sus du complet réglementaire. (Circ. du 29 décembre 1874.)

Les chevaux d'officier appartenant à l'Etat sont marqués au sabot antérieur droit du numéro de la légion suivi de la lettre G. Sur le sabot antérieur gauche, ils sont marqués du numéro matricule de l'animal au corps. Les deux empreintes devront être renouvelées tous les six mois par les soins des maréchaux militaires ou civils chargés de la ferrure. (Inst. minist. du 22 octobre 1875.)

Pour le marquage des chevaux d'officiers appartenant aux légions *bis*, *ter*, etc., voir la circulaire ministérielle du 15 mai 1880.

Hauteur des empreintes : 15 millimètres pour les chevaux de race française et 12 millimètres pour les chevaux de race arabe.

Les instructions annuelles sur le service courant rappellent toutes les dispositions en vigueur relativement à la remonte des officiers à titre onéreux, à titre gratuit ou par abonnement, ainsi que celles concernant la livraison, la réintégration ou la rétrocession et la réforme.

Une circulaire du 21 décembre 1875 autorise les officiers attachés aux prévôtés pendant les grandes manœuvres à prendre des chevaux dans les corps de troupe pour la durée de ces manœuvres.

Voir la note ministérielle du 25 octobre 1887, modifiant certaines dispositions sur la remonte des officiers et sur la remonte générale. Les commandants de corps d'armée auront, à l'avenir, qualité pour statuer définitivement sur les imputations pour dépréciation des chevaux de l'Etat détenus par les officiers. Dans le cas où le commandant de corps d'armée n'approuvera pas l'imputation proposée, il en rendra compte au Ministre dans un rapport motivé.

· Les officiers allant prendre livraison de chevaux dans un régiment de cavalerie n'ont pas droit à l'indemnité fixe de transport. (Solution minist. du 7 décembre 1889.)

Art. 607. Aucun cheval ne peut être admis s'il n'est d'origine française dûment constatée, de l'âge de 4 ans au moins et 8 ans au plus, et de la taille de 1^m,52 à 1^m.60.

L'origine est constatée par un certificat délivré, en double expédition, par le maire de la localité, sur les déclarations de deux propriétaires ou cultivateurs s'occupant de l'élève des chevaux, mais n'en faisant pas le commerce.

Tout cheval entier est rigoureusement exclu.

La durée légale des chevaux d'officiers est fixée à sept années.

Les officiers se remontent dans les corps de troupe parmi les chevaux désignés au moment des inspections générales et trimestrielles (1re catégorie). Le Ministre se réserve de statuer sur les officiers qui demandent à choisir une monture dans les régiments de cuirassiers. (Note du 17 août 1887.)

Ceux qui renonceraient à choisir leurs montures parmi les chevaux désignés pourront les prendre dans le commerce et les présenter pour être achetés par l'Etat aux commissions de remonte des régiments de cavalerie ou d'artillerie le plus à proximité, mais sous la réserve que le prix ne dépassera pas la valeur budgétaire moyenne du cheval de troupe de l'arme (1re catégorie). (Circulaire du Ministre de la guerre du 5 août 1881 et note ministérielle du 25 août 1881, modifiée par celle du 17 août 1887.)

Les chevaux de robe grise sont admis pour les officiers. (Décis. du 27 mars 1875.)

Les officiers sans troupe stationnés dans les places où il existe un dépôt de remonte pourront être autorisés à présenter au comité d'achat de ces établissements, pour être achetés, les chevaux provenant du commerce qu'ils destinent à leur usage, ou à rétrocéder auxdits établissements les chevaux provenant de la remonte dont ils désirent se défaire et qui doivent être livrés à titre gratuit à un autre officier de la même garnison.

Les demandes de cette nature devront être soumises à l'approbation ministérielle. (Note minist. du 24 mai 1891.)

Lorsque la monture, prise dans le commerce, sera présentée à la commission de remonte du corps de troupes à cheval *le plus voisin* de la résidence de l'officier, ainsi que le prescrit la note ministérielle du 25 août 1881 précitée, l'indemnité de route (aller et retour) sera acquise à celui-ci, même pour plusieurs déplacements successifs. En outre, si le cheval est accepté par la commission régimentaire, les frais de transport et de conduite de l'animal seront alloués *pour le retour*. En cas de refus d'achat, au contraire, ces frais demeureront à la charge de l'officier.

Lorsque la présentation aura lieu devant une commission régimentaire autre que celle du corps de troupes à cheval le *plus à proximité*, l'officier n'aura droit ni aux frais de route pour lui ni au transport gratuit du cheval pour le retour si la monture est acceptée. (Note minist. du 20 juin 1888.)

La masse de remonte et d'entretien supporte la dépense d'acquisition et de renouvellement des ustensiles d'écurie nécessaires pour les chevaux des officiers de la gendarmerie départementale, remontés par l'Etat.

La circulaire ministérielle du 13 avril 1873 recommande aux officiers de gendarmerie qui se remontent à titre gratuit dans les corps d'user aussi largement que possible de la faculté qui leur est concédée de présenter à une commission de troupes à cheval les montures qu'ils auraient trouvées dans le commerce.

Voir la décision du 1er septembre 1878 et les notes ministérielles des 5 août 1881 et 24 mai 1891.

Une décision ministérielle du 9 novembre 1887 décide que les officiers remontés à titre gratuit ne pourront prendre, comme chevaux d'armes, que des chevaux d'un âge fixé à 6 ans.

Voir les instructions annuelles sur le service courant.

Une note ministérielle du 21 avril 1894 autorise les officiers remontés à titre gratuit, à titre onéreux ou par abonnement, à prendre un cheval parmi les montures laissées disponibles par les militaires sous leurs ordres qui ont été rayés des contrôles.

Les chevaux ne peuvent être reçus que s'ils sont âgés de 6 ans au moins. Leur présentation et leur examen ont lieu devant le conseil d'administration de la compagnie, assisté d'un vétérinaire militaire, ou, à défaut, d'un vétérinaire civil avec voix consultative.

Le conseil d'administration se trouve ainsi investi de toutes les attributions des commissions régimentaires de troupes à cheval. Toutefois, lorsqu'il s'agit de la remonte de l'un de ses membres, l'officier intéressé est remplacé dans la commission par un autre officier de la compagnie désigné suivant les règles tracées par la note ministérielle du 10 juillet 1890.

Le conseil consigne ses opérations sur un livret de commission de remonte (modèle du 1er juin 1879), et soumet ses propositions au général commandant le corps d'armée, qui autorise l'achat dans les cas prévus par les règlements, ou transmet le dossier au Ministre pour les cas où l'autorisation ministérielle est nécessaire.

Les cessions ont lieu à prix d'estimation, en tenant compte de l'âge ou des tares et dépréciations. Pour les chevaux d'âge que les sous-officiers, brigadiers et gendarmes se seraient procurés antérieurement dans les conditions fixées par la circulaire du 18 juillet 1890, le prix de cession ne pourra être supérieur au prix payé par eux lors de la livraison par le corps de troupe.

Lorsqu'un capitaine remonté dans les conditions spécifiées par la présente note est promu au grade supérieur, il peut garder sa monture, qui lui est alors cédée à prix réduit, conformément aux dispositions de la circulaire du 18 janvier 1875 et de la décision ministérielle du 26 mai 1886 modifiée par la note ministérielle du 2 mars 1887.

Si l'officier détenteur renonce à ce bénéfice, ou s'il vient à être rayé des contrôles de l'activité pour une cause quelconque, la monture est reprise, s'il y a lieu, à prix d'estimation par le conseil d'administration, qui l'affecte à un autre officier remonté au compte de l'Etat, ou la livre, aux mêmes conditions de prix, à un homme de troupe démonté. L'estimation ne peut être supérieure au prix payé par le gendarme lors de l'acquisition. Les officiers remontés à titre onéreux ou par abonnement peuvent également être autorisés à faire acquisition du cheval ; mais si la cession a lieu à titre onéreux, l'Etat n'a pas à intervenir, les officiers supérieurs intéressés se trouvant dans le même cas que s'ils s'adressaient directement au commerce.

Art. 608. Les officiers supérieurs sont autorisés, sur la demande qu'ils adressent au Ministre, par la voie hiérarchique, à prendre à titre onéreux des chevaux choisis soit dans les corps de cavalerie parmi les chevaux d'officiers disponibles, sous la réserve du consentement du chef de corps, soit dans les dépôts de remonte.

Tout officier supérieur qui, dans le délai d'un mois, n'a pas pourvu au remplacement d'un cheval, ou n'a pas formé une demande pour être remonté, subit, sur sa solde, une retenue d'un franc par jour.

Voir les annotations de l'article 611.
Une instruction ministérielle du 7 octobre 1889, faisant suite au décret du 10 septembre précédent, autorise les officiers supérieurs de gendarmerie à se remonter par abonnement mensuel de 15 francs par cheval; il pourra être délivré par l'Etat: deux chevaux aux colonels et aux lieutenants-colonels ; un cheval aux chefs d'escadron. Au bout de huit années, les chevaux deviennent la propriété des détenteurs. Une note ministérielle du 11 janvier 1890 complète ces dispositions, ainsi que celles contenues dans les instructions des 7 mars, 12 novembre 1890 et 25 avril 1891.

Art. 609. Les capitaines, les lieutenants et sous-lieutenants de gendarmerie, les médecins-majors et les aides-majors qui doivent être pourvus d'un cheval ainsi que les vétérinaires attachés aux corps de gendarmerie sont montés au compte de l'Etat.

Ces officiers sont admis, avec l'assentiment des chefs de corps, à exercer leur choix parmi les chevaux disponibles des corps de cavalerie à proximité de leur résidence.

Ils ont aussi la faculté, soit de se rendre dans les dépôts de remonte pour y choisir leur monture, soit de demander qu'elle leur soit envoyée de ces établissements à leur résidence.

Les officiers n'ont plus la faculté de se rendre dans les dépôts de remonte, sauf les officiers supérieurs pour la remonte à titre onéreux ou par abonnement.
L'officier autorisé à se remonter dans un corps de troupe à cheval ou dans un dépôt de remonte autre que celui le plus voisin de sa résidence doit supporter les frais de transport et de conduite du cheval et de l'ordonnance. (Circ. minist. du 31 décembre 1877.)

Art. 610. Les sous-officiers de gendarmerie nommés sous-lieutenants sont remboursés, à prix d'estimation, de la valeur de leurs chevaux, pourvu que ces chevaux aient été reconnus d'origine française et susceptibles de servir de monture d'officier.

Ils peuvent toutefois disposer de leurs chevaux, sauf à être montés d'après les dispositions de l'article précédent.

Art. 611. Le cheval choisi dans les régiments ou dans les dépôts ou dont la valeur a été remboursée à son cavalier est immédiatement immatriculé sur le contrôle des chevaux d'officiers appartenant à l'Etat.

Les chevaux qui ont été achetés par l'Etat à 5 ans et au-dessous continueront à être cédés au prix d'achat jusqu'au 31 décembre de l'année dans laquelle ils auront pris 9 ans.

A partir du 1er janvier de l'année dans laquelle ils prennent 10 ans, tous les chevaux sont cédés aux officiers avec une réduction égale au 1/7 de leur prix d'achat primitif. Puis la cession est faite avec une réduction d'autant de septièmes que les chevaux auront accompli d'années d'âge en plus, sans toutefois que la diminution totale puisse être supérieure aux 5/7.

Il sera fait les mêmes diminutions sur les cessions à prix réduit de chevaux aux capitaines et assimilés promus au grade supérieur, c'est-à-dire que la réduction à opérer, le cas échéant, d'après l'âge de l'animal, s'ajoutera à celle résultant des annuités de l'officier, sans que cette réduction totale puisse dépasser les 6/7 du prix d'achat primitif.

Les chevaux cédés par l'Etat, encore aptes au service de guerre, seront rachetés par l'Etat dans les conditions indiquées ci-dessus, sans préjudice de la diminution qu'ils pourront avoir subie par suite d'usure ou d'accident. (Décis. minist. du 26 mai 1886.)

Voir le décret du 10 septembre et l'instruction ministérielle du 7 octobre 1889.

Art. 612. Les échanges de chevaux entre des officiers montés au compte de l'Etat sont autorisés par le Ministre de la guerre, sur la proposition des chefs de légion, transmise par les généraux commandant les divisions territoriales.

Les chevaux remis aux officiers ne sont réformés que par une décision ministérielle prise sur l'avis de l'inspecteur général, et, en cas d'urgence, du général commandant la division.

Aussitôt après leur remplacement, ces chevaux sont remis au domaine.

Ces dispositions sont modifiées et la réforme et la réintégration des chevaux d'officier sont prononcées par le commandant de corps d'armée, sans qu'il soit nécessaire d'attendre l'inspection générale. (Instruction sur le service courant.)

Toutefois, aux termes de la décision ministérielle du 25 avril 1879, les inspecteurs généraux statuent directement sur les réformes des chevaux d'officiers, sur leur passage à la troupe et sur les échanges de chevaux entre officiers. (Instr. sur les inspections générales de gendarmerie.)

Les propositions de réforme des chevaux d'officiers sont accompagnées d'un procès-verbal dressé par le sous-intendant militaire de la résidence la plus voisine, assisté d'un vétérinaire militaire ou civil, faisant connaître les causes de la réforme, avec avis motivé, et permettant d'apprécier si la responsabilité de l'officier est ou non engagée.

Les chefs de corps ou de légion et les officiers supérieurs de l'arme ne peuvent vendre ou échanger leurs chevaux qu'après y avoir été autorisés, et sous la condition de se remonter immédiatement.

Tout officier qui veut se défaire d'un cheval qui lui a été cédé à titre onéreux par l'Etat est tenu de le présenter à une commission de remonte désignée à cet effet, et qui pourra en opérer le rachat dans les conditions réglementaires, si l'animal est jugé encore apte au service de l'armée.

C'est seulement dans le cas où l'animal est refusé comme impropre au service que l'officier est libre de s'en défaire à son gré.

Tout officier qui possède un cheval à titre onéreux peut le vendre de gré à gré, à un autre officier, sauf l'approbation du commandant du corps d'armée.

Tous les frais accessoires qu'entraîne la rétrocession du cheval à l'Etat sont à la charge de l'officier, tant pour l'envoi au lieu d'achat du cheval rétrocédé que pour la conduite de celui qui pourrait être demandé en remplacement.

Art. 613. L'Etat supplée à la perte d'un cheval qu'il a fourni, lorsqu'elle ne peut être imputée à l'officier ; dans le cas contraire, ce dernier est tenu de concourir aux frais de remplacement pour une somme fixée par la commission de remonte. Il subit, à cet effet, des retenues mensuelles dont la quotité est fixée par le Ministre.

Une circulaire ministérielle du 14 mars 1883 prescrit aux officiers qui réintègrent des chevaux de l'Etat de produire aux commissions de remonte chargées d'examiner ces animaux les justifications de nature à dégager leur responsabilité en cas d'accident ou de dépréciation.

Voir l'annexe n° 3 du règlement du 30 décembre 1892 sur la solde et les revues de la gendarmerie.

Art. 614. Les officiers qui changent de résidence emmènent leurs chevaux ; cette disposition n'est pas applicable à ceux qui se rendent de l'intérieur en Afrique ou en Corse et vice versa.

Il en est de même pour les gendarmes. (Circ. du 9 novembre 1890.)

Les chevaux que ces dernières mutations laissent disponibles sont remis aux officiers à remonter ; en cas d'impossibilité, ils sont cédés, à prix d'estimation, à des sous-officiers, brigadiers ou gendarmes démontés, ou, enfin, utilisés pour la remonte des corps de cavalerie.

Les officiers allant en permission ou en congé peuvent être autorisés à emmener leurs chevaux et à toucher les fourrages aux frais de l'Etat. Le transport est à leur compte. (Circ. des 12 août 1873 et 18 janvier 1875.)

Art. 615. Les officiers qui passent d'un corps de troupe à cheval dans la gendarmerie sont autorisés à y amener leur monture.

Ces transports sont autorisés par les voies ferrées lorsque le parcours atteint au moins 60 kilomètres.

Art. 616. Il est formellement interdit à tout officier de prêter ou d'atteler, pour quelque usage que ce soit, le cheval dont il est pourvu au compte de l'Etat.

SECTION II.

REMONTE DES SOUS-OFFICIERS, BRIGADIERS ET GENDARMES.

Art. 617. Tout militaire admis dans la gendarmerie à cheval, et tout sous-officier, brigadier ou gendarme démonté, est tenu de se pourvoir à ses frais, dans le délai d'un mois, d'un cheval d'origine française et réunissant les conditions fixées par l'article 607.

Les militaires de la gendarmerie se remontent, à titre onéreux, en chevaux âgés de 12 ans et au-dessous provenant des régiments de cavalerie et ne sont autorisés à se remonter dans le commerce qu'à défaut de chevaux ayant cette origine. (Décis. présid. du 2 juillet 1890.)

Les gendarmes ne peuvent refuser de prendre possession des chevaux présentés par les régiments et acceptés par l'officier de gendarmerie délégué. Ils sont autorisés à les essayer et, de préférence, avec une selle de gendarmerie.

Voir les circulaires des 18 juillet, 11 octobre et 1er novembre 1890.

Le délai d'un mois a été porté à trois mois.

Les chevaux livrés par les régiments ne sont plus dirigés sur le chef-lieu de la compagnie pour être examinés et immatriculés : ils sont directement conduits à la brigade dont fait partie le cavalier. (Note minist. du 1er novembre 1890.)

Les chevaux d'âge provenant des régiments de cuirassiers, de dragons et d'artillerie doivent être montés tous les jours pour le service ou la promenade pendant un mois. A l'expiration de ce délai, les commandants d'arrondissement adressent au chef de légion un rapport sur chacun de ces chevaux. Le chef de légion examine ces rapports et en fait un résumé qu'il envoie au Ministre. (Instr. sur les inspections de gendarmerie.)

Ces chevaux ne peuvent être rétrocédés. (Note minist. du 18 mars 1891.)

Art. 618. Les chevaux sont reçus par le conseil d'administration, assisté d'un vétérinaire civil ou militaire. Aussitôt après leur réception, ils sont signalés sur les contrôles de la compagnie, et les fourrages leur sont fournis par les magasins des brigades.

L'immatriculation des chevaux livrés par les régiments de cavalerie aux gendarmes doit être opérée en exécution de la circulaire du 11 octobre 1890, sans qu'il soit nécessaire de faire venir les animaux au chef-lieu de la compagnie pour un nouvel examen.

C'est seulement en cas de dépréciation survenant en cours de route qu'il y aura lieu de diriger sur ce dernier point les montures fournies par les régiments, afin de permettre au conseil d'administration de procéder lui-même aux constatations nécessaires, qui auront lieu en présence du sous-intendant militaire ou de son suppléant et d'un vétérinaire. (Note minist. du 1er novembre 1890.)

Art. 619. Lorsqu'un sous-officier, brigadier ou gendarme n'a pas trouvé à se remonter dans le délai d'un mois, ou lorsqu'il a renoncé à jouir de ce délai, il est remonté d'office au dépôt affecté à sa compagnie.

Ce délai est aujourd'hui fixé à trois mois. (Circ. minist. du 23 avril 1883.)

Art. 620. Un officier de gendarmerie de la résidence du dépôt, ou, à défaut, d'une résidence voisine, est spécialement désigné par le Ministre pour procéder à la réception des chevaux destinés à la gendarmerie. Ces derniers sont choisis, sous la direction du commandant de l'établissement, sur la totalité des chevaux disponibles réunissant les conditions fixées par l'article 607.

Les sous-officiers, brigadiers et gendarmes exercent librement leur choix, d'après leur grade ou leur ancienneté ; ils sont informés de la valeur des chevaux, qui sont, d'ailleurs, livrés par le dépôt au prix d'acquisition.

Art. 621. Lorsque la résidence n'est pas éloignée de plus de 60 kilomètres de l'établissement de remonte, chaque sous-officier, brigadier ou gendarme emmène son cheval aussitôt après l'avoir reçu.

Si la distance est de plus de 60 kilomètres, le sous-intendant militaire délivre, sur la demande qui lui en est faite, un bon de chemin de fer aux frais de l'Etat.

Les militaires de la gendarmerie venus au chef-lieu de la compagnie pour y prendre livraison de chevaux achetés dans le commerce ont droit au transport de ces chevaux en chemin de fer si le trajet à effectuer par voie de terre pour se rendre à la brigade dont ils font partie atteint au minimum 60 kilomètres. (Note minist. du 22 février 1893.)

Pour une étape, le cheval de remonte voyage par terre.

Pour les changements de résidence, lorsque la distance est égale ou supérieure à 60 kilomètres, les chevaux voyagent en chemin de fer aux frais de l'Etat, à moins que le cavalier ne change par permutation ou sur sa demande ; mais, quel que soit le trajet qu'il a à parcourir, il reste libre de prendre les voies ferrées à ses frais, au prix du tarif militaire. (Circ. minist. du 14 janvier 1885 et instr. minist. des 12 février 1890 et 22 février 1893.)

Art. 622. Les dispositions qui précèdent ne sont pas applicables à la 15e légion *ter* de gendarmerie (Corse).

Art. 623. Les sous-officiers, brigadiers et cavaliers des corps de troupe passant dans la gendarmerie peuvent y emmener, en en payant la valeur au prix d'achat, le cheval immatriculé à leur nom au moment de leur admission, ou tout autre cheval disponible dans le corps qui est reconnu plus convenable que ce dernier au service spécial de la gendarmerie.

Ces chevaux doivent être âgés de 5 ans au moins et de 8 ans au plus, mais, s'ils sont immatriculés à leur nom, ils peuvent les emmener quel que soit leur âge. Ils sont remboursés au prix d'achat ; toutefois il est tenu compte aux cavaliers qui emmènent leurs chevaux des annuités de possession qu'ils ont acquises sur lesdits chevaux et qui viennent alors en déduction du prix d'achat. (Instruction sur le service courant.)

Voir l'article 13 de la circulaire du 15 juin 1860 et les circulaires des 2 mai 1870 et 4 avril 1874.

Une commission, composée du chef de corps auquel appartenait le cavalier, de l'officier commandant la gendarmerie de la localité et d'un vétérinaire militaire, procède, en pareil cas, à l'estimation du cheval.

Paragraphe sans objet, les chevaux étant remboursés au prix d'achat.

Art. 624. Au moment de leur arrivée au chef-lieu de la compagnie, les chevaux provenant des corps de cavalerie sont examinés et immatriculés par les soins du conseil d'administration de la compagnie.

Voir l'annotation de l'article 118 du présent règlement.

Art. 625. Dans l'intervalle des inspections, aucun sous-officier, brigadier ou gendarme ne peut vendre ni échanger son cheval.

Cependant, si d'importantes considérations de service nécessitent la prompte réforme d'un cheval, le chef de légion, sur la demande du commandant de l'arrondissement et d'après l'avis du commandant de la compagnie, peut en autoriser l'échange ou la vente ; mais, à la prochaine revue, il en est rendu compte à l'inspecteur général, qui vérifie l'exactitude des motifs d'urgence, et, s'il y a abus, il en fait un rapport spécial au Ministre de la guerre.

Art. 626. Les chevaux réformés sont, autant que possible, maintenus au service jusqu'au moment de leur remplacement.

Le sous-officier, brigadier ou gendarme prisonnier de guerre ou celui qui a perdu son cheval dans une affaire, reçoit une indemnité égale au prix d'achat, si le cheval a été admis depuis moins de trois ans ; passé ce terme, cette indemnité est fixée au prix d'estimation du cheval à l'époque de la dernière inspection générale, si, toutefois, cette somme n'excède pas le prix d'acquisition du cheval perdu.

La même règle est suivie pour tout sous-officier, brigadier ou gendarme dont le cheval est tué ou mis hors de service, par suite de résistance armée ou par le fait d'accident survenu dans l'exécution du service.

Dans l'un et l'autre cas, l'indemnité subit une réduction égale au produit de la vente du cheval ou de sa dépouille.

Art. 627. Il est expressément défendu aux sous-officiers, brigadiers et gendarmes de prêter leurs chevaux ou de les employer à tout autre usage que pour le service ; ceux qui contreviennent à cette défense sont passibles de peines disciplinaires.

Un cheval de gendarme, désigné par le commandant de la compagnie, est mis à la disposition du trésorier pour les exercices et manœuvres. Cet officier est responsable en cas d'accident imputable à sa négligence. (Note minist. du 28 mars 1888.)

Aucun cheval appartenant à l'Etat ne doit être employé pour un usage particulier. (Note minist. du 16 avril 1894.)

Art. 628. Les sous-officiers, brigadiers et gendarmes ne peuvent, en quittant l'arme, disposer de leurs chevaux qu'avec l'agrément du conseil d'administration de la compagnie, qui est également juge de l'opportunité de conserver les chevaux des militaires décédés.

Ces chevaux sont reçus jusqu'à l'âge de 12 ans et même au delà s'ils sont reconnus propres à faire encore un bon service.

(Décret du 14 juin 1878 et circ. du 3 juillet suivant.)

Les dispositions de cet article qui permettent aux sous-officiers, brigadiers et gendarmes quittant l'arme de disposer à leur gré de leurs montures, quand elles ne sont pas conservées par le conseil d'administration de la compagnie, ne sont pas applicables lorsqu'il s'agit de chevaux provenant des remontes de l'armée. En effet, il peut arriver que des chevaux de cette provenance, reconnus impropres au service de la gendarmerie, conviennent cependant au service de l'armée, et, dans ce cas, il importe de les conserver pour cette destination.

En conséquence, tout cheval (de moins de 12 ans) de sous-officier, brigadier et gendarme provenant des remontes de l'armée et qui ne sera pas conservé par le conseil d'administration de la compagnie à laquelle appartient le détenteur ne pourra être vendu dans le commerce qu'après avoir été présenté, avec l'autorisation du commandant du corps d'armée, à la commission de remonte du corps de cavalerie le plus à proximité.

Cette disposition n'est pas applicable aux montures qui ont été déclassées par les régiments avant d'être cédées à la gendarmerie : les gendarmes détenteurs de chevaux de cette catégorie en ont la libre disposition, lorsqu'ils viennent à être rayés des contrôles, sous la seule condition que les conseils d'administration ne les conservent pas pour les attribuer à un homme démonté. (Instr. sur les inspections générales.)

Un cheval ayant moins de douze ans venant du dépôt de remonte ou d'un corps de troupe, refusé par le conseil d'administration, ne peut être laissé à l'homme qu'après approbation du général commandant le corps d'armée. (Note minist. du 4 avril 1883, *Mémorial,* 10e vol., p. 677.)

Les chevaux aptes au service peuvent être maintenus au delà de douze ans au départ de leur cavalier.

Les conseils d'administration doivent statuer à l'avance sur le sort réservé aux chevaux des militaires qui se trouvent sous le coup d'une mesure susceptible d'entraîner leur radiation des contrôles. (Circ. du 13 février 1874 rappelée par les instructions sur les inspections générales.)

Si des difficultés se présentent pour la reprise d'un cheval d'un militaire quittant l'arme et destiné à la remonte d'un gendarme, il y a lieu de se reporter aux solutions contenues dans la lettre ministérielle du 4 juin 1880. (*Mémorial,* 10e volume, page 343, et à l'art. 144 du règlement du 12 avril 1893.)

Le prix de cession n'est limité au prix d'achat primitif par aucune disposition réglementaire, mais il ne résulte pas de là que l'offre du commerce doive servir de base au prix de cession. (Lettre minist. du 2 mars 1874.)

Art. 629. Si une jument devient pleine, le commandant de l'arrondissement est tenu d'en rendre compte au conseil d'administration, qui procède immédiatement à sa vente et à son remplacement.

S'il s'agit d'une jument provenant d'un dépôt de remonte, et si l'état de gestation remonte à une époque antérieure à la livraison, le chef de légion propose immédiatement au Ministre de faire remplacer cette monture par le dépôt qui l'a livrée.

Les juments pleines ne doivent pas être réintégrées à la remonte. Dès que les poulains peuvent être sevrés, ils sont vendus à la convenance des cavaliers et le produit de la vente est versé à la masse individuelle. (Circ. du 15 juin 1860 et art. 141 du règlement du 12 avril 1893.)

Ces poulains n'ont pas droit à la demi-ration. (Note minist. du 10 novembre 1881.)

En ce qui concerne les juments pleines provenant du commerce, leurs propriétaires peuvent, soit les faire reprendre par les vendeurs, qui se trouvent engagés par leur signature apposée au bas du procès-verbal d'admission (modèle 82), soit les conserver s'il ne doit en résulter aucun inconvénient pour le service; dans ce cas également, les poulains sont vendus comme il est dit ci-dessus. (Instr. sur les inspections générales de la gendarmerie.)

TITRE VII.

DEVOIRS GÉNÉRAUX ET DROITS DE LA GENDARMERIE DANS L'EXÉCUTION DU SERVICE.

CHAPITRE UNIQUE.

Art. 630. Une des principales obligations de la gendarmerie étant de veiller à la sûreté individuelle, elle doit assistance à toute personne qui réclame son secours dans un moment de danger. Tout militaire du corps de la gendarmerie qui ne satisfait pas à cette obligation, lorsqu'il en a la possibilité, se constitue en état de prévarication dans l'exercice de ses fonctions.

Art. 631. Tout acte de la gendarmerie qui trouble les citoyens dans l'exercice de leur liberté individuelle est un abus de pouvoir; les officiers, sous-officiers, brigadiers et gendarmes qui s'en rendent coupables encourent une peine disciplinaire, indépendamment des poursuites judiciaires qui peuvent être exercées contre eux.

Art. 632. Hors le cas de flagrant délit déterminé par les lois, la gendarmerie ne peut arrêter aucun individu, si ce n'est en vertu d'un ordre ou d'un mandat décerné par l'autorité compétente; tout officier, sous-officier, brigadier ou gendarme qui, en contravention à cette disposition, donne, signe, exécute ou fait exécuter l'ordre d'arrêter un individu, ou l'arrête effectivement, est puni comme coupable de détention arbitraire.

Les aliénés ne doivent être arrêtés par la gendarmerie que s'ils sont dangereux, et encore, lorsque tout danger a disparu, elle doit les remettre à l'autorité administrative. Ils ne doivent, en aucun cas, être assimilés aux vagabonds, aux malfaiteurs, etc. (Loi du 30 juin 1838 et circ. du 15 mai 1872.)

Voir les annotations de l'article 249 du présent décret sur les flagrants délits.

Art. 633. Est puni de même tout militaire du corps de la gendarmerie qui, même dans le cas d'arrestation pour flagrant délit, ou dans tous les autres cas autorisés par les lois, conduit ou retient un individu dans un lieu de détention non légalement et publiquement désigné par l'autorité administrative pour servir de maison d'arrêt, de justice ou de prison.

Art. 634. Tout individu arrêté en flagrant délit par la gendarmerie, dans les cas déterminés par le présent décret, et contre lequel il n'est point intervenu de mandat d'arrêt ou un jugement de condamnation à des peines, en matière correctionnelle ou criminelle, est conduit à l'instant même devant l'officier de police ; il ne peut être transféré ensuite dans une maison d'arrêt ou de justice qu'en vertu du mandat délivré par l'officier de police.

Art. 635. Dans le cas seulement où, par l'effet de l'absence de l'officier de police, le prévenu arrêté en flagrant délit ne peut être entendu immédiatement après l'arrestation, il est déposé dans l'une des salles de la mairie, où il est gardé à vue, ou dans la chambre de sûreté de la caserne, jusqu'à ce qu'il puisse être conduit devant l'officier de police ; mais, sous aucun prétexte, cette conduite ne peut être différée au delà de vingt-quatre heures.

L'officier, sous-officier, brigadier ou gendarme qui a retenu plus longtemps le prévenu sans le faire comparaître devant l'officier de police est poursuivi comme coupable de détention arbitraire.

Voir la loi du 20 mai 1863, sur l'instruction des flagrants délits, aux annotations de l'article 249 du présent décret.

Art. 636. Lorsque la gendarmerie a un mandat à notifier et que l'individu qui en fait l'objet a quitté l'arrondissement, elle doit se renseigner sur le lieu de sa retraite ; et, dans le cas où elle parvient à le découvrir ou à recueillir des indices qui puissent mettre la justice sur ses traces, elle doit en faire mention dans le procès-verbal de recherches infructueuses qu'elle rédige en pareil cas ; elle adresse ce procès-verbal, en y joignant le mandat, au procureur de la République, qui demeure chargé des opérations ultérieures et de transmettre les renseignements, ainsi que le mandat, au procureur de la République de l'arrondissement où l'individu est présumé s'être retiré.

Art. 637. La force publique ne peut être requise par les autorités civiles que dans l'étendue de leur territoire ; elle ne peut non plus se transporter dans un autre arrondissement sans ordres spéciaux.

Art. 638. Si la gendarmerie est attaquée dans l'exercice de ses fonctions, elle requiert, de par la loi, l'assistance des citoyens présents à l'effet de lui prêter main-forte, tant pour repousser les attaques dirigées contre elle que pour assurer l'exécution des réquisitions et ordres dont elle est chargée.

Voir les articles 297 et 417 du présent décret.

Art. 639. Les militaires du corps de la gendarmerie qui refusent d'obtempérer aux réquisitions légales de l'autorité civile peuvent être réformés, d'après le compte qui en est rendu au Ministre de la guerre, sans préjudice des peines dont ils sont passibles si, par suite de leur refus, la sûreté publique a été compromise.

Art. 640. Les gardes forestiers étant appelés à concourir, au besoin, avec la gendarmerie, pour le maintien de l'ordre ou de la tranquillité publique, et les brigades de la gendarmerie devant les seconder et leur prêter main-forte pour la répression des délits forestiers, les inspecteurs ou sous-inspecteurs des eaux et forêts et les commandants de la gendarmerie se donnent réciproquement connaissance des lieux de résidence des gardes forestiers et des brigades et postes de gendarmerie, pour assurer, de concert, l'exécution des mesures et des réquisitions, toutes les fois qu'ils doivent agir simultanément.

Art. 641. Les gardes champêtres des communes sont placés sous la surveillance des commandants de brigade de gendarmerie; ces derniers inscrivent, sur le registre à ce destiné, les noms, l'âge et le domicile de ces gardes champêtres, avec des notes sur leur conduite et leur manière de servir.

Art. 642. Les officiers, sous-officiers et brigadiers de gendarmerie s'assurent, dans leurs tournées, si les gardes champêtres remplissent bien les fonctions dont ils sont chargés ; ils donnent connaissance aux préfets ou sous-préfets de ce qu'ils ont appris sur la moralité et le zèle de chacun d'eux.

Art. 643. Dans les cas urgents ou pour des objets importants, les sous-officiers et brigadiers de gendarmerie peuvent mettre en réquisition les gardes champêtres d'un canton, et les officiers ceux d'un arrondissement, soit pour les seconder dans l'exécution des ordres qu'ils ont reçus, soit pour le maintien de la police et de la tranquillité publique ; mais ils sont tenus de donner avis de cette réquisition aux maires et aux sous-préfets, et de leur en faire connaître les motifs généraux.

Art. 644. Les officiers, sous-officiers et brigadiers de gendarmerie adressent, au besoin, aux maires, pour être remis aux gardes champêtres, le signalement des individus qu'ils ont l'ordre d'arrêter.

Art. 645. Les gardes champêtres sont tenus d'informer les maires, et ceux-ci les officiers ou sous-officiers et brigadiers de gendarmerie, de tout ce qu'ils découvrent de contraire au maintien de l'ordre et de la tranquillité publique ; ils leur donnent avis de tous les délits qui ont été commis dans leurs territoires respectifs.

Art. 646. La gendarmerie a également le droit de surveillance sur les cantonniers, sans avoir des ordres à leur donner ; elle prend note des absences qu'elle remarque parmi ces agents.

Les commandants de brigade adressent sans retard au commandant de l'arrondissement le relevé des notes prises dans le cours de chaque tournée.

Ces dispositions ne sont plus en usage.

Les commandants de l'arrondissement transmettent au commandant de compagnie, les 8, 16, 24 et 30 ou 31 de chaque mois, des états récapitulatifs des absences constatées par les brigades sous leurs ordres.
Les commandants de compagnie transmettent immédiatement au préfet du département les états par arrondissement.

Ces dispositions ne sont plus en usage.

Art. 647. Les tableaux indiquant les noms et les stations des cantonniers par arrondissement de sous-préfecture, et les états particuliers destinés à faire connaître les cantonniers compris dans la circonscription de chaque brigade, sont fournis tout dressés à la gendarmerie, ainsi que les imprimés nécessaires pour l'inscription des absences remarquées.

Ces dispositions ne sont plus en usage.

Art. 648. Les relevés d'absence sont les seules pièces que la gendarmerie soit tenue d'établir elle-même.
Elle est expressément dispensée de tout rapport qui exige de sa part la moindre dépense en frais de bureau.

Ces dispositions ne sont plus en usage.

Art. 649. Les commandants de compagnie et d'arrondissement indiquent sur l'état récapitulatif du service mensuel, au-dessous du total de la récapitulation des arrestations faites pendant le mois, le nombre d'absences constatées parmi les cantonniers stationnaires.

Ces dispositions ne sont plus en usage.

Art. 650. Les cantonniers, par leur état et leur position, pouvant mieux que personne donner des renseignements exacts sur les voyageurs à pied, à cheval ou en voiture, et étant d'utiles agents auxiliaires de la gendarmerie pour faire découvrir les malfaiteurs, doivent obtempérer à toutes les demandes et réquisitions qui leur sont faites par les sous-officiers, brigadiers et gendarmes.

Art. 651. Dans le cas de soulèvement armé, les commandants de gendarmerie peuvent mettre en réquisition les agents subalternes de toutes administrations publiques et des chemins de fer ; ces réquisitions sont adressées aux chefs de ces administrations, qui sont tenus d'y obtempérer, à moins d'impossibilité dont ils devront justifier sous leur responsabilité.

Art. 652. Les officiers, sous-officiers, brigadiers et gendarmes, dans l'exercice de leurs fonctions et revêtus de leur uniforme, ont le droit de s'introduire dans les enceintes, gares et débarcadères des chemins de fer, d'y circuler et de stationner, en se conformant aux mesures de précautions prises par le Ministre des travaux publics.

Article 62 de l'ordonnance du 15 novembre 1846.

Une circulaire du 16 janvier 1865 défend aux militaires de la gendarmerie de suivre la voie ferrée sans une nécessité absolue et bien déterminée.

Les articles 179 et 180 du règlement du 10 juillet 1889 réglementent la consigne des plantons dans les gares.

La gendarmerie doit suffire habituellement pour la police des gares de chemins de fer. (Instr. du 27 octobre 1891.)

Les contraventions à l'article 2 du règlement relatif à la police des cours des gares (emplacements assignés aux différentes voitures) sont du ressort des commissaires de surveillance administrative ; mais la police locale n'en doit pas moins intervenir dans le cas où les mesures prises par ces fonctionnaires occasionneraient des cris, injures, rixes ou autres délits qui doivent être poursuivis ou réprimés. Quant aux contraventions à l'article 3 dudit règlement qui défend la mendicité et les sollicitations importunes, elles rentrent exclusivement dans les attributions de la police locale. (Circulaire du Ministre de l'intérieur en date du 24 février 1894.)

Art. 653. Les officiers, sous-officiers, brigadiers et gendarmes sont exempts des droits de péage et de passage des bacs, ainsi que les voitures, chevaux et personnes qui marchent sous leur escorte.

Le conducteur doit payer pour sa voiture. (Cassation, 16 mai 1861.)
Voir l'article 446 du présent décret.

Tout officier, sous-officier et brigadier de gendarmerie voulant voyager sur un chemin de fer pour affaire de service doit être admis au bénéfice de la réduction de prix imposée aux compagnies exploitantes en faveur des militaires voyageant isolément, sur sa déclaration écrite qu'il voyage pour cause de service. Les gendarmes sont admis à la même faveur en présentant une déclaration de leur chef de brigade ou d'un chef supérieur, portant qu'ils voyagent pour cause de service.

Dans les cas urgents, les détachements de gendarmes, porteurs de leurs armes et déplacés pour le maintien de l'ordre public, sont autorisés à monter dans les trains, sans payer préalablement le prix de leurs places. En cas de nécessité et notamment lorsque le déplacement a pour but de répondre à une réquisition urgente des autorités civiles, l'ordre de mouvement, dont une copie doit être remise au chef de la gare de départ, est établi par l'officier ou le chef de brigade à qui la réquisition a été adressée. (Voir l'instruction ministérielle du 26 janvier 1895 sur le transport sur les voies ferrées du personnel relevant du département de la guerre; brochure in-8°, en vente au prix de 0 f. 60 à la librairie militaire Henri Charles-Lavauzelle.)

Les gendarmes ont la faculté de faire transporter leur mobilier aux prix et conditions du traité du 15 juillet 1891.

Art. 654. Les militaires de tout grade de la gendarmerie qui, d'après les règlements, jouissent de la franchise et du contre-seing des lettres, et qui abusent de cette franchise pour une correspondance étrangère à leurs fonctions, seront envoyés dans un autre département, et, en cas de récidive, ils encourent une punition plus sévère.

Voir l'arrêté et l'instruction du Ministre de l'intérieur en date du 1er juillet 1875, qui accordent la franchise télégraphique.

Une circulaire du Ministre de la guerre du 27 octobre 1880 rappelle que le droit de franchise télégraphique ne s'applique qu'aux dépêches officielles ayant un caractère réel d'urgence, dans la limite déterminée par la note ministérielle du 13 juin 1891.

Les maires des communes rurales sont autorisés à correspondre télégraphiquement, en franchise, pour les affaires de service urgentes, avec le chef de la brigade de gendarmerie de la circonscription dans laquelle leurs communes sont situées, sous la réserve que si ces communes ne possèdent pas de service télégraphique, ils doivent déposer leurs télégrammes officiels au bureau le plus rapproché.

Le chef d'une brigade de gendarmerie, dans une localité autre qu'un chef-lieu de département ou d'arrondissement, est autorisé à correspondre télégraphiquement, en franchise, pour les affaires de service urgentes, avec les maires des communes situées dans la circonscription de sa brigade et pourvues d'un bureau télégraphique. (Note ministérielle du 9 mai 1894.)

Art. 655. Les militaires de la gendarmerie ne peuvent être distraits de leurs fonctions pour être employés à des services personnels ; les officiers de gendarmerie ne peuvent non plus, pour les devoirs qui leur sont propres, interrompre les tours de service d'aucun sous-officier, brigadier ou gendarme. Les commandants de compagnie seuls ont le droit de disposer d'un gendarme de l'une des brigades du chef-lieu pour les travaux d'écriture de la compagnie.

Le gendarme employé aux écritures du commandant de la compagnie doit être pris dans l'arme à pied. (10 octobre 1868.)

Les chefs de légion et les chefs d'escadron ont droit à un soldat ordonnance pris dans un des corps de la garnison et rattaché à l'escadron du train du corps d'armée. (Note minist. du 18 février 1892.)

Voir les articles 19 et 87 du règlement du 10 juillet 1889.

Art. 656. Tout officier de gendarmerie de service et à cheval a le droit de se faire accompagner par un gendarme d'ordonnance dans ses courses et tournées, mais il ne peut conserver ce même gendarme pour l'accompagner dans toute sa tournée ; ce gendarme est relevé de brigade en brigade et ne doit pas découcher.

Lorsque, dans le cours d'une tournée ou d'une visite inopinée, plusieurs brigades à pied se trouvent à la suite les unes des autres, l'officier de gendarmerie est autorisé à conserver son gendarme d'ordonnance jusqu'à la première brigade à cheval. Ce dernier peut être retenu ainsi plus de douze heures, et, dans ces conditions, l'indemnité de service extraordinaire doit lui être allouée. (Art. 214 du règlemt du 10 juillet 1889 ; note minist. du 4 mai 1881 et annexe n° 1 du décret du 30 décembre 1892.)

Art. 657. Les officiers, sous-officiers et brigadiers veillent à ce que les gendarmes ne surmènent et ne maltraitent jamais leurs chevaux, mais, au contraire, qu'ils emploient toujours la douceur afin d'obtenir d'eux les résultats que les moyens violents ne font qu'éloigner.

Tout sous-officier, brigadier ou gendarme convaincu d'avoir maltraité son cheval doit être puni sévèrement.

Art. 658. Les demandes ou les réclamations que les militaires de la gendarmerie sont dans le cas d'adresser au Ministre de la guerre doivent lui parvenir, savoir: pour ce qui concerne le personnel, par les chefs de légion ; pour des réclamations relatives à des pertes ou à d'autres objets administratifs, par le conseil d'administration du corps ou de la compagnie auquel l'homme appartient.

Seulement, en cas de déni de justice, et après avoir épuisé tous les degrés de la hiérarchie, les militaires de la gendarmerie peuvent réclamer directement du Ministre de la guerre le redressement des griefs ou des abus dont ils ont à se plaindre ; ils joignent à leur réclamation toutes les pièces justificatives pour qu'il y soit fait droit, s'il y a lieu.

Toute demande ou réclamation faite directement au Ministre peut donner lieu à une punition sévère si elle est reconnue mal fondée.

Voir les articles 261 et suivants du règlement du 10 juillet 1889. Aucune demande ou réclamation ne doit être adressée au Ministre en dehors de la voie hiérarchique ; mais aussi, dans aucun cas, les autorités intermédiaires n'ont le pouvoir de retenir une demande ou réclamation ; elles doivent toujours la transmettre, avec un avis motivé, s'il y a lieu. (Circ. minist. du 29 novembre 1892 et instr. sur les insp. gén., communes à toutes les armes.)

Voir l'article 266 du service intérieur.

Art. 659. Il est formellement interdit aux militaires de tous grades et de toutes armes, en activité de service, de publier leurs idées ou leurs réclamations, soit dans les journaux, soit dans les brochures, sans la permission de l'autorité supérieure.

Les militaires de la gendarmerie qui veulent faire imprimer un écrit doivent donc en demander l'autorisation au Ministre, lequel accorde ou refuse, suivant qu'il le juge convenable.

Ceux qui contreviennent à cette prescription se mettent dans le cas d'être punis sévèrement.

Dispositions rappelées par les instructions sur les inspections générales.

La publication de toute espèce d'écrit ne doit avoir lieu de la part d'un militaire soit sous son propre nom, soit sous un pseudonyme, qu'après qu'il en a obtenu l'autorisation du Ministre. (Instr. sur les inspections générales communes à toutes les armes.)

Art. 660. Le corps de la garde républicaine conserve, en raison de la spécialité de son service, la constitution particulière qui lui a été donnée par le décret d'organisation.

Il est soumis, d'ailleurs, aux règles établies par le présent décret, pour la police et la discipline de la gendarmerie dont il fait partie intégrante.

TITRE VIII.

DISPOSITIONS GÉNÉRALES.

CHAPITRE UNIQUE.

Art. 661. Toutes les dispositions contraires au présent décret sont et demeurent abrogées.

Art. 662. Nos Ministres de la guerre, de l'intérieur, de la justice et de la marine sont chargés, chacun en ce qui le concerne, de l'exécution du présent décret, qui sera inséré au *Bulletin des lois*.

Fait au palais des Tuileries, le 1er mars 1854.

TABLE ALPHABÉTIQUE DES MATIERES

(Les chiffres renvoient aux articles du règlement.)

A

D

E

F

G

N

O

R

Rang dans les cérémonies, 157, 158.

Rapports sur les événements qui compromettent la tranquillité, adressés au Ministre de la guerre, 76, 77, 101. — Au Ministre de l'intérieur, 80, 83, 101, 113. — Au Ministre de la justice, 87. — Au Ministre de la marine, 90. — Rapports de la gendarmerie avec les autorités, 91, 141. — Judiciaires, 104. — Aux préfets, aux sous-préfets, 110, 111. — Avec les autorités militaires, 121. — De tournées des commandants de compagnies, 183. — Des commandants d'arrondissement, 196. — Des officiers entre eux, 208. — Journaliers du service des brigades, 225. — Sur les punitions infligées, 580. — Avec les autorités militaires aux armées, 514 et suivants.

Rapports périodiques adressés sans exception au Ministre de la guerre, 76. — Destinés au Ministre de l'intérieur, 81, 82. — De la justice, 87. — De la marine, 90.

Rassemblements dissipés par la gendarmerie, 296. — Résistant à la force des armes, 298.

Réadmission. — Le militaire réformé ne peut être réadmis, 37.

Recherche des malfaiteurs concertée aux points de correspondance, 367. — Des individus dont le domicile n'est pas connu, 636.

Réclamations. — Contre les punitions subies, officiers, 579. — Sous-officiers, brigadiers et gendarmes, 586. — Comment adressées au Ministre, 658.

Réforme. — Comment prononcée. Ne permet plus la réadmission, 37. — Gratification temporaire ; gratification une fois payée, 39. — Pour prêt de chevaux ou usage irrégulier, 228. — Pour emprunt ou réception d'argent ou d'effets des prévenus ou condamnés, 425. — Pour habitudes d'ivrognerie, 564.

Refus d'assistance de la part d'un militaire de la gendarmerie constitue prévarication, 630. — Expose ce militaire à la réforme, 639.

Régiments de gendarmerie. — Aux armées, 553.

Registres tenus par les chefs de légion, 175. — Visa des registres des brigades et des arrondissements, 180. — Tenus par les commandants de compagnie, 187. — Tenus par les commandants d'arrondissement, 200. — Tenus par les trésoriers, 204, 205. — Par les commandants de brigade, 233. — Registres d'inscription des voyageurs dans les hôtels et auberges, 290. — Registre d'inscription des vivandiers, cantiniers et marchands aux armées, 528. — Registre d'inscription des personnes employées par les généraux et fonctionnaires des armées en campagne, 528. — Registres des punitions vus par les inspecteurs généraux, 574. — Registre d'inscription des gardes champêtres, 641.

Réintégration dans les corps de l'armée, 38.

Remonte des officiers, 606. — De la troupe, 617.

Remplacement du trésorier, remise des pièces, 207. — Lors des vacances d'emploi, 211. — Des adjudants, 215. — Des commandants de brigade, 236.

Renforts requis par la gendarmerie, 136, 137, 139. — Demandés en cas d'émeute, 298. — Pour l'escorte des convois de poudre, 467. — Demandés aux troupes de la gendarmerie, 522.

Renseignements échangés par les brigades aux points de correspondance, 367. — Pris en revenant de la conduite des prisonniers, 383.

Repas chez les inférieurs, 210.

Représentations faites aux généraux sur l'emploi de la gendarmerie, 131.

Repris de justice. — Surveillance exercée par les brigades, 286.

Paris et Limoges. — Imprimerie militaire Henri CHARLES-LAVAUZELLE.

www.ingramcontent.com/pod-product-compliance
Lightning Source LLC
Chambersburg PA
CBHW061019280326
41935CB00009B/1023